心忆 心语 心迹

——立信会计出版社70周年社庆论文集

本社编

坚持以特色立柱，
多出版精品力作
——祝贺立信会计出版社
成立七十周年

柳斌杰
二〇一一年五月

深化改革，锐意进取，
再谱立信会计出版事业新
篇章。

贺立信会计出版社
七十华诞

董金平
2011.5.11.

立信會計出版社創立七十週年誌慶

作學術與產業互動之推手
建理論與實務交融之平台

政治大學 鄭丁旺 敬賀

出會計精品 學朮专著
傳財經新知 培養人才
——賀立信會計出版社建社七十周年
陳信元
2011.5

立信的知名作者

杨汝梅(众先)
(1879～1966)

胡寄窗
(1903～1993)

李鸿寿
(1909～1998)

娄尔行
(1915～2000)

顾准
(1915～1974)

管锦康
(1918～   )

葛家澍
(1921～   )

余绪缨
(1922～2007)

常勋
(1924～   )

铸造立信会计品牌

繁荣财经出版事业

贺立信会计出版社建社七十周年

谭海蓝

公元二〇一〇年五月

发扬立信品牌优势

出版精品财经图书

贺立信会计出版社七十华诞

庚寅年夏月 于友先

信乃守信用 可信賴 忠诚可靠 乃中国傳統之
處世美德 當年潘序倫先生舉辦之各種會計
事業皆以立信命名 實屬恰當之至
衷心祝頌立信出版社永遠堅持立信好品牌
出精版會計財經圖書譽滿全國以至世界

萬家驊 庚子

傳承立信精神
弘揚會計文化
賀立信會計出版社
成立七十周年
　　　　郭道揚
二〇二一年五月

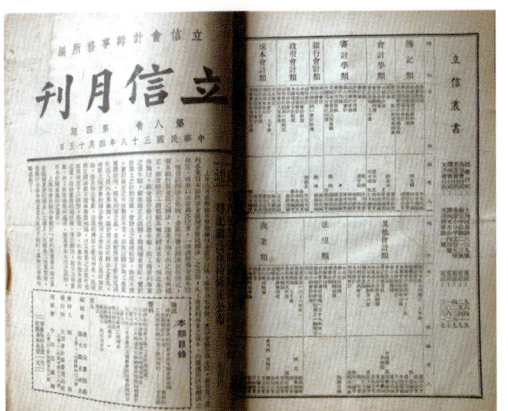

1941年的立信丛书目录

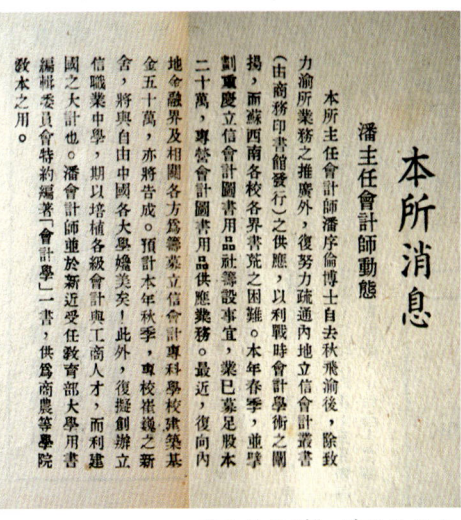

《立信月刊》刊载的筹办立信会计图书用品社的消息

20世纪30年代的出版物

早期的立信出版人

潘序伦主持的编委会

1984年立信会计编译所编委会扩大会议

全国高校财经专业教材建设研讨会

会计与财务双语教学教材研讨会

选题讨论会

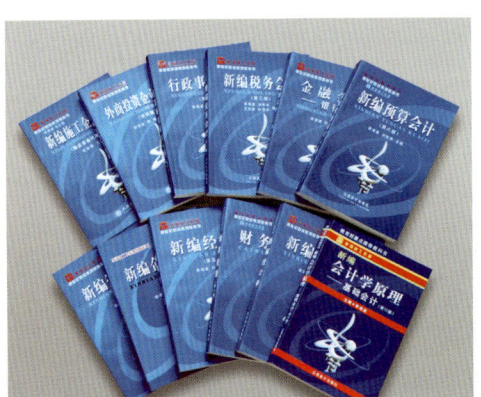

部分精品图书

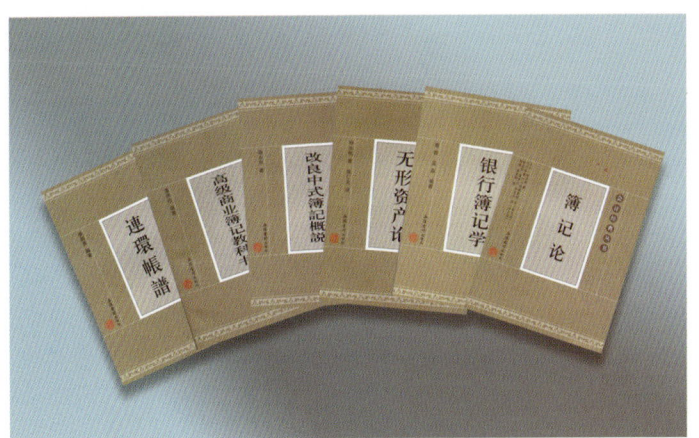

出版社全体员工合影

出版社部分离退休员工合影

对我校出版社改革改制前后的几点思考

（代序）

2006年起，全国教育系统校办企业按照国务院和教育部的要求启动改革改制工作，我校所属的立信会计出版社先在"例外"中过渡了两年的时间。随后，在中共中央宣传部和新闻出版总署的强力推动下，各高校出版社的改革改制工作全面启动。历经三年的推进和调整，立信会计出版社今天已进入改制后的企业管理经营阶段，需要按企业规律谋划发展。但总有一点儿"路在脚下，去向何方"的顾虑和担忧。

一、出版社改革改制的必要性

1. 我社自身发展潜在的方向所需

我校出版社的前身是潘序伦先生和邹韬奋先生1941年发起成立的立信会计图书用品社，当年它开创了会计专业图书出版和高专学校有出版社的先河，可谓历史悠久，国内首创。同时，它也是立信会计教育三位一体（学校、会计师事务所、出版社）中的"一位"。之后，在20世纪50年代初，随院校调整，学校被调整解体后，出版社也只有会计用品还在校外发展，会计图书的出版业务几乎不成体系。1980年，立信会计高等专科学校复办后，1986年学校又重新筹办了立信会计出版社。复办后的出版社从开始便向上海市申请独立事业编制，与其他高校的出版社有着不同的管理体制，管理上隶属学校，编制相对独立，这为后续的改革改制铺垫了很好的基础，也是筹办出版社时无意中孕育着今天的发展方向。在20多年的发展中，我校出版社在管理体制上一直不是特别的顺畅，既不属于大学社，也不属于地方社，非常需要在体制上加以理顺。

2. 社会主义市场经济发展的必然要求

1978年中共十一届三中全会以来,我国进入了社会主义经济体制改革时代。农村联产承包制度的确立,逐步解决了10亿人民吃饭的问题,接下来大刀阔斧地进行了工业、市场、金融业的改革。在社会的全面改革中,形成了中国特色社会主义理论体系,我们不断地深刻了解中国社会主义初级阶段的时代特征。面对社会、经济快速发展的现实,相应的高等教育体制显然有落后的嫌疑。在全民皆商的大环境下,高校的校办产业也如雨后春笋广泛发展了起来。校办产业的发展有其客观的原因,也有许多知识密集和高科技产业化的优秀企业,但更多的是利用事业资源、解决学校富余人员或因扩张而带来的非教师人员的就业问题,良莠不齐,极不规范。在市场经济改制不断深化的过程中,高校企业势必会暴露出很多需要整顿和规范的事端。诸如学校的国有资产流失问题、校企间的责任不清晰问题、从业人员管理的事业化倾向问题、企业与教育抢占有限的教育资源问题,等等。因此,对校办企业的整顿与改制是完善社会主义市场经济秩序的必然要求,大学出版社作为学校校办企业的一部分理应纳入市场经济改革行列中。

3. 文化产业改革大前提下的必然结果

中共十六大报告中,已经明确指出中国的文化建设必须有全新的理念,文化产业必须要适应社会、经济的快速发展,而作为文化产业中的重要组成部门的出版社,毋庸置疑地被纳入文化产业改革的行列中。地方所属的大众出版社、专业出版社早已按部就班地进行改制改革,并已显示出了改革的良好效果。而大学出版社由于绝大多数隶属高校,所出版的图书也主要是为学校科研教育服务的教材、工具书和专业性特别强的学术著作,相对地方出版社而言,商品化图书比较少,人事关系也多归类事业单位,所以改革改制相对拖后。但由于图书市场的逐年成熟,大学出版社的规模也不断加大,参与图书市场的份额也逐年增加,事业单位企业化管理的机制已基本形成,所以大学出版社纳入文化产业改革改制中是势在必行的结果。

4. 大学出版社自身发展的必然选择

大学出版社改制前的教育属性虽然由来已久,这种属性也曾为学校的学科专业建设提供了便利,也为教师的学术研究搭建了自供舞台,在计划经济体制下有其不可替代的优势。而市场经济体制形成以后,一校一社小而全的图书经营已迅速暴露弊端。尤其社会文化产业的改革大面积铺开,对校办产业的冲击,没有几家大学出版社还能抵得住图书市场新秩序的冲击。经营模式陈旧,经营队伍的素质相对下降,作者群的利益导向,读者群的多项选择,无不对大学出版社带来冲击。因此,大学出版社要想在行业内继续有生存市场,必须要主动参与适应图书出版行业的竞争,彻底改变"吃皇粮"的依赖性,学校和大学出版社从出版的发展未来考虑,也必须选择改革改制,这也是校办产业改革改制的必然内容。

二、出版社改革改制后的利与弊

任何一种业内、业外的变化,对一种行业自身都会引起质与量的明显变化,而出版社的改革改制对出版业也必然会掀起本质上的改变,尤其对大学出版社更是毋庸置疑的。

1. 外部有利环境的形成

对于大学出版社来讲,由于国家文化产业的统一改革,明确了从上至下的推进程序,使得我们在改制过程中处于许多有利的环境。一是整体推进起步时各级领导的高度重视。中共中央宣传部、新闻出版总署、教育部、上海市委宣传部、上海市新闻出版局、学校的党政一把手都在不同层次上召开各种会议,研究出版社改革改制的战略和具体措施,这为每一家出版社改革改制工作建立了一个完整的组织保障,也为解决改革改制中出现的困难开辟了寻求解决方法的战略智库。二是启动伊始便有了相应的政策性优惠条件。例如,人事管理上的老人老办法,减免企业所得税税收,资产划分的政策倾斜上,在人、财、物上已经给予企业相当大的支持。我们虽然是"白手起家",但没有"赤身出户",保证了在改制后的新一轮发展中的基础。三是行业的统一规范已初见端倪,打破了系统行业的禁锢,使各个大学出版社与社会的出版社能找准各自发展的定位,优胜劣汰。

2. 外部不利环境的分析

凡事总有利有弊,虽然不是人为刻意造成的,但一定会附带无意中招。本次改革改制对于学校的出版社一样,客观上形成了很多不利的环境。一是原有体制下的事业性质的管理痕迹还将依然存在。学校对改制后出版社的管理上,不可能从领导到教师、学生都一下子理解得非常透彻,在利益的划分、事务的处理、出版服务等方面总会有一段时期还停留在改制前的惯性上,这也会对改制后出版社的企业完全市场化的进程带来钳制。二是原有的社会出版社、大学出版社在本次改革中没有彻底打破行业的垄断和行业的依赖,大多数的出版社基本上还是独立整建制的改制,在相当一段时期还不能形成现代企业发展的氛围,在某种程度上会制约出版社的快速发展。三是大学出版社的投资主体(股东)没有重组,或者说没有改变。投资主体是决策经营发展的关键,多元投资就会有多元智慧,多元智慧才能有多重发展战略的优化选择。另外,经营者的股权没有明确,对经营者的潜力和积极性也是一种伤害。

3. 内部有利环境的形成

改制后的大学出版社,从学校的事业属性管理上和社内的企业化经营上也明确了许多,这对下一步的自身经营和发展是有利的。一是从法理上彻底地改变了事业单位企业管理的模式,与社会出版行业完全接轨,切断了大学出版社干部职工左顾右盼的彷徨依赖、患得患失的思想,便于挖掘潜力,形成专一的发展合力。二是通过改革改制,彻底地清理出版社历史形成的各种"包袱"。类似投资与经营的关系、事业与企业的关系、在编人员与编外人员的关系以及债权债务的归属问题等。三是改制后将有效地推进出版社内管理、分配机制的形成,有效地促进干部职工创业、守业的主观意识,优化服务与经营的理念。四是虽然改制了,但大学出版社的姓"教"特色还有相当一段时期不可能改变,这对作者群、读者群的相对稳定是非常有利的。

4. 内部不利环境的分析

一是在改制后的过渡时期,学校对企业化的出版社行政管理色彩依然很浓,社内的干部职工不会很快转变传统观念。二是"老人"身份的原在编干部职工与学校的教职员工的权利目前还不可能很快消失,"新人"身份的职工也会受到或多或少的影响,不利于企业化管理的快速形成。三是图书市场、出版行为规范完全形成还需要时间,因此出版的专业分工、份额占有也不会有太大的突破,这也会制约出版社的发展。

三、对改革改制后出版社发展的思考

全国性的出版社改革改制工作已历时四年了,我校出版社在2009年已初步完成改制。改制后的出版社发展无论是从内部环境还是从外部环境都有了不小的变化,有利的一面将促进出版社的新一轮的发展,在短时期内不利的一面也将对出版社的发展速度有着制约,但总的趋势是前景看好。无论知识爆炸年代还是信息化时代,人类对知识获取的欲望只会越来越强烈。虽然现实的网络、电视等知识传播手段增加了很多,但对纸质书籍的需求不会减少,更何况出版社在电子书的开发上已有许多形式。可以说在传统的印刷基础上又多了一种电子出版物,数字化的进程只会有利于出版社的业务发展。基于这种认识,我们可以说改制后的大学出版社前途是光明的,但是,从对内外不利环境的分析中,我们也不得不对有些问题进行深入的思考。

1. 如何应对出版业中出现的"潜规则"

中国改革开放三十多年的今天,全民经商的潮流虽然已有了很大程度的改善,行业规范已逐步形成,但由于人口过于密集,就业的压力极为严峻,造假的、剽窃的、粗制滥造的现象在各行各业都有不同程度存在。而在出版业市场经济体制不完善的情况下,必然也会卷入其中,这是不奇怪的。一是盗版猖獗,二是同行竞争残酷,三是作者版税要价过高,四是书商(使用者)回扣泛滥,五是纸张涨价无商量。以上五种现象在出版业内都表现得淋漓尽致,而且有逐步形成各自规律的倾向,有些现象完全可谓是出版业的"潜规则",这些对出版社的发展都会带来极为不利的影响。那么,作为出版社又如何应对呢?本人认为,一是加强出版社的自身建设,提高出版物的技术含量和自我保护措施;二是加强出版社的联手,充分发挥行业协会的作用,从行业发展的大局出发共同抵制和抗衡"潜规则",才能逐步改善出版社发展的大环境,从而逐步改善出版业的大环境。

2. 如何谋划出版社的新一轮发展

改制后的出版社作为企业进行图书出版和经营,必须按照企业发展的科学规律谋划新一轮发展。一是给企业准确定位。俗话说:思路决定出路,定位决定地位。只有找准企业的目标,选择合适的发展模式,才能有效地发展。我校出版社应该立足教育,面向社会。也就是说,我们必须发扬传统优势,立足财经类高等教育的需求,做好品牌,做实品牌,以出版教材求生存,开拓财经类专用图书为突破,适度出版高质量学术著作树品牌。二是在企业发展战略上我们必须有一个清醒的认识。首先,改制后的出版社是彻头彻尾的文化产业,它必须实行企业化管理,它与事业单位的管理有着本质区别。企业是追求利润最大化的,企业是要讲投入产出效益的,企业是要讲资金、资产、劳动参与合理分配的。作为出版社投资者的学校在这些方面只能"授之以渔"不可能再"授之以鱼",需要出版社在原有的基础上到市场中去打拼。不管出版社是否情愿,我们都必须主动参与出版业的竞争,迎接市场的挑战。只有这样才能得以生存和发展。其次,明确发展的方针。我校的出版社应该在"新、高、稳、严"四个字上下工夫。所谓"新",我们应着力在干部职工中推进全新的企业理念,管理上建立全新的机制,不断地把出版社打造成全新的企业,凝练出全新企业文化;所谓"高",我们应该培养(含引进)高素质的职工队伍,出版高质量的图书,推进高效率的管理方式和经营方式;所谓"稳",我们应该力求改制后过渡期稳定的工作局面,不允许出现过大的波动,保持稳定的图书市场份额,逐步拓展出版社领域,建立稳定的作者队伍,服务好稳定的读者群;所谓"严",我们在新一轮的发展中,必须按照现代企业制度要求,严格管理,严密规章制度,形成严谨的工作作风。三是充分认清出版社自身的情况,实事求是地建立起开发、经营、管理的有效途径。改制后出版社的全体员工必须加强培训,要立足各自岗位的新要求,从企业的整体利益出发,统一观念,提高业务水平,强化管理,精心经营。编辑是出版社业务的核心,发行是出版社经营的关键,作为企业"进口"要畅,"出口"要广,才能做到出好书,有高效益。

2011年,立信会计出版社建社已70周年、复社25周年了,在历任社长和全体员工的辛勤努力下,在"立信会计"这块金字招牌光彩映照下,曾经取得过许多辉煌业绩,立信会计出版社是立信人的骄傲,也为立信会计教育事业作出过巨大贡献。改革改制后的立信会计出版社也一定不会辜负立信人的期望,在新一轮的发展中,我们已经有了一个良好的开端。看!今天的立信出版人正在繁忙的工作之余撰写着工作、人生的感悟,谱写着明天成功的乐章。

李延臣

2011 年 5 月

目 录

科学规划　改革创新　再谱立信会计出版事业新篇章…………窦瀚修（1）
创建学习型党组织与出版社改革发展………………………………邬敏懿（8）
立信会计出版社"十二五"选题规划…………………………本社编辑部（13）

选 题 与 编 辑

图书选题的策划与组织……………………………………………陆盛强（21）
大学出版社转制后学术图书出版的困境与对策…………………黄成艮（34）
出版的文化影响力探究……………………………………………方士华（38）
中职教材的出版探讨………………………………………………赵新民（46）
浅论现代编辑的素养…………………………………………………陈　旻（50）
浅谈编辑审稿………………………………………………………赵志梅（56）
关于年轻编辑培养的思考…………………………………………张临林（59）
封面设计综合谈……………………………………………………周崇文（61）

市 场 与 经 营

选题策划与图书营销………………………………………………戎其玉（65）

论出版社参与市场竞争的四大要素…………………………徐小霞（71）
大众读物的选题开拓和市场拓展……………………………蔡伟莉（75）
浅谈院校教材推广工作之基础篇……………………………陈岗伟（78）
普通读物类图书销售渠道浅析………………………………杨　森（86）
图书馆馆配业务现状及出版社的应对策略…………………郭　光（90）
浅谈教材推广中的选题策划…………………………………李　帅（94）
出版社价格战的原因及对策…………………………………余　榕（97）
"抢滩"考试类图书市场………………………………………张　蕾（104）

企业与管理

论出版社的企业文化建设……………………………………洪梅春（109）
后改制时代大学出版社的战略选择…………………………张巧玲（113）
中小型出版社生存与发展之道………………………………方士华（122）
出版企业文化建构浅析………………………………………张　蕾（129）
出版社内部管理刍议…………………………………………张翠芳（133）
关于缩短出版周期的几点想法………………………………许　颖（136）
出版社财务职能及财务管理方式之我见……………………金　穗（138）
提升出版社办公室管理水平的思路…………………………李　旸（140）
改进图书物流的思考…………………………………………李国强（142）
出版社与民营书商合作模式之探讨…………………………余　榕（145）

数字出版

论电子出版方式与消费者的心理隔阂………………………张巧玲（155）
我国数字出版的SWOT分析……………………………………余　榕（158）

我与出版

立信出版薪火相传……………………………………………欧阳仲华（167）

立信会计出版社往事……………………………………… 蒋春牧(171)
编辑要学点印刷知识……………………………………… 徐雪芬(174)
我和丁兄有个约定
  ——散谈编辑与作者的沟通……………………… 蔡莉萍(177)
立信为本
  ——社庆70周年有感……………………………… 成姿娴(180)
算盘的记忆………………………………………………… 陆慎懿(183)

图 书 评 论

奠基——《潘序伦文集》序………………………………… 王　军(187)
"普通高等院校经济学十二五规划重点教材"总序……… 唐海燕(190)
《世界贸易组织概论》序…………………………………… 唐海燕(192)
"立信会计系列精品教材"总序…………………………… 邵瑞庆(194)
《葛家澍会计文集》自序…………………………………… 葛家澍(196)
会计学界的一面旗帜……………………………………… 葛家澍(198)
"会计经典丛书"述评……………………………………… 郭道扬(201)
开启中国会计的造经时代………………………………… 汪一凡(204)
攀登会计科学的高峰
  ——评《21世纪100个会计学难题》……………… 刘　威(213)
一本令人难忘的书
  ——《21世纪100个会计学难题》诞生记………… 徐小霞(225)
中国会计学界的登山之旅
  ——读《21世纪100个会计学难题》……………… 陈春华(228)
创建有中国特色会计理论与方法体系的一部力作
  ——评《会计理论比较研究》……………………… 王世定(232)
《从商品、产权到行为空间——制度与契约分析的意义、
  局限及超越》序…………………………………… 陈志武(235)
"财务管理理论与实务系列丛书"总序…………………… 王化成(237)
财务管理专业核心课程建设的一种有益尝试
  ——评"财务管理理论与实务系列丛书"………… 盖　地(240)

人民币直面全球新格局挑战
　　——评《人民币汇率：现实、理论和政策》……………… 方士华(242)
从历史中理解中国的社会结构
　　——评《私有产权的社会基础——城市企业产权的政治重构
　　　(1949—1956)》……………………………………… 陆　铭(244)
中国当前需要什么样的宪政经济学
　　——《宪政经济学：探索市场经济的游戏规则》代序………… 韦　森(247)
弘扬立信精神　传承会计文化
　　——"会计经典丛书"出版谈……………………………… 黄成艮(251)
潘序伦会计学术、会计教育思想的完整体现
　　——《潘序伦文集》编辑手记……………………………… 方士华(254)
《顾准会计文集》编辑札记……………………………………… 黄成艮(257)
《会计准则理论研究》书评(3则)………………… 孟　焰　李孝林　李定清(260)
丁元霖主编教材书评(3则)……………………… 张一鸣　励　丹　黄道蕴(264)

立信会计出版社获奖图书一览表(1995—2010)………………………(267)
立信会计出版社历任社领导情况(1986—2011)……………………(277)
立信会计出版社史略………………………………………………(279)

科学规划 改革创新
再谱立信会计出版事业新篇章

窦瀚修

日月如梭,光阴似箭,立信会计出版社迎来了建社70周年。在这忆过去、展未来、庆祝建社70华诞的大喜日子里,又恰逢"十二五"开局。开好局,起好步,对立信会计出版事业的未来发展至关重要,我们要认真总结过去,精心谋划未来,团结奋进,改革创新,争取在未来的五年有更大作为,再谱立信会计出版事业新篇章。

一、"十一五"期间的回顾

我社现有员工总数45位,中级职称以上者占员工总数的48%,其中,副高职称以上9人,大学以上学历者占员工总数的98%。

"十一五"时期,我们以科学发展观为指导,以转企改制为契机,坚持正确的政治方向,解放思想,开拓进取,探索特色发展之路,实现了出版事业的平稳健康发展。

(一)"十一五"期间取得的主要成绩

1. 打造精品图书,社会效益显著

"十一五"期间我们坚持"立足教材,立足原创,立足大财经,服务大教育"的办社方向,走"专业化、精品化、数字化、国际化"的特色发展之路,进一步确立了"为财经教育服务,为社会大众服务"的办社宗旨,出版了"会计经典丛书"以及《潘序伦文集》、《葛家澍会计文集》、《顾准会计文集》、《21世纪100个会计学难题》等一批社会效益显著的精品图书,已初步形成高等教育、学术精品、职业教育和大众读物"四大板块"为主的财经教育出版格局。

"十一五"期间,我社共出版图书2600余种,其中新出图书1100余种,重印、再版图书1600余种;年重印率保持在60%左右,远高于全国平均水平。

我社有100多种图书先后在新闻出版总署、上海市新闻出版局、中国出版协会、中国大学出版工作者协会等组织的各类图书评比中获奖。其中,《潘序伦文集》获第三届中华优秀出版物奖(图书奖)提名奖,这是我社首次获国家级的奖励,也是会计学科领域唯一的获奖图书;《会计准则理论研究》、《中国经济运行风险研究报告2008》等获上海市优秀图书奖;有18种图书被评为"中国书刊发行业协会年度全行业优秀畅销品种";有13种图书获中国大学出版工作者协会奖励;有29种图书获华东地区出版工作研究会奖励;"中国社会经济制度变迁前沿研究丛书"列入国家"十一五"重点出版规划。10多种教材入选国家级精品教材,有的被列为教育部重点推荐教材,有几十种教材被各省(市)教育管理部门评为省(市)级精品课程教材;多种图书被列入《农家书屋重点出版物推荐目录》。

2. 以转企改制为契机,实现制度创新

作为高等学校出版社改制工作第二批试点单位,我社的转企改制工作在学校的领导下严格按照新闻出版总署、教育部的要求稳步推进,于2009年5月,从法律程序上完成了转企改制,成为公司制法人。我们以转制为契机,健全制度体系,推进企业化管理模式,促进了出版事业新的发展。

2010年7月,我社成功召开了二届一次职工大会暨工会会员大会,通过了新的人事分配制度改革方案,明确了各个岗位的职责和目标任务,初步形成了营销人员以回款、编辑人员以利润、管理人员以服务为主要考核指标、参考其他考核要素的综合考核体系,员工的成本意识、市场意识明显增强;开展了与之配套的全员聘任和中层干部选拔工作,以市场为导向,安排内部组织架构,由原来的一个综合编辑部分为高等教育、职业教育、大众读物、学术精品与版权贸易、数字出版五个编辑室,社中层干部顺利实现新老交替,并按分工到位,卓有成效地开展工作;按照新闻出版总署的要求,成立了"选题论证委员会",选题管理更加规范;在出版流程上也做了有益的尝试,提高了工作效率;初步建立了档案管理制度,为各项业务工作的开展提供了便利;各级负责同志高度重视综合治理和安全生产工作,为全社工作的开展奠定了基础。

3. 发挥专业出版优势,经济效益创新高

"十一五"期间,我社发挥专业出版优势,立足以会计为主的财经领域做文章、畅销书、长销书显示了较强的竞争力,经济效益显著。在全国建立了与出版社图书结构相对应的、成熟的销售渠道和网络,建立了与市场相适应的销售策略和机构。2010年我社销售码洋8 200万元,主营业务收入4 200万元,创历史新高。上海立信会计文化用品有限公司、上海申松立信印刷有限责任公司主营业务均发展良好,2010年实现销售1305万元;2010年印刷产值约728万元,比上年增加20%以上。

4. 国际合作稳步推进

围绕我社的出书特色,"十一五"期间,我社对外合作有了起色,不断尝试各种对外合作形式,并取得了很好的效果。我社与美国、中国台湾等国家和地区的许多出版社建立了良好的合作关系,并尝试直接请外籍作者写书的思路。2010年我社成立了专门的学术精品与版权贸易编辑室,除了在基础教材方面寻求合适的选题之外,在经典著作方面也进行了尝试,引进了一批在国际会计学界具有较高文化价值的传世经典著作。依托"中国会计名人堂"项目,我们与"美国会计名人堂"建立了交流和合作机制,在图书输出方面也找到了突破口。

5. 数字出版蓄势待发

为了更好地应对以数字化、网络化为特征的出版业态转化的要求,我社从2010年开始建立数字出版编辑室,为主要教材配备了电子课件和视听材料,形成教材立体化。成熟的数字产品正在酝酿之中,在按需印刷和跨媒体合作等方面也将作出有益尝试。

6. 服务教育,奉献社会

"十一五"期间,我社为上海立信会计学院教学和科研人员出版学术专著累计100多种,补贴300多万元。为学校的学科建设和师资水平的提升发挥了应有的作用,为促进学校的事业发展作出了积极的贡献。我社先后为云南、四川、新疆、西藏、安徽、青海、上海等学校、图书馆、资料室、农家书屋和"希望工程"捐款捐书,累计100多万元。

(二) 存在的差距和不足

"十一五"时期我们取得了一定的成绩,同时也存在差距和不足:

(1) 人才队伍建设仍需加强。缺少懂经营、善管理、市场意识强的复合型高素质人才。

(2) 图书的品种应系列化,配套齐全,满足市场的需求;选题结构还需进一步优化,产品线要进一步延长和完善。

(3) 管理机制还需不断完善，各类规章制度还需建立健全，并具有可操作性。

(4) 国际化进程有待加快。对外版权贸易比较薄弱，应加大对外合作力度，利用好国内、国际两个资源。

(5) 应多培育新的经济增长点，实现多元化发展。

二、"十二五"期间的发展目标

经过五年的努力，通过走内涵式发展道路，形成具有集团化运作能力的、特色鲜明的知名财经教育出版机构。主要经济指标比"十一五"期末有较大增长，获奖图书的等级有重大突破。

在出版社效益增长的情况下，员工平均收入相应增长，力争达到同行业平均水平之上，同时，为学校所作的经济贡献也相应增加。

三、"十二五"期间发展的指导思想、基本思路和主要任务

1. 指导思想

坚持以邓小平理论和"三个代表"重要思想为指导，全面贯彻和落实科学发展观，坚持以人为本和自主创新，坚持正确的出版方向，以内容创新为核心，为经济发展和社会进步提供强大的思想保证、精神动力和智力支持。

2. 基本思路

(1) 强化立信特色，争创一流佳绩。

(2) 积极转变经济增长方式，逐步改变粗放的增长方式，依靠技术进步、自主创新和提高员工素质，走集约化的发展道路。

(3) 采用多元化的营销策略，提高市场份额。

(4) 牢固树立"双效"意识，始终把社会效益放在首位，实现经济效益和社会效益有机统一。

(5) 加快实施"走出去"战略，有计划地布局布点，实现版权引进和版权输出双增长。

(6) 积极推进产品数字化，以数字化出版带动规模和效益的提高。

3. 主要任务

为了实现"十二五"期间的发展目标，出版社要做好选题开发、制度创新、对

外合作、人才培养这四个重点领域的工作,打好"财经牌"、"创新牌"、"合作牌"和"人才牌"这四张牌。

（1）以财经教育为主线,以会计教育为重点,开发图书产品。从学术原创类、教材类和大众读物类三个方面,围绕主线和重点进行深层次的立体开发。进一步整合出版资源,加强特色建设。在整合出版资源上,一方面,从深度和广度上进一步挖掘依托立信本校的学科、学术和人才优势;另一方面,扩大出版资源的可利用范围,汇集全国和世界的优秀出版资源,创建我社一流的出版资源库;再一方面,坚持集团化发展模式。通过内涵式发展不断发展壮大出版社各个板块和领域的优势,围绕产品线提升发展空间,同时与申松立信印刷有限责任公司和立信会计文化用品有限公司形成互补的产业链,坚定不移地走集团化发展之路。

（2）制度创新,与时俱进。结合我社和整个出版业的发展现状,不断建立和完善各项规章制度,使之比较适合我社社情,推动出版事业的发展。抓住出版业体制改革的契机,以出版规律为基本出发点,围绕内容创新这个核心,建立、健全有利于长远发展的管理体制与运作机制。

（3）拓展"合作、双赢"的发展模式。总结成功的合作经验,制定出版社今后合作的原则和合作方式,积极寻求合作领域和合作对象。通过合作来促进发展,壮大出版社,把立信会计出版社的品牌效应继续做大,广泛推广,形成强有力的核心竞争力。

（4）加强人才队伍建设。努力营造人才成长的文化氛围,以建立学习型组织为目标,以现代人力资源管理的理论和实践为指导,突出人事工作的重要性,扩大人事工作的管辖范围,尤其在引进人才（招聘、猎头、挖角）、培训（理论、技术、心理、能力）、岗位设置（结合事业发展目标、组织结构调整和流程再造）、考核（标准的制订与实施）、激励与淘汰等方面加以完善和改进。

四、"十二五"期间的保障措施

在科学发展观的指导下,深化改革,破除阻碍生产力发展的陈规陋习;加强学习型人才队伍建设,依靠科技进步提高自主创新能力;推进企业文化建设和民主管理,为全面完成"十二五"规划营造良好氛围、提供有力保障。

（一）组织保障

加强领导班子建设。不断提高领导出版社科学发展的综合能力,把出版社领导班子建设成为坚定贯彻党的方针政策、领导出版社健康可持续发展的坚强领导集体。

充分发挥党的战斗堡垒作用和政治监督作用。依靠党的支持,充分发挥党组织的政治核心作用和党员同志的先锋模范作用。加强企业文化建设,巩固和发展文明单位创建成果,在企业精神、文化内涵上下工夫,使之拥有奋发向上的人文精神、和谐融洽的人文环境,使每位员工的积极性都能充分发挥,使出版工作成为员工热爱的事业。发挥党和工会组织的积极作用,丰富员工的文化、体育生活,凝聚人心。

(二) 质量保障

正确的政治导向是出版社安身立命之本。图书质量是出版社的生命线。要在坚持正确导向的前提下严把质量关。我们要自觉承担社会责任,增强阵地意识,落实政治责任、领导责任、把关责任,全面强化编校、印制和管理人员的责任意识,坚决抵制庸俗、低俗、媚俗之风,将社会效益放在首位,努力实现社会效益与经济效益的有机统一,出版更多更好的代表社会主义先进文化前进方向和弘扬社会主义核心价值观的优秀图书。继续强化图书四大板块的选题开发,高质量、高标准地做好出版社"十二五"期间的教材出版计划。

强调"注重积累,形成特色","有所为,有所不为",制定差异化选题策略,在自己的专业领域做到有所突破,基于自己的优势领域和专业优势制定独特的选题规划。加大高校教材的开发,力争在原创学术著作、会计经典和会计史等领域形成特色。

重点出版工程和创新项目,都要积极申报并争取纳入国家和上海市及相关行业主管部门的"十二五"规划中,力争各项扶持政策和资金补贴等。建立健全符合出版社实际的相关政策,从人、财、物和资源配置等生产要素上进一步加大对重点工程、重大项目的支持力度,打造一流精品。

(三) 人才保障

树立"发展靠人才"的观念。人才是出版社"十二五"发展的第一资源和核心竞争力,尊重人才、用好人才是出版社可持续发展的第一要素。

实施一系列的人才工程,吸引人才,留住人才,提高队伍整体实力和逐步实现人力资源管理。加强培训,建立企业人才培训机制,对现有人员要进行定期常规的、专项的和不定期的培训。包括分期分批地对部门主管和业务骨干开展业务进修和培训学习,邀请专家、领导上门为我社干部员工举办专题讲座、业务报告等等。不断提高人员素质,提高企业人才竞争力,以保证出版社重要的、需要重点发展和开发的领域有合适的人才。

(四)制度保障

深化机构改革。根据发展的要求,逐步形成公司、分社、事业部、室的不同层次、不同性质和不同功能的机构,加快出版社向集团化迈进的步伐。

从组织、机制和管理三个方面不断进行制度创新。完善激励机制和考核、奖惩体系,精神激励与物质激励相结合,开发员工自我价值实现的多种渠道。

树立效益观念,强化成本管理。根据管理会计的核算要求,以利润考核为目标,降低成本,追求效益最大化。控制出版品种总量,提高单本图书的销售量和图书重印率,加强选题论证,完善选题结构。

雄关漫道真如铁,而今迈步从头越。"十二五"期间是图书出版发展的重要战略机遇期,我们将面临更多的困难和挑战,我们要以科学发展观为指导,以体制改革和制度创新为动力,在学校和董事会的领导下,同心同德,群策群力,努力实现"十二五"规划的各项目标,为繁荣我国财经教育事业,为上海立信会计学院的发展,为立信会计出版事业的发展作出更大的贡献。

创建学习型党组织与出版社改革发展

邬敏懿

党的十七届四中全会通过的《中共中央关于加强和改进新形势下党的建设若干重大问题的决定》明确提出了建设马克思主义学习型政党、建设学习型党组织的重大命题,提出建设学习型党组织的战略任务,要求"在全党营造崇尚学习的浓厚氛围,积极向书本学习、向实践学习、向群众学习,优化知识结构,提高综合素质,增强创新能力,使各级党组织成为学习型党组织、各级领导班子成为学习型领导班子"。中共中央办公厅印发了《关于推进学习型党组织建设的意见》,要求各地区各部门结合实际认真贯彻执行。根据学校党委的部署,我们出版社党总支组织党员认真学习党的十七届四中全会《决定》和中共中央办公厅的《意见》,积极思考如何将创建学习型组织与出版社改革发展紧密结合,努力创建学习型出版社。

一、认真学习中央文件,深刻领会创建学习型组织的意义

中办《意见》将建设学习型党组织的重要意义归纳为:第一,建设学习型党组织,是党始终走在时代前列、引领中国发展进步的重要基础。第二,建设学习型党组织,是党领导人民夺取全面建设小康社会新胜利、开创中国特色社会主义事业新局面的必然要求。第三,建设学习型党组织,是提高党的执政能力、保持和发展党的先进性的紧迫任务。党的先进性首先表现为思想理论上的先进性,只有思想理论上先进才能保持和发展党的先进性。由此可见,建设马克思主义学习型政党,是党的十七届四中全会从全面推进中国特色社会主义伟大事业和党的建设新的伟大工程的全局出发,提出的一项重大战略任务。把各级党组织

建设成为学习型党组织,是建设马克思主义学习型政党的基础工程。

建设马克思主义学习型政党、建设学习型党组织是党着眼于新时期世情、国情、党情的不断变化作出的重要决定,是着眼于不断加强党的先进性建设和提升执政能力作出的战略部署。高校肩负着培养中国特色社会主义事业合格建设者和接班人的历史职责。高校党组织是高校事业发展的领导核心,创建学习型党组织是履行和实现高校历史责任的必然要求。高校党组织作为党的基层组织的重要组成部分,应该成为建设学习型党组织的探索者和实践者。

创建学习型党组织是高等学校各级党组织加强和改进党的建设的一项重要任务,责任重大。作为学校的基层党组织一定要认真学习好中央有关创建学习型党组织的文件,将创建学习型组织作为一项重要的战略任务,长期、稳定、持续地开展好这项工作,将创建工作始终贯穿在党组织建设和本单位的实际工作中。基层学习型党组织建设是一项系统工程,也是一项创新性工作,需要在实践中不断探索、创新和完善。探索出版社学习型党组织建设创新模式,是创建学习型党组织,带动党建工作,带动出版社的全面工作的有效途径。

二、积极推进创建出版社学习型党组织工作

我们认为,学习型党组织具有如下特征:其一,它是在应对当今世界大发展大变革大调整时期党面临着推进改革开放和社会主义现代化建设的艰巨任务而对党的建设提出的新要求。其二,它以建设马克思主义学习型政党为总体目标,并要求"按照科学理论武装、具有世界眼光、善于把握规律、富有创新精神"的标准建设。其三,它强调在党组织内部建立完善的学习机制,并把建设"学习型党组织"作为建设马克思主义学习型政党的基础。其四,它倡导组织化的互动式、研讨式学习,努力激发每一个党员自觉学习和探索创新的活力,以此促进每一个党员的自我提升和全面发展。加强基层党组织及党员的理论学习,不断提升思想认识,以终身学习、不断学习的理念推进学习和创建活动。

1. 我们要站在推动出版社科学发展的高度,提升对建设学习型党组织重要性的认识。要使大家认识到,出版社要实现科学发展,对党组织和领导班子提出了更高的能力上的要求,建设学习型党组织和领导班子工作的开展,正是为提高学习能力搭建新平台,提供新抓手,可以更有效地提升领导干部的学习能力,学会系统思考,转变思维方式,进而提高工作能力和水平。

2. 要把建设学习型党组织作为战略任务,制定目标明确、机制优化的工作

方案。首先,要认识到学习型党组织的建设是一项"战略任务",因而是一个长期的过程,不可能一蹴而就,工作的开展要长计划、短安排,循序渐进。其次,建设学习型党组织的第一步,应该从学习入手,以学习为起点,围绕出版社转制后改革发展的目标任务,开展有针对性的学习。第三,学习和借鉴其他单位和部门建设学习型党组织的经验,推进本单位学习型党组织建设。第四,在党总支范围内,组织全体党员开展"学习型党组织"的理论学习,厘清建设学习型党组织的基本概念,掌握其精髓,发挥其功效。

3. 要建立各项学习制度,创新机制,为创建学习型党组织提供保障。我们将成立以党总支主要领导为第一责任人的领导机构,负责组织落实,完善相关制度,进一步明确党组织的学习内容、方式和要求,并根据要求和在实践中出现的新情况、新问题,不断完善,力求实效,积极创造条件,有效推进中国特色社会主义理论体系、科学发展观和社会主义核心价值体系进每一个党员的头脑。结合实际,明确学习目标,制订学习计划。着重从组织领导、机制建立、载体建设、学习效果等方面进行考核,通过述学、评学、考学制度做好党员的学习考核。把学习型党组织建设纳入党建目标管理。

4. 要注重树立正确的学习理念,转变学习的方式方法。一方面,要把学习作为一种管理理念,做到学习工作化,工作学习化,使学习、工作融为一体,相互促进。一是要从寻找问题开始,围绕问题来研究,提高学习的针对性;二是要形成以效果为导向的学习,注重学习成果在实际工作中的应用,满足岗位工作要求,兼顾个人学习需求;三是善于运用新思路分析新问题,不能固守习惯理念、已有经验、固有模式,要运用新知识、新思维、新眼界,不断反思,否定自己,超越自我。另一方面,要构建学习工作新模式。一是以愿景激发学习动力,不断提出发展的阶段目标,据此开展系统学习;二是探索开放式学习模型,既保留传统的灌输式学习,又重视针对性更强的案例式学习,也可采用互动性更高的研讨式学习,还可实施参与性更广的体验式学习,总之,可以分阶段、分模块、分层次、分专题进行;三是完善团队学习工作模式,在个体学习的基础上开展团队共同学习,强调团队的协同与一致。

三、结合出版社改革发展,通过创建学习型组织带动学习型组织建设

创建学习型党组织的目的,是使各级党组织和广大党员干部更加重视和善于学习,努力掌握和运用一切科学的新思想、新知识、新经验,顺应时代发展,实现

知识的不断更新,敏锐地把握时代前进脉搏,科学判断世界发展大势,提高推动改革发展的能力。创建学习型党组织的目的就是使我们党组织通过学习提高推动改革发展的能力,把出版社建设成为一个学习型组织,推动立信出版事业的发展。

出版行业的竞争将不仅仅是资本的竞争和资源的竞争,更是管理的竞争和人才的竞争,而关键是人才的竞争。"比别人学习得更快、更好,是未来唯一持久的优势"。只有拥有一支善于学习,善于思考,能迅速把学到的新知识应用于发展的员工队伍,才能保证出版社屹立于改革的潮头而不倒。这种学习包括员工自主的学习行为,从而实现个体的"自我超越";更重要的在于每位员工转变观念,"改善心智模式",一起"建立共同愿景",通过"团队学习"、"系统思考"、"建设互动的学习型团队",把出版社打造成"可以不断地加强创造未来能力的组织"。未来成功的出版社必然是学习型出版社。

(一)创建学习型出版社是大势所趋

出版社作为给社会主义精神文明提供智力支持的文化企业,其员工的知识结构和创新能力必须远远高于社会平均水平。出版社员工的政治觉悟、文化素质、应变能力必须进一步提高。有鉴于此,加强学习,建立学习型出版社是非常重要的。

党的十六大把"形成全民学习、终身学习的学习型社会,促进人的全面发展"作为全面建设小康社会的奋斗目标之一。出版社作为一个为社会提供学习文本的单位,其员工更应是学习能力很强的成员。出版单位是不是学习型出版社,关系到出版社未来的竞争与发展。出版社成为学习型出版社,是一种发展趋势。学习是提高出版社竞争力的有效方法。我们要组织出版社员工进行连续的、系统的、有针对性的学习,不断完善自己的知识结构,锻炼适应市场经济的综合能力。

(二)树立科学理念,创建学习型出版社

1. 全员学习的理念。即出版社全体员工都要结合本职工作全身心投入学习,尤其是经营管理决策层更要学习,提高领导能力、决策能力和驾驭全局的能力。员工通过学习提高自身素质,改进工作方法,提高工作能力,以适应新时期出版社业务发展的需要。

2. 全程学习的理念。工作学习化、学习工作化,学习必须贯穿于出版社系统运行的整个过程。强调学习和工作相互融合,不可分离,工作处处是学习,把每一项工作视为一个学习的机会,从中学习新业务、新知识、新技能、新方法,促进员工业务水平的提高。

3. 团队学习的理念。学习不单是个人的学习,亦是一种团队的学习行为,团队学习强调出版社员工的合作学习和群体智力的开发,强调以共同愿景为基础,资源共享、沟通、反思,取得更高层次的共识,形成互动式的学习。

4. 实效学习的理念。即强调学习的实用性,就是要使学习成为既务实又卓有成效。通过学习,达到完善出版社员工的知识结构和增强出版社核心竞争力的目的。

(三)以人为本,加强制度建设,以改革促发展

我们要通过创建学习型党组织和学习型出版社,进一步深化改革,促进出版事业不断发展。我们要顺应出版业改革大势,确立以人为本的观念,加强内部管理,抓好制度建设和队伍建设。

我们要以质量为中心,抓制度创新,建立健全各项规章制度,严格目标管理,质量业绩考核与激励约束挂钩,形成从选题、编辑出版到印刷、发行的长效管理机制。

我们要将人才发展战略作为出版社的基本战略,引进和培养相结合,重视人才,大胆使用人才,多层次全方位抓队伍建设,努力打造一支懂市场、会管理、求发展、素质较高、结构合理的出版队伍。坚持为教学科研服务、为经济建设服务的办社宗旨,以文化积累和文化传播为使命,在出版高层次、高质量、高品位的图书的过程中实现社会效益和经济效益的最佳结合,提升出版社的核心竞争力。我们要以诚信为基础,以创新为动力,强化特色,塑造品牌,提高应变能力和自我发展能力。我们要发扬传统,深化改革,锐意进取,开拓创新,使出版事业稳步前进。

立信会计出版社"十二五"选题规划

本社编辑部

未来5年是出版界动荡和艰难的5年。在这个时间点上做5年选题规划很重要,也很必要。希望能对全社员工以后的工作有所指导。

在出版社的选题结构中,学术专著、本科教材、大专教材、中职教材和社会读物5个方面的比重分别为10％、30％、30％、15％和15％。

一、学术专著

(一) 5年主要目标

规划出版体现我社出版水平的标志性出版工程,建立起一支以大家、名家为代表的高素质作者队伍。根据我社的专业特色和出书风格,加大会计学科及财经类学科原创性、前沿性研究选题的开发力度。着重推出会计学及财经类学科的重大理论和实际问题,以及围绕改革的重点和难点进行探索的著作。注意引进国外先进的学术研究成果。计划在"十二五"期间完成以下出版目标。

1. 在5年时间里建设比较完善的学术图书体系,把零散的选题归纳、整理成比较完整的、系统的、能代表会计研究领域较高水平的学术作品系列。

2. 出版"会计经典丛书"。系统地整理、编辑出版现代会计史上有代表性的经典会计著作,特别要加大对国外会计名著的引进出版工作力度,使"会计经典丛书"成为弘扬会计文化,回顾会计发展历史,展示世界会计文明成果的宝库。

3. 继续搞好"立信会计论坛"、"立信论坛"等本校学术著作的编辑出版工作。依托本校的学术资源,跟踪学校优势学科,借助出版社平台,反映本校学术成果,扩大立信的社会影响力。

4. 出版"会计理论前沿探索丛书"(暂定名)。及时吸收会计学科理论研究的最新成果,充分反映我国会计学科领域的最新进展。

5. 整理出版会计界名人著作和文集。

6. 系统引进出版世界范围内重要的会计史学著作。

7. 出版"中国会计名人堂"系列文集,系统收集整理"中国会计名人堂"入选者的学术成就。

8. 收集出版有关著名会计师事务所的历史、成就和名人等史料,向世人展现会计师事务所的贡献。

(二)主要措施

1. 对经济管理类尤其是会计的学术思潮及学术前沿领域提高敏感度,加强关注度。维护好现有的作者资源,开发新的作者资源,利用学校会计名人堂建设,与学术界保持密切联系,跟踪学术界比较有影响力的专家的研究动态,出版学术成果。

2. 尝试建立一个与学术界信息沟通的平台。

3. 转变观念,加大对会计学术作品的投入力度,提升出版社的专业形象和出版品位,注重社会效益,在资源的分配上给予适当倾斜。

4. 加强对学术类图书的发行工作,充分利用现有的发行渠道,争取使学术类图书在发行量上有明显的增长,使学术作品拥有更多的读者,产生更大的社会影响力。

二、本科教材

(一)5年总体思路

1. 准确定位,明确财经类应用型本科教材出版的层次定位,以经济学和管理学为主体,会计学、金融学为重点,多学科协调发展的学科定位,形成财经特色的专业出版战略。

2. 出版一套具有权威性、普适性、实用性、创新性的财经类应用型本科教材。由粗及细、以点带面,逐步形成财经类18个学科(专业)系列教材。

3. 继续出版各省的地方版本科教材。

4. 加大会计学科出版力度，出版全国顶级的会计学教材，出版非会计专业教材，出版不同学时数的教材，出版实训类教材。出版各种不同门类和特点的教材，供市场选择。

(二) 具体措施

1. 对本社已出版的本科教材进行梳理。在实施本计划之前，须对所有已出版教材情况进行梳理，包括教材品种、出版时间、作者情况、发行情况等。其中符合要求的教材可以列入财经类应用型本科创新教材系列。

2. 在编辑部建立本科教材策划编辑组。对本工程实施拟订操作方案，组织落实，分步完成。每一个系列由编辑负责，形成团队合作机制。

3. 对各地应用类院校的情况进行排摸，建立数据库。

三、高职教材

(一) 5年选题规划

1. 对现有教材的规划。规划的总体思路是：梳理—整合—规划出书。

首先，对我社的教材进行梳理，将其归类到财政金融类、财务会计类、经济贸易类、市场营销类和工商管理类五小类中去，并具体归属到各自的专业中。

其次，将已经分好类别和专业的教材进行资源整合。主要是针对一些新出版、作者不是很有名气、重印再版率不高的相同品类的书籍进行整合，整合作者资源，优化出书的品种和结构。

对于自成系列且销售良好的长销教材（如李海波系列、丁元霖系列、李敏系列等），继续维护。

再次，在梳理和整合的基础上，规划出版16套真正的精品教材做主打产品。

2. 对出版地方版教材的规划。可以分选不同的省份，尤其是高职高专发展较好（如山东、江苏）、较快的省份（如中西部的广西、江西、山西、四川、贵州和陕西等），有计划、有步骤地各个击破，同地方院校联系，策划和组织地方版教材。待各地的地方版教材出版并经过市场充分检验后，留下质量好、销量大的较成熟品种，将其整合成真正的立信精品系列教材乃至国家教育部重点推荐教材或是"十二五规划教材"。

（二）具体措施

1. 成立高职高专教材编辑组。专门策划高职高专教材选题，并组织实施。

2. 对现有作者做一个系统的梳理。选出有专业号召力的、有教学经验的、编书经验丰富的作者，参编书籍。

3. 建立编辑和发行结对制度。在两次订书高峰时发行人员和编辑结对到院校去做推广工作。

四、中职教材

（一）5年选题规划

由于教育部及各省市对中职学校的文化基础课教材选用和发行还有部分垄断，另外，我社主要在财经类专业占有出版发行优势，所以5年之内计划出版以会计专业为主的经济类教材，达到70个品种，形成一定规模，在中职教材市场上产生一定的影响。

1. 快速形成多个系列教材。5年形成以下10个系列教材，上教育部自编或行业规划目录。

（1）会计试验版教材。体现中职教育教材新大纲精神，在内容、体例上都要有所创新，代表中职会计专业教育的最新发展趋势及教育理念，注重实训，根据具体内容配合项目制教学方法设置体例，探索适合推广的先进的教材编写形式。配PPT、考卷。

（2）会计基础版教材。以现有会计专业教材为基础，补充品种，提高质量，锤炼课程经典内容，满足传统教育方式的中职学校教育。

（3）会计实训教材。

（4）与考证相结合的教材。许多中职学生在校期间即参加各种证书考试，所以有的课程直接使用考证指定教材。这类教材一般由地方主管部门统一编写指定，了解相关信息，争取与地方合作出版此类教材。

（5）财经专业基础课教材。

（6）公共课教材。

（7）文化课教材。

（8）市场营销专业教材。

(9) 饭店服务管理专业教材。

(10) 电子商务专业教材。

2. 建立成熟稳定的作者资源。中职教材好作者难得，所以稳定的高质量的作者队伍是中职项目成功的保证。

鉴于各省教育厅对中职教材使用的指导性作用，在今后的中职教材组织策划方式上，尽量能够以省为单位组织。按照以下层级建立作者资源：省教育厅职成教育处—相关专业教研室教研员—各省规模较大的财经类学校—优秀教师。

调查显示，浙江、江苏、广东、山东4省是中职教育发展较好、中职教育资源丰富、教学质量较高的省份，因此，在今后的工作中，我们将以这4个省作为重点攻关对象，以他们为核心，建立关系，挖掘作者资源。

3. 建立稳定的客户资源。5年之内，随着教材品种的扩充，建立稳定的客户资源。

(1) 维护已有作者及客户，并进行深度开发，形成稳定合作关系。

(2) 围绕已有的教材订购，做到通过学校联系教材公司，通过公司联系学校，发现及开发潜在客户，征求意见，改进服务，建立客户资料库，逐步建立稳固的客户关系。

(3) 每个省确定稳定的发行推广商，确定合作方式，迅速扩大市场。

(4) 针对规模较大有发展潜力的学校做工作，建立合作关系。

(二) 主要工作

1. 成立中职教材编辑室。专门策划中职教材选题，并组织实施。

2. 结合建立作者资源和稳定客户资源，走访学校。

五、社 会 读 物

我社社会读物出版将在财政法规类读物、会计入门类读物、考试类读物和社会热点读物上下工夫，有计划地组织选题。

1. 财政法规类读物。从企业管理人员、法规直接涉及的从业人员需求出发，完善对法规的宣传及推广，组织满足不同层次、不同行业读者需求的选题。国家相关法规的出台具有较大的不确定性，因此，财政法规类图书的选题也比较难预测。我们要时刻关注国家法规的发布，及时组织相关选题，第一时间出版发行。

2. 会计入门类读物。会计入门类读物是我社最具优势的一块。未来 5 年将开发适合企业管理人员、继续教育人员、非会计专业人员等的选题。并以会计入门类选题为基础，扩大选题范围，开发金融投资入门类、会计软件应用入门类等选题。

3. 考试类读物。目前考试类图书选题主要集中在"考试辅导教材"、"模拟试题"、"历年试题分析"、"冲刺预测卷"等。从 2011 年起，逐步拓展注册会计师考试、会计从业资格考试、会计职称考试、注册税务师考试等相关配套用书。

在确保会计类考试地位的基础上，开发证券从业资格考试、报关员资格考试、金融理财师考试、外销员资格考试、精算师资格考试、银行业从业人员资格考试、单证员考试、物流师职业资格考试等。

4. 社会热点读物。在今后的工作中顺应时代发展要求，紧跟社会热点，开发满足读者现实需求的热点题材读物。

选题与编辑

图书选题的策划与组织

陆盛强

在所有出版业务中,编辑业务处于流程的上游,是其他出版业务开展的基础和来源。编辑活动,是一种高尚的社会活动,是读者和作者之间的桥梁,是出版工作的灵魂。编辑工作主要有:选题策划,组织书稿,审稿,编辑加工,校样处理和市场分析等。

选题产生以后,一般要进行策划和组织。策划和组织工作是选题成败的关键,也是编辑的核心工作。一个很好的选题由于没有很好地策划,没有好好地组织,可能达不到预先的效果,甚至失败。有时因为没有选好作者,或营销不当,或定价不合适,或出版时机不对,都会造成不良效果。

一、总体策划

尽管选题是无限的,但我们生活和工作的环境总有某些限制,学识和时间也总是有限的。古训:有所为,有所不为。编辑受专业的限制,只能组织自己熟悉的选题;部门总是服从总部,组织这段时间需要的选题;而出版社也不是全能的,具体的出版社一般都有自己的特色和定位,对于能够强化自己特色的选题比较感兴趣。所以,不论从哪个层面讲,选题需要策划。

1. 出版社的总体思路

从历史看,成功的出版社都有自己的特色。牛津的辞典、兰登的文学、施伯林格的学术、高教社的教材、商务社的古籍等,都以特色鲜明而著称。我们有做不完的事,有出不完的书,再能干的人一辈子也做不了几件事,再笨的人一辈子做一件事也能做好。就是这样,我们只做一部分专业的一部分事,关键是要做好。

出版社往往又属于某些专业领域。一个出版社长期在某一领域耕耘,你中有我,我中有你,千丝万缕,出了该领域可能就不能成功。

在一定的时段,出版社有一定的目标,需要一定的选题来支撑。不同时期出版社需要不同的选题。

2. 编辑室的规划

作为出版社的一个部门,编辑室承担实现出版社总目标的一部分工作。所以,编辑室的选题要围绕编辑室的规划进行。编辑室无法接受能力以外的选题,或不符合规划的选题。

3. 编辑的专业和定位

一般来说,编辑受专业的影响,熟悉专业内的人和事多一点,策划和组织选题也方便些。编辑必须熟悉一定量的作者才能开展工作,这一工作特点也决定了编辑必须有一个定位,长期在一个领域工作才能取得成效。只有把自己培养成一个专业人才,才能和作者沟通交流,熟悉专业才有话语权,才能判断、辨别和选择,才能产生好选题。

二、选题的策划

1. 整体策划

为使选题产生的效益最大化,选题的策划一定要完整,即整体策划。不管从哪里获得选题,都要对选题进行整体策划,这一环节不可省。选题整体策划的主要步骤有:

第一步,对选题的名称要反复论证。

书名的要求很高,一般要达到几个目的:① 概括全书内容;② 简要,醒目,易读,易记,能抓人眼球;③ 标新立异,最好是别人没用过的题目。

书名要与内容相符,学术书起一个通俗名总是不妥;通俗读物起一个很学术的名也不贴切。切记,题目不能太长,不能低级庸俗。

第二步,对内容和结构的策划。

内容要紧扣书名主题,内容丰富饱满,与主题无关的文字少写或不写。结构紧凑,逻辑性强,条理清晰,层次分明。标题最重要,要有和选书名一样的精神,制作各级标题。标题多一点,段落短一点。让人耳目一新,值得一读。

为了美观和阅读方便,很多图书配上一定量的插图,有些书甚至以图为主。

策划时,要考虑图与正文配合,图表的数量,图表在全书中的分布,在每页摆放的位置,图的大小,图的类型,用绘图还是用照片。

第三步,图书制作效果设计。

封面设计,开本设计,内页设计,书的厚度和用纸的考虑,包装设计(精装或平装),宣传用语设计等一样也不能少。

第四步,定价和折让的考虑。

根据不同的读者对象的承受能力确定不同的定价,根据不同的经销对象确定不同的折扣。当然,影响定价和折扣的因素还有很多,在决策时都要考虑。图书的用纸量和纸质、图书的总成本、版税、内容的稀缺性等都能影响定价;地域差异、时间、中间商等级等都能影响折扣。

第五步,成本、销量和周期的考虑。

做什么项目都要考虑成本,成本牵涉项目投资规模,影响决策。成本总是分成固定成本和变动成本。对于图书来说,固定成本有书稿组织费用、编校费用、排版费用、一次性稿费(以上也称印前费用)、营销费用和管理费用等。变动成本有印制费用、纸张费用和版税等。

策划时,图书销量是关键要素。目标销量的确定关系到项目的成败以及项目开展的复杂性。目标销量的确定是这样进行的,选题策划时的目标群体如果是100万人,预计目标市场占有率为10%,那么,目标销量确定为10万册。如果预计目标市场占有率定为5%,那么,目标销量为5万册。

一般地,项目周期分为策划周期、组稿周期、写作周期、审稿周期、制作周期、营销周期和市场分析周期。只有估算出书稿的字数、印张和印量(销量),才能估算出每个环节所需的时间,从而控制每一个环节的周期。做计划时,必须要确定各个周期。

图书的生命周期和销售周期值得讨论一下。图书的生命周期一般会很长,如养生保健类图书,一辈子都能看。即使出了修订版,老的版本还有参考价值和收藏价值。而图书的销售周期要短得多,三方面的因素制约着销售周期:书店的货架有限,而新书源源不断地出版,读者的喜新厌旧。这使某种图书无法长期待在书架上,或无法长期待在最显眼的书架上,从而图书无法实现有效销售,销售周期大大缩短。策划时,有的策划者直接设定销售周期为两年,两年以后的销售不作计划或不在计划内。

第六步,图书推出时机的考虑。

选题整体策划时,图书推出的时机是很重要的策划内容。图书推出时间确定后,才能根据这个时间点来安排其他环节的时间表。而时机的考虑因书而异,例如,为了配合某电视剧开播,同名小说可安排在开播前推出;名人传记可选在有关名人的重大活动期间推出;中小学教辅应选择寒暑假推出;大学教材应选择在教师订教材之前推出。

第七步,图书经销渠道设计。

选题整体策划应该包括图书营销环节,否则,策划不完整。不同的图书在经销渠道的设计上是不同的。少儿图书选择少儿书店和少儿专柜;大学教材选择教材书店和大学周边书店。当然,网上书店必不可少。

全国的书店很多,一个省的书店也不少。书店的类型也很多,有大型书城,批发书店,各类专业书店和一般零售书店等。一个出版社总是和其中的一部分书店有合作,具体到一个省,图书渠道的选择还是一件很复杂的事。

第八步,图书推广策略设计。

尽管我们的时代是一个科技发达、交通和通讯迅捷、手段丰富的伟大时代,但信息的爆炸导致信息的发布和接收不匹配,或信息不对称。为了推广的有效性,推广策略的设计很重要。

图书推广策略设计时要考虑的要素有:推广力度,推广费用,推广的媒体选择,推广方法、手段的选择,重点推广地域,做推广的时机和时段等。不同类型的图书有不同的读者对象和购买者,根据推广图书销售目标,配合一定量推广力度,在总的推广费用范围内,选择重点区域,选择推广的手段和媒体,在适当的时间做推广。有时出版社的图书推广还要和出版社的整体形象与品牌宣传相结合。

2. 立体策划

所谓立体策划,可以定义成三维策划。第一维是选题的策划和产品的使用,第二维是著作权的策划和使用,第三维是衍生产品的策划和使用。

第一维选题的策划强调的是图书产品的建设和使用。一般理解为如何把纸质图书产品建设好、使用好、推广好,实现策划目标。

第二维策划强调的是使用好著作权。书稿写就著作权就产生了,著作权有很丰富的内涵,有发表权、署名权、修改权、保护作品完整权、复制权、发行权、出租权、展览权、表演权、放映权、广播权、信息网络传播权、摄制权、改编权、翻译权、汇编权等,除了出成纸质图书,它还有很多使用方法,利用改编权可以把小说改编成电视剧或电影发行,利用翻译权可以把作品翻译成各国文字跨国传播,利用电子出版权可以把作品做成电子图书销售,利用网络出版权可以把作品在网上发售。著作权的使用,可以整体开发使用,也可以分开使用,可以全部使用,也可以只使用其中一项或几项,可以自己使用,也可以委托他人使用,甚至把著作权卖了,当然,也可以不使用。使用不使用,如何使用著作权,当然在做立体策划时要考虑好。

第三维策划强调的是衍生产品的建设和使用。第三维策划是建立在第一维和第二维策划成功基础上的策划;反之,第三维策划毫无意义。只有策划成功,作品流行,最好成为时尚话题,第三维策划才能产生效益,才有意义。因此,大量作品中只有极少数作品出现衍生产品。

当然,图书的重要性决定着策划方案的制订和实施。不是所有的图书都制订详细的策划方案,事实上,出版社每年只对部分重点图书的策划方案付诸实施。

3. 策划文案

根据整体策划和立体策划的策划思路,把整个过程记录下来,就形成了策划文案。文案一旦批准就成了执行方案。整个团队都要学习执行方案,并按照方案运作。因此,策划文案的写作很重要。

策划文案的重要内容有:

选题的产生过程,组织过程,作者介绍,目的和目标,书名和内容设计,制作设计,营销方案,运作周期设计,成本控制,风险控制,著作权的使用等。

策划文案的写作要注意以下问题:

(1) 条理清晰,强调逻辑性。

(2) 文字朴实,少用形容词。

(3) 数据真实,不用大约数。

(4) 操作性强,各步骤细致。

(5) 方案完整,但不显复杂。

策划文案完成后,要召集方案执行部门或执行人讨论方案,收集意见,修改方案,形成比较完善的方案。

4. 策划方案的执行

一个好的方案如果执行得不好会前功尽弃,会成为一件憾事。提高执行力是策划方案完成过程中要注意的问题。

策划方案不要成为个人方案,一定要成为出版社的方案。一旦批准实施方案,就是出版社的方案,这时该方案已经不是个人的方案,个人只是该方案的执行人之一。

策划方案一定是一个可执行的方案。否则,要么完善方案,要么放弃方案。

策划方案执行前是一个众所周知的方案。让所有执行人都参与方案的讨论,达成共识。在不同的时段,要关心和检查方案执行情况,必要时还要修正方案。

在方案执行结束前,不能失控,要把握时间节点和时机,克服方案未想到的困难,安全运行至结束。

三、选题的组织

选题策划方案获得通过以后,纸上谈兵阶段结束,进入选题的组织实施阶段。

1. 单品种选题的组织

单品种书稿的组织工作中最重要的是选择合适的作者。可能要多花点时间与作者沟通,畅谈作品的构思、写作的目的和方法,探讨合作的可能性。

一旦选定作者,就要签订合同,这个环节很重要。这时的合同称为约稿合同。作者交稿后还要签订出版合同。

注意:选题策划方案写得再好,策划者如果不参与写作,不享受著作权。著作权是作者的,只有作者授予出版社使用后,出版社才能出版发行,否则,就是出版社侵权行为,不论选题策划者是谁。出版社与作者签订合同就是作者授权行为的具体约定。

组稿者根据策划方案与作者沟通以后应该形成较详细的写作大纲。作者根据大纲写作,编辑根据大纲审核来稿质量。

细心的组稿者还会为作者提供一份书稿体例要求。恰当的体例为以后的编辑加工和排版等后道工序方便很多,也为提高书稿质量打下基础。

中国的专业作者不多,大量的是业余作者。所以,组稿者还应与作者协商一个写作和交稿的时间表。业余时间写作经常不能按时交稿,所以,在适当的时候别忘了催促一下,希望能按时完成计划。

现在多作者合作写作的情况比较多。这种情况下,从签约开始要注意几个问题。一是合同。出版合同签订时几位作者都要在合同上签名,或者只有第一作者签名,但合同必须附上其他几位作者的委托书,否则,合同无效。第一作者不能委托,必须签名。二是分工和协调。分工时,越具体越好,不要以为把章节目分了就好了,有时要具体到某个概念的定义由谁写,在哪个章节写,每个章节写多少字,有些东西不能重复,而有些内容必须重复几次。写作前和写作中都要协调这些关系。三是统稿。第一作者必须统稿。书稿统一交第一作者,第一作者通读全稿,把发现的问题交还作者修改,合格后交出版社。组稿编辑切忌接收不完整的书稿,不接收单个作者交的书稿,只收第一作者交的完整的书稿。四是稿酬分配。严格根据合同分配稿酬。多作者签订的合同,按每位作者所写内容的比例分享稿酬,并分别领取稿酬,除非合同另有规定。第一作者签订的合同,所有稿酬由第一作者领取,并由第一作者分配,除非委托书上另有说明。第一作者要享有额外稿酬,必须在合同中另有说明。其他费用,如封面设计费、专家审稿费、插图设计费、组稿费、活动费等,只有在合同上注明要付的,才能支付。所以,签订合同前要把很多问题想好了,免得将来产生后遗症。有时看到作者之间关系很好,是朋友,或是上下级关系,不会有问题,签合同时马马虎虎,但要知道情况会变化的,一旦作者之间关系变恶,问题就会爆发。还是小心一点为好。

再次提醒,对多作者合作的书稿要多加注意。

2. 丛书选题的组织

丛书的组织要比单本书组织复杂一些。首先,作者多,水平难免参差不齐,组织协调工作也多;其次,作品多,作品的差异大,时间的把握较难;再次,工作人员多,宽严不一,进程不一,同样,协调难。

丛书组织时,最要紧的是找到总主编。总主编定下后,其他事要简单多了。合适的总主编是丛书成败的关键,特别是组稿编辑能力不够时,借助总主编的能量往往能解决很多问题。当然,组稿者有足够能力时,可以不通过总主编做完策划方案中的所有工作,这时,可以不设总主编。有时,为了提升丛书地位,为了方便营销,还是设有总主编,这就是所谓挂名总主编的来历。

一般情况下,组稿者和总主编要协商丛书组织方案。要成立编委会,要开协调会。总主编较忙的话,要设立秘书或秘书处。

接着要确定丛书的册数。丛书分开放性和封闭性两种。封闭性丛书的册数是有限的,一旦确定了册数一般不会轻易改变。开放性丛书一般只确定第一批图书的册数,以后随着市场需求,有合适的作者,再不断地增加。增加时,可一种一种地增加,也可一批一批地增加。

每册书的主编是组稿者和总主编协商的结果,有时是编委会讨论的结果。每册有时还有副主编和参编者,这些人选的确定也是协商的结果,很难说入选的权力归谁所有,前提是保证书稿质量,选择最合适的作者。

人的分配妥当以后,内容也要分配。特别是封闭性丛书,根据策划方案把要写的内容合理地分配到每册书中。科学一点的办法,每册主编写出写作大纲,交编委会讨论,确定最终的写作大纲。

组稿者还是要提供一份写作体例,分发到每个参编者。同时,还要提供写作时间表。

在写作过程中,组稿者要及时了解作者的困难和问题,共性的问题开协调会解决,个别问题设法帮助解决,确保按时间表交稿。

适当的时候要签订合同。经验告诉我们,可能的话,合同晚一点签,双方都主动。因为丛书的组织复杂,变化多,有些事无法预料,有的人写一半不写了,生病了,出国了,有些人说得好但写出来不怎样,要改写、重写,时间无法保证,太容易违约了,而且,很难追究。建议交稿后签合同,最好编辑审稿结束后签约。

从出版社的角度出发,与总主编签约最简单。但往往做不到,总主编不可能拥有全部著作权,或获得所有人的授权。经常是要与总主编签又要与分册主编签,或只与分册主编签。主要问题出在总主编身上,总主编控制力极强,并愿意承担责任,总主编就签了。这种情况下,将来所有问题都在总主编身上,著作权问题、稿酬分配问题都由总主编解决。如果总主编不愿意承担这些,控制力再强的总主编也会要求分册主编各自与出版社签约的。有必要时,总主编会与出版社另签合同。

分册主编与出版社签约时,同样要有其他作者的授权书,否则,所有作者都应在合同上签字。

四、作　　者

前面已经说了,作者很重要。所以,有关作者还要说几句。

1. 作者的遴选

选题产生后,我们要找合适的作者,前面一直没有说要找最合适的作者,是因为一般情况下找不到最佳作者。这囿于我们的学识、专业和环境。除了最佳,我们只能寻找合适的作者,这就要遴选。

总主编的选择不仅要求学术过硬,还要有威望,有组织能力,有很好的人际关系,有时间并愿意参与此项工作。不管总主编是否参与写作,对书稿的内容要有把握能力。

分册主编的遴选要多听从总主编的意见,组稿者少做越俎代庖之事。分册主编同样要有一定的学术修养,有组织能力,有时间编写。

参编者的遴选由总主编和分册主编确定。参编者最好是该学科的专家,并有写作经验,有时间编写。

单本书主编的遴选要简单一点,在组稿者的作者队伍里选择最合适的。如果没有,在学科所在领域里找,间接地找到设定的作者。当然,所找作者不一定有兴趣合作,或没有时间写作,这时还要继续找,或请他介绍他认为合适的作者。找到作者,通过沟通、交流,能够合作,签订合同,遴选工作才算结束。有时主编会提出找合作者参与编写,或者组稿者有这样的意向。参编者的遴选以对书稿有利出发,最好作者水平差不多,写作风格差不多。

前面强调的作者有时间很重要。写作是业余工作,一定要让作者把写书排进他的工作计划,确保有足够的时间写作,才能保证按时交稿,否则,几年都催不出书稿,或交稿很晚,不能按时出书。最坏的情况是半途而废,不写了。所以,遴选作者时一定要选有时间写书的作者。

还要注意保持作者队伍的纯洁性。组稿者不要随意地安排人进来写书,还要关注主编是否有类似的行为。写作队伍有保证,书稿的质量就不会太差。

2. 写作要求

在动笔之前,作者要了解一下写作要求。不同的出版社,不同的学科都有不同的写作要求。对于新作者,出版社往往会提供一个类似编写者须知的本子供参考。

写作要求无非涉及以下内容:

前言。书稿应有序言、前言或编写说明,介绍书稿的编写目的、主要内容、特点、读者对象,以及编写过程、主编和参编人员的情况等。

目录。书稿应有目录,一般应列出书稿的篇、章和节等标题。目录的各级标题应与正文中的各级标题对应一致。

体例。图书的体例就像房屋的构架,支撑图书的全部内容。书稿的体例应全书统一。根据内容多少安排适当的标题和层次。标题层次应符合逻辑,主次分明,具有概括性。例如:

第×篇(居中排,字体、字号和占行全书统一)

第×章(居中排,字体、字号和占行全书统一)

第×节(居中排,字体、字号和占行全书统一)

一、×××(左起前空2字,文字后不加标点符号,内容不接排)

(一)×××(左起前空2字,文字后不加标点符号,内容不接排)

1. ×××（左起前空2字，文字后不加标点符号，内容不接排；也可以在文字后加句号或冒号等标点符号，内容接排）

1）×××（左起前空2字，文字后不加标点符号，内容不接排；也可以在文字后加句号或冒号等标点符号，内容接排）

（1）×××（左起前空2字，文字后加标点符号，内容接排）

① ×××（左起前空2字，文字后加标点符号，内容接排）

这是一种常见的体例，但不是所有的书稿都要求这样编排，也不是书稿的每一章都必须列出所有上述各级层次。有的书稿可以不设篇而直接分章；有的章节内容不多，可以跳过（一）、1.或1）等层次，甚至标题"一、×××"的下面没有其他层次而直接用整段的文字阐述内容。

全书一种标题层次的使用应统一，不能在这一章作为标题而在另一章不作为标题。例如，"1.×××"在第一章作为标题（后面不加标点符号，内容另起一行），那么，以后各章也应将其作为标题，而不能将内容接排。

标题一般不用完整的句子，而用词或短语，标题的字数不宜过多，应简明醒目。下一级标题不能与上一级标题同名。

页码。书稿应从封面起至最后一页连续编出页码，以便确定各部分内容的排印顺序，也便于核对原稿是否有遗漏、缺页等。书稿各部分一般按封面、序、前言、目录、正文、附录、参考文献等顺序排印。

名词、术语。书稿中的同一名词、术语、名称等应前后一致。人名、地名、机构团体名称要用全称。应用法律、法规条文较多时，可在初次出现时用全称并标注简称，再次引用时则可用此简称。专有名词、术语、名称需标注外文的，在首次出现时用括号附注外文原文，如经济杠杆（operation leverage）、资本资产定价模型（capital asset pricing models，CAPM）。凡不是以人名命名的专有名词、术语、名称等的外文原文均可用小写，以人名命名的，首字母应用大写，如鲍莫模式（Baumol Model）。机构团体名称需标注外文的，其每个单词的首字母都要用大写。名词、术语使用缩写的，应在首次出现时加注全称，WTO（World Trade Organization）。

图表。图表较多时，可将图和表分别编号，编号可以全书连续，也可分章连续，如"图1-3"。一幅图内有几个分图的，可编为"图1-3a"、"图1-3b"等。图表一般应有图题（图名）和表题（表名），图题一般在图的下方，表题一般在表的上方。

公式。如果公式中有表示变量和运算符号的外文字母,应对外文字母代表的含义作出解释。一个表示式或方程式需要转行时,根据国家标准 GB 3102.11—1993 的规定,最好在记号＝,＋,－,×,÷,·或/后断开,而在下一行开头不应重复这一记号。

计量单位。按我国《法定计量单位》的规定使用计量单位。不应使用非法定计量单位和已废弃的单位名称,如"斤"、"公斤"、"寸"等。

数字。数字应按 GB/T15835—1993 规定的用法使用。凡是可以用阿拉伯数字而又很得体的地方,特别是当所表示的数字比较精确时,均使用阿拉伯数字。

标点符号。按国家语言文字工作委员会、新闻出版总署公布的《标点符号用法》正确使用标点符号。

注释。注释一般是对篇名、作者或正文中某一部分内容的说明,分为文内注、页末注和篇末注。文内注一般用于对正文中个别词句的简短注释,可在文内直接用括号加以说明。页末注一般用以说明引文出处及解释正文中某些内容。篇末注在篇末或书末注释,一般在注文较多时这么做,这时应注明正文页码。

参考文献。参考文献的著录应根据 GB/T7714—2005 的规定格式用方括号,如[1],[2],……编序,并标出不同类型参考文献的代码。例如,普通图书的标志代码为[M],期刊的标志代码为[J]。

以上这些是写作的基本要求。有时可能还有一些不太合理的要求。比如科普作品就要求作者不能写得太学术,讲清楚就行,自己很多研究成果不能在科普作品中展现。我们写书是为读者写,而不是为自己写,千万要记住这一点。否则,写着写着又把自己的研究写进去了,读者又看不懂了。

文字通俗是对作者的普遍要求。写作时心里一定要有读者,时刻想着为读者写,语句自然就通俗了。

合作写书分工很要紧。每个人写自己最擅长的内容,书的内容不会差。所以,分工要合理而不要随意。

3. 交稿要求

书籍是传播科学和文化的重要手段。因此,书稿必须符合质量要求,有效保证出版书籍的科学规范。政治上必须符合四项基本原则,内容上必须正确无误,做到结构合理,层次分明,概念清晰,逻辑严密,语句通顺,用词规范。严格遵守《著作权法》的规定,保证无侵犯他人权益、抄袭他人作品的内容。

作者交付的作品必须达到"齐、清、定"。

齐——作品的文、图必须齐全,且应一次交齐。

清——书稿用统一的稿纸誊抄或 A4 纸打印,字迹端正清楚,图稿清晰度应符合制版要求,外文的文种、字体、字号能明确辨认,改动处勾画清楚,改动多的或反复改动之处要重新誊抄或打印。

定——内容确定,稿件发排后一般不再修改、增删。

4. 时间要求

对于出版者来说,时间始终是个问题。如前所述,中国作者绝大部分不是专业作者,利用业余时间写作,时间没法保证。所以,策划者和组稿者为时间所困,催要书稿成为常态。

为了计划能按时完成,组稿者应做足功课,抓前不抓后,尽早制订计划,早点给作者写作时间表,并不断地关心作者的一切,帮助作者解决困难,保证作者有足够的写作时间。

5. 规范化要求

写作要遵守很多规范。汉字使用要遵守中国语言文字委员会的规定,尽可能使用首选字。标点符号的使用也要规范化。数字的使用也要规范化。量和单位的使用也要规范化。公式、注释和参考文献的使用也都要规范化。很多有国家标准,要学习,要遵守。

6. 著作权问题

著作权问题要提一下。目前,著作权纠纷越来越多,要引起注意。把握好侵权与合理引用的关系,要注意以下几点:

(1) 基本概念、定理、定义等已经进入公共领域的前人的成果,放心大胆地使用。

(2) 作者死后 50 年的作品可以使用。

(3) 引用他人作品时,引用部分不能超过他人作品的 10%。

(4) 引用他人作品时,引用部分不能超过自己作品的 10%。

(5) 引用他人的作品、观点、图表、公式、版式、创意等,哪怕是一些词句,都应该注明出处,以示对他人的尊重。

7. 多作者编写要注意的问题

约请的多位作者应水平差不多,使作品的每一部分都在同一水平上。

作者间的分工要合理,每个人写自己最擅长的内容,可以保证书稿质量。

书稿要经主编统稿后交出版社。

为保证交稿时间,催促写作最慢的那位作者。

五、统　稿

统稿是书稿交稿前的最后一道程序。一般由主编进行,主编没有时间的情况下,也可委托他人完成。

统稿第一步是核对。根据计划和分工,查看任务有没有完成,所写字数是否符合当初设计的要求,章节、标题等有没有变动,要求写的内容是否写到位,是否完整,每个人的体例是否一致等。

接着要通读书稿。检查政治性、科学性和常识性差错。检查写作风格是否一致。检查内容的完整性,有没有漏缺和不合理的重复。检查内容的一致性,前后作者的表述是否合理和一致。

统稿是必须的环节,有些主编认为要相信作者,没有必要统稿,或没时间统稿,不统稿就把书稿交出版社,往往造成差错,后悔不及。把很多问题交给出版社的编辑和校对是危险的,出版社的编辑和校对的水平也是参差不齐的,不能保证出版社让最好的编辑和校对来加工你的书稿。所以,应尽可能地把高质量的书稿交给出版社。

六、交　稿

交到出版社的书稿的基本要求是"齐、清、定"。一般情况下,应同时交文字稿和电子稿。有的书稿还要求交附件,如教材的课件,用于网上下载的资料,作者介绍,宣传资料,封面设计资料等。文字稿和电子稿的内容要一致。这就要求电子稿定稿以后再打印文字稿,千万要注意。

从选题的产生到选题的策划、论证、申报、组织和编写看似一个很复杂的程序,实则不然。严格按照理论流程运行的书稿并不多。实际工作中,情况多变,颠倒流程,跳过某些流程环节的事比比皆是。前面所述,教科书似的叙述方法是为了讲述方便,更是为了提供一个理论上的运作方案,用以指导实际工作。

大学出版社转制后学术
图书出版的困境与对策

黄成艮

学术出版是对人类文化研究成果进行保存和传播的重要途径,在文化建设中起着至关重要的作用。在中国,大学出版社成立伊始就肩负着学术出版的重任,学术出版是大学出版社的宗旨所在和义不容辞的责任。

众所周知,学术出版在出版领域多年来处于尴尬局面。近年来,国家对文化建设高度重视,在增强文化软实力的号召下,学术出版开始逐渐被关注和重视。然而,大学出版社在"事转企"的改制后,在体制机制和经营目标上都发生了重大的调整,大学出版社将在激烈的市场竞争中谋求生存和发展,这种取向在某种程度上消磨了部分大学出版社学术出版的意志。因此,研究思考大学出版社在转制后学术出版所面临的新的机遇和挑战,探索其未来的发展方向,对其坚守文化使命、繁荣学术出版市场、实现终极价值具有重要意义。

一、大学出版社转制后学术图书出版的机遇

体制转型为新时期大学出版社的学术出版提供了新的契机。出版社体制转型后,成为自主经营、自负盈亏、自我约束和自我发展的企业法人,出版社的经营自主权进一步得到落实,摆脱了事业单位旧体制的约束,为学术出版探索新的发展定位和发展途径提供了制度上的保障。

转制后的大学出版社作为市场主体参与市场竞争,通过竞争机制、价格机制、供求机制、风险机制调节经营活动,为学术出版资源的优化、合理配置提供了机制上的保障,为学术图书出版的品种、结构、数量、定价等经营决策提供了机制

上的条件。

大学出版社转制后,在享有大学背景特有的学术资源的同时,学术图书将会摆脱对于所属大学的依赖,对于作者的选择和品种的拓展将会有更大的空间。同时,新技术的应用为大学出版社学术图书的出版提供了新的制作和营销方式,数字化出版将凭借其"个性化服务"和"大规模定制"改变着传统出版的业态,所以数字化又为大学出版社学术出版探索新的盈利模式提供了可能。

二、大学出版社转制后学术图书出版的困境

学术图书出版一直以来被认为是不温不火的,大学出版社转制后在学术出版方面原有的问题依然存在甚至有所加剧,同时还会存在新的问题和面临新的困境。

1. 大学出版社转企以后,经济效益成为出版社的首要考虑因素,往往强调出版的产品特性而忽视了出版的精神属性;强调出版物商品特性而忽视了其公共物品属性;强调出版的产业功能而忽视了出版的意识形态功能;在对出版物效益评价时过分强调其经济效益而忽视社会效益;等等。在这种观念影响下,出版社和出版者在出版工作中只看到眼前的经济利益,将出版社的工作重心放在能创造利润的产品上,而学术类图书因为其盈利能力缺乏,在出版社自然得不到足够的重视。

2. 原创学术类图书的经营具有单位成本高、产量少、创作周期长等特点。如原创的学术类图书字数稿酬有的高达 300 元/千字,另外还要支付印数稿酬;引进版的原创学术图书还多了一个翻译费用,高成本是学术图书出版受限的重要原因。同时,高质量、名家的学术作品产量少、周期长而且竞争激烈,成本也会更高,这也都将制约着学术图书出版的规模和效益。

3. 学术类图书的策划和编辑加工工作都需要编辑人员有较高的学术素养和较强的文字功底,转制后,由于出版社的工作重心不在学术书上,缺乏相应的评价激励制度,使得编辑不愿把精力放在这种高投入低回报的学术出版工作上,从而使学术图书出版在出版社处于被冷落的状态。

4. 学术类图书由于读者群小,加之有些作品质量不高,使得出版此类图书经营难度很大。现在一般学术著作的发行量为 1 000~2 000 册,印 3 000 册的已属少见,印 5 000 册以上更是凤毛麟角。经销商(馆配商除外)由于学术类图书创利少,同样缺乏推广的兴趣,按照书店的惯例,图书上架 1 周后卖不动就得下

架,过一段时期就向出版社退货,这在很大程度上影响了出版社的积极性。

三、大学出版社转制后学术图书出版的出路

1. 改变观念,调整思路。转制后,作为市场经济的主体,经济效益是保证出版社生存的必要前提,但高质量的学术作品是出版社长远发展的关键。从出版社的品牌建设、长远发展和社会责任的角度看,高质量的学术出版在出版社应该得到应有的重视。在转制前,大学出版社往往是其所隶属大学的学术成果的出版平台;转制后,大学出版社可以从被动出版转向主动策划,根据出版社的战略需要来调整学术图书的品种和结构,使学术图书成为出版社树立品牌、提升社会形象从而使出版社在市场中立于不败之地的有力支撑。

2. 调整内部管理体制和机制。转制后,出版社可以建设有利于高质量学术作品出版和学术人才成长的体制和机制。建立和完善适合社情,并兼顾学术规范的学术评估制度,既有利于高质量学术图书的出版,又有利于学术新人的培养。如成立由专家学者组成学术委员会,对学术著作进行评价,从学术上保证作品的质量。给予从事学术类图书策划和编辑人员从侧重于社会效益的考核激励方案,从而提高编辑人员策划高质量学术类作品的积极性,建设和培养专业化的学者型编辑队伍等。

3. 加强学术图书的策划和营销。学术类图书选题策划的好坏,直接关系到学术图书的社会效益和经济效益。应从出版质量上把关,注重图书的装帧设计,要围绕学术著作独有的风格,做到图书装帧设计所传递的信息与图书的内容协调一致,这样包装后的学术著作才能有效地吸引读者的眼球。在发行环节,也要注意加强营销推广,特别是开拓更多的馆配、直销等销售渠道,充分利用数字出版提供的新平台开拓新的营销渠道和新的利润增长点。

4. 制定出版战略。建设合理的学术出版结构,打造鲜明的学术出版品牌;原创性学术著作与积累性学术著作兼重;专业学术出版与大众学术出版并举。特别是大众学术出版,将"阳春白雪"转为"下里巴人",是值得探索的学术出版路径之一,这就要求作品在写作方式、书名、装帧上尽量贴近读者,对于那种能够将深奥的理论通俗化表达且语言生动的学术作品,比较能赢得读者。有些出版社在这方面进行了一些尝试,如我社的"恍然大悟会计丛书"将创新的会计理论用通俗和轻松活泼的形式出版,取得了非常好的效果。

5. 多方筹措资金。转制后的大学出版社面临经济效益指标的压力,社会效

益与经济效益的矛盾愈显突出。原创学术图书出版的资金来源可从多方面予以解决，除了出版社自筹资金、科研经费的资助外，要积极争取国家及地方的出版基金，加大对原创学术类图书的资助，通过专项基金的支持促进大量高质量学术图书的出版。

6. 走专业化道路。专业是出版的生命，特别是对于中小规模的大学出版社来说，专业化出版是根本之路。因此，应集中有限的人力物力，在具有专业特色和专长的学科点和学科群上，培植一支强大的作者队伍，积累、挖掘特有甚至独有的出版资源，建设一支既懂专业知识，又熟悉出版、营销业务的编辑队伍，走出一条专业化、特色化的学术出版之路。

综上所述，大学出版社在转制后，原本就不景气的学术出版会面临更多的困境和问题，但同时也面临着机遇。这需要我们重新思考学术出版在大学出版社中的地位和作用，从战略的高度和长远的发展来调整和规划学术出版，从观念、机制、营销、资金和战略等方面着手，来解决大学出版社学术出版目前存在的问题，最终使大学出版社在学术出版中能够形成特色和品牌，以市场竞争力和不可替代性保障学术出版高地的坚守。

参考文献

[1] 贺圣遂. 学术出版——大学出版社的使命与追求[J]. 大学出版，2008(1).

[2] 胡美香. 浅析社科基金对学术出版的推进作用[J]. 出版发行研究，2009(1).

[3] 陈晓芸. 转制大背景下的大学出版社-中国人民大学出版社总编周蔚华访谈[J]. 出版参考，2005(1).

出版的文化影响力探究

方士华

本文拟从出版与文化发展、出版的文化影响力、出版的文化影响力扩大的路径、出版品牌与文化影响力等方面,探讨与文化影响力相关的问题。

一、出版对文化发展的作用和影响

出版是指编印或制作书刊、图画和影像制品等并向公众公开发行的活动。"出版"一词渗透在政治、经济、文化生活的各个领域。考察近现代出版史,便会发现"出版"一词形成的历史并不悠久,在汉语中甚至是一个外来的词汇。作为文化软实力的主要形成机构的出版社是近现代社会变迁和文化传播的一个重要推手。在提倡以出版推动文化软实力建设的今天,出版对于文化发展的影响和作用越来越重要。

社会文化是一个庞大的系统。出版本身是社会文化系统的一个重要组成部分,同时它又是社会文化的不可或缺的传播者。出版与其他文化活动之间始终存在一种密切的互动关系,而出版对社会文化发展的作用与影响往往超越其他文化活动。

1. 出版增进文化积累

出版物记录与积累人类的各种精神文化财富,使之在社会各个领域广泛流传。通过出版这样一种文化积累活动,人类的精神文化财富随着历史的发展越来越丰富,人类社会有史以来的文化成果传承不灭,发扬光大,汇集成浩瀚的文化宝库。当然,如果没有出版这样一种文化积累活动,也不可能有中华民族光辉灿烂的传统文化。出版物是文化积累和文化创新的主要载体。五千年中华文明能够传承到今天,与出版物密切相关。如果没有数千年的出版物流传下来,不能想象,中华文明传承到现在还保持得如此完整。中国在历史上就是出版大国,四大发明中,纸张与印刷术跟出版有关。中华民族文化能传承到现在,出版业功不可没。正如邵益文所说:"图书留下了人类社会发展进程中的每一个脚印,它记录了人类认识的总和,积累了无所不包的人类认识的成果,它是有史以来一切民族伟大智慧的结晶。"

2. 出版推进文化创新

出版既保存了旧文化,又为新文化的增长创造条件。丰富的文化积累会推动文化创新,文化创新又增加了新的文化积累。因此,出版不断地推动着人类的文化创新,扩大文化积累,社会文化不断得到发展。推动文化创新,具体体现为出版创新,它是出版业生存、发展的重要条件,也关系国家的文化软实力的提高。

3. 出版优化文化选择

文化是社会的产物。不同时代和不同社会制度中或者同一时代同一制度中,各种文化有先进与落后之分、有精华与糟粕之别。出版通常根据文化积累和文化传播的需要,对作品按一定的社会性原则和标准进行筛选,然后复制、发行,实际上是代表社会对文化选择进行优化,以发展代表社会前进方向的文化。此外,这种选择与优化,也是通过出版活动中编辑工作环节来履行的。不论出版物的选题策划,还是对一部作品进行具体编辑加工,都是一种去劣存优的文化选择过程。

4. 出版带动文化传播

出版的最基本的功能就是文化传播。出版的文化传播功能是通过出版活动中的批量生产及出版物的广泛传播过程来实现的。批量生产为出版物的流通创造条件,而流通直接使蕴含于出版物中的知识信息得到广泛传播。余秋雨曾说:"文化上的理论思辨成果须通过一定的商业手段转化为商品,强有力地渗透到社会整体的各个细胞中。"

5. 出版促进文化交流

相比其他文化媒介,出版物具有更加系统、稳定的特点,因而历来是文化交流的重要渠道。任何社会文化都是既以本民族的文化为主体,又必然会受到其他民族文化的影响。通过出版物的广泛流传,不同民族、不同地区、不同国家的文化得以相互交流,取长补短,共同发展。通过交流,学习先进文化,提高本民族的文化创新水平和文化竞争能力。

出版活动正是通过上述对文化发展的影响及其功能的发挥,对人类文明的进步和社会文化的发展产生巨大的推动作用。较之于其他文化载体,出版物对人们的影响最为深刻、最为稳定、最为持久。出版对文化发展的影响所体现的其实就是出版的文化影响力。

二、出版的本质特征——文化影响力

前面我们讨论的出版与文化发展的关系各个方面,其实都指向一个焦点,即出版的文化影响力。可以说,文化影响力是出版的本质特征。

出版活动是一种文化生产活动。出版具有文化生产功能,这是由出版物生产的性质决定的。正如彭建炎所说:"出版其实就是一种文化承载物的生产,它是作者文化创造的继续,编辑对著作(书稿)的选择、整理、审读、加工等都是一种文化创造活动,不仅如此,出版生产的产品——出版物中还融进了质的变化。"出版活动的文化生产功能不仅表现为自身直接参与文化创造活动,而且表现为出版能为其他文化创造活动如科技、文学、艺术,以及服饰、建筑等物质文化的发展提供条件。所以,一个国家的出版业发达状况,可以作为衡量一国文化发展水平的标志。这就是出版的文化影响力所在。一本图书有一本图书的文化影响力,一个出版社有一个出版社的文化影响力,一个地方、一个国家的出版业有一个地方、一个国家的出版业的文化影响力。优秀出版物的出版传播,对于一个国家、一个民族、一个社会的发展和变革能够产生重要影响。

我国的经济发展、经济实力受到世界瞩目,整个社会在向现代化迈进。在这样一个背景下,文化发展是一个非常重要的问题。因为所有经济实力最后都要落实到文化的层面上来,所以出版高质量、高品位的图书有引领文化发展、提升出版文化影响力的作用。改革开放以来,政治、思想、学术、文化等社会环境的变化使我国的出版业迎来前所未有的繁荣,出版产业发展壮大,出版物内容丰富多彩,文化需求日益增长。而出版的文化影响力如何?出版的文化影响力是否与经济社会的发展相匹配?这是整个出版业需要思考的问题。

今天,我们面临着一个非常重要的文化抉择。我们的社会开始走向现代化以后文化应该如何发展?是完全接受西方文化,还是把它嫁接到传统文化上继续发展呢?建设有中国特色的现代化国家,其中一个非常重要的特色是文化的特色。国家间经济上的共性比较多,而文化上是有差异的。在世界多元文化当中,我们的中国文化特色是什么样的,而且怎样展示给世界,这就是文化上的建设。在这方面,出版业应该有自己的文化使命和文化担当,因为它关系到出版的文化影响力包括其国际文化影响力。

三、出版传播媒介的演变——扩大出版的文化影响力必经之路

　　出版活动有着数千年的发展历史，积淀了丰厚的媒介文献和研究资料。我们如果从出版传播与复制技术、编辑出版物与社会文化建构、近代传播媒介与社会变迁等方面，综合考察出版活动自古到今的发展，梳理其中所显现的媒介演变与文化传播的基本规律，就可以清晰地认识出版的文化影响力不断扩大的脉络。

　　出版传播与复制技术的发展有着必然联系和相互作用的关系。以复制技术的改进过程为线索，出版传播可分为手工出版传播、机械出版传播和数字出版传播等阶段。中国是以印刷媒介占压倒优势的，古代雕版印刷技术的发明，曾经改变了中国社会的文化传播模式。印刷术不仅帮助中国文字的延续性和普遍性，更成为保持中国传统文化的一种重要工具。因此，印刷术乃是中国文化和社会相对稳定的重要因素之一，也是维护中国民族文化统一的一个基础工具。

　　图书既是精神文化的载体和文化传播的媒介，又是可以营销流通的物质产品。图书作为出版物，必然受到社会文化环境诸多因素的制约；而出版物也具有文化建构的功能，或者说出版物的内容特征和流通数量等，也反映了特定时代的知识结构体系和文化传统。从中可以了解出版物与社会文化的关系，研究出版与文化传播、社会变革的关系，以及出版与人的精神状态的变化发展的关系。

　　从传播学角度看，出版机构也是传播媒介。在中国编辑出版史上，近代意义的出版机构的出现，改变了出版事业的传统格局，推动了中国社会的近代化的进程和文化传播变化。每一次信息处理方式的变革都为社会的进步产生过重大影响。而这对于认识当今印刷媒介与电子媒介激烈竞争又相互兼容的出版传播格局，考察不同媒介使用者的比例变化，及其对大众生活方式和社会文化演进的影响，很有参照价值和现实意义。

　　在今天，随着计算机的迅速普及，大容量光盘存储设备的出现，以及多媒体技术的开发与应用，作为一种新的知识载体，数字出版(电子出版物)得以迅速发展，已经如此真切地迫近了我们的生活。电子出版物以计算机技术为依托，通过数据库进行储存，以光、电、磁等作为媒体，显示了传统纸介质出版物所不具备的许多特点。电子出版物的出现，不是出版方式原有功能的简单延伸和扩大，而是方式上的更新和飞跃，说它是一种革命并不为过。电子出版物是出版和高科技

相结合的产物。它能使出版物中的科技含量大大提高,而且能使许多知识能够轻易地、大量地、迅速地转化为公众传播物。电子出版的兴起,对出版的文化传播功能和影响是不可估量的。说到底,它是出版的文化影响力。

数字出版已经成为出版业发展的趋势,数字出版与传统纸介质出版共存的时代已经开始。传统出版业面临来自数字出版的威胁,而目前我们所谓的"数字出版"还远远不是成熟的数字出版。真正的数字出版业态的建立,不但需要现有的数字出版商们的全力投入和大胆实践,还需要传统出版业的积极进入与大力推动。数字出版产业的成熟有赖于传统出版业各种要素的介入,以提升内容、优化流程、建立品牌、壮大队伍,形成成熟的数字出版业态。只有通过传统出版业与数字出版业共同努力与精诚合作,才能最终实现我国出版业在信息时代的大发展,为出版的文化影响力的提高插上两翼。

四、借力于其他传播媒介——提升出版的文化影响力的重要路径

出版的文化影响力在文化传播媒介不断出新的今天,似乎不如从前了。虽然有这样的现象,但是也有一些认识上的误区。出版不仅仅在于将作品编辑、制作成出版物,将文化保留下来,更重要的是传播文化,让人们通过阅读了解内容,传承和创新文化,引领文化发展。在这方面,出版业任重而道远。

出版要全面发挥其文化功能,真正体现其文化影响力,靠出版业自身的宣传、发行是远远不够的。出版的文化传播必须与其他的文化传播媒介交融、嫁接,借力于其他的文化传播媒介,才能有效扩大和提升出版的文化影响力。近年来,一些出版集团、出版社集中人力财力整理出版文化遗产或者创新的鸿篇巨制,但是总觉得这些出版物的文化影响力远不及想象的大;相反,出版之外的其他文化传播媒介的文化影响力不断生长。出版的文化影响力的发挥在一定程度上受到其他文化传播媒介的制约。电视、网络、手机成为人们接受文化的重要渠道。如人们通过电视的栏目(百家讲坛、文化中国等)了解了《论语》、《红楼梦》、《三国》等名著,许多人其实根本没有阅读过这些原著。出版物的影响力扩大却是不可否认的事实,这体现了出版与其他传媒的文化影响力的交融。出版业应该主动联手其他传播媒介,有效利用其他媒介,提高出版的文化影响力。

我们要正视出版的文化影响力,并借力于其他传播媒介,着力提高这种影响力。出版物的文化影响力是巨大、持久的,它通过出版的文化功能,为国家的文

化发展和提高国家文化软实力作出贡献。此外,这种贡献还表现在大大促进了整个文化产业的发展。出版业经常通过内容提供和传播,形成文化的基础性创新。在出版物之后,其他文化样式往往会快速跟进,形成文化产品链和产业链。如上面提到的电视文化栏目大多是在出版物的基础上进行的二度创作。说到底,出版还是基础。出版物是根、是源,出版物为其他传播媒介提供了不竭的二度创作的蓝本。二度创作本身扩大了出版物(原著)的影响,引导人们去阅读原著。其他文化样式、文化传媒(电影、电视、戏剧、报纸、期刊等)的许多作品多为出版物的衍生产品。同时,其他文化样式、文化传媒的自生产品也会为出版提供内容,最终转化为出版物。出版业应增强主动性,适应变化,扩大与其他传媒的合作,在竞争中合作,在合作中竞争,目标是唯一的,即提升出版的文化影响力。

当然,媒体宣传是扩大出版物文化影响力的重要手段。出版业要与现代传媒结合,利用现代化的传播工具,把出版物的人文精神、人文思想传播出去。事实上,业内文化影响力大的出版社都非常重视媒体的宣传。围绕着产品进行宣传,直接与各种媒体联系,直面读者,包括书业媒体和业外媒体。媒体宣传可以对出版业起到信息交流、理论支持等作用,通过与读者之间的交流,把出版企业的产品、产品特征、产品内涵和企业文化传达给广大读者。

出版业是文化产业的基础产业,是文化发展的孵化器和助推器。文化大发展、大繁荣,大力推进了出版业的发展繁荣。出版的文化影响力的大小,可以通过出版对国家文化发展的作用、对提高国家文化软实力的贡献来衡量。出版的文化影响力是其他文化传媒无法替代的。只要我们出版业、出版社、出版人不断努力,不懈追求,出版的文化影响力的提升空间巨大。

五、创新出版品牌——提升出版的文化影响力的关键

陈思和教授指出:"出版家是创造文化思潮、扭转文化潮流的人,出版过程中谁都没有注意的细节,通过有意识的选择,最后就造成了大的文化态势。这样的出版社是原创型的出版社,所谓的品牌,就是这样创造出来的。"提升出版的文化影响力的关键在于创新品牌。出版品牌在很大程度上取决于出版社的品格和品位,是一种文化现象。出版品牌是需要创新,需要经营和维护的。图书市场的竞争,从根本上说就是各出版社间的品牌之争。品牌意味着图书市场定位,意味着图书产品质量、性能等的价值,它最终体现出出版社的经营理念、管理水平和

文化资源优势。出版社之间的品牌竞争,其实质是文化影响力的竞争,其结果是整个出版业文化竞争力的提高。

出版品牌是出版业在大转型期谋求发展的基础。一个出版社的形象和品牌最持久的含义是它的图书的根本价值、文化资源优势和个性特征。品牌经营的实现要靠制度建设来保障。在这个出版大改革大变动的时代,对一个出版社来说,最明显的表现就是单位无形资产价值的增值,即出版品牌效应的最大化。在图书同质化程度越来越高的今天,消费者在购买力相同的情况下,有一种影响力在决定着消费者的选择,这就是品牌。

在市场经济中,一个企业如果没有自己的品牌产品,早晚都将被市场淘汰,品牌战略是每一个企业应当最为重视的战略,也是出版社可持续发展的战略。出版品牌靠信誉赢得读者的信任,提高读者的忠诚度,这是出版社的一项重要的无形资产。

出版品牌最持久的含义就是出版的图书的根本价值、文化特征和个性,它们构成了品牌的基础。品牌定位是出版社明确自己的出版特色和出版能力,找出最适合自己发展的目标定位。一个出版社要想在图书市场的竞争中真正获得自己的地位和生命力,首先就要深思熟虑自己所具有的出版文化资源优势和市场空间,必须在此基础上来策划自己的形象和品牌定位,以此来提高出版社的文化竞争力和文化影响力。

中国出版业的格局正在酝酿着一场新的巨大的变动。上海提出了建设世界城市的目标。世界城市理应是出版中心。上海是中国近现代出版业的发端地。历史似乎再一次青睐上海出版业,赋予上海出版业又一次巨大的机遇。上海能否在21世纪的头20年成为中国最具文化影响力的出版中心之一是上海出版业和出版人需要认真思考的重大问题。

上海出版业尽管在历史上取得过辉煌的成就,在现阶段也取得了长足的进步,但其出版的文化影响力与上海在全国的地位是不相适应的,与上海建设世界城市的要求更是不相符合。上海出版业要迎接中国出版业大变革的挑战,迎接上海走向世界带来的挑战,必须有新的、重大的举措。上海要重振出版江山,提升文化影响力的关键是创新品牌,打造与上海的身份相符的一些有影响的出版品牌。品牌的生命力在于创新,创新是出版赖以发展之源。上海出版业要不断增强核心竞争力,必须根据数字化时代内容产业发展的特点,采取有效的针对性措施,在文化创新上有大的突破。要充分挖掘文化创新源泉,通过掌握原创性出版物的知识产权来增强上海出版业的核心竞争力。要以高质量的内容、强有力的市场营销为基础,加强上海出版业的品牌建设。要加强出版物的市场营销活动,搞好形象策划与推荐包装,加大广告与宣传力度。既要维护好已有的品牌,充分发挥老品牌的作用,同时又要不断创造新的知名出版品牌,塑造上海出版的品牌形象,显示上海出版的品牌优势,通过品牌来占领市场、赢得读者。要加大对内开放的力度,增强上海集聚出版资源和进行文化辐射的能力,建成出版高地,引领国内出版发展的潮流,发挥一流的出版中心应该产生的核心示范效应。

参考文献

[1] 罗紫初. 改革开放 30 年的出版学研究[J]. 编辑之友,2008(6).

[2] 彭建炎. 出版学概论[M]. 吉林:吉林大学出版社,1992.

[3] 陈思和. 当代文化趋向与图书出版[N]. 文汇报,2005 - 2 - 23.

[4] 聂震宁. 文化软实力与文化硬实力[J]. 大学出版,2008(4).

[5] 庄智象. 二十一世纪卖的就是品牌[J]. 编辑学刊,2009(6).

(本文系 2010 年 7 月上海市出版工作者协会主办"焦点对话:出版品牌与文化影响力"研讨会发言稿)

中职教材的出版探讨

赵新民

目前,我国大力发展中等职业教育,每年招生人数都在提高,2010年全国招生人数达到830万,与高中阶段教育招生大体相当。而中职教育与高校和中学教育相比有很明显的特殊性。什么样的中职教育模式适合我国这个庞大的学生群体近些年一直处于探讨阶段,而这种探讨也会愈发激烈并在很长一段时间很难达成一致。有中职教育者将目前的中职教育阶段称为战国时期。这种现象对出版社来说意味着一是市场潜力大,二是机会多。然而进入中职教材出版的出版社并不多,还有一些出版社是浅尝辄止。本文从以下几个方面对其特点进行探讨。

一、中职教材现状

中职教材市场最强有力的竞争在于能够进入教育部职业教育与成人教育司和教育部职业技术教育中心研究所每年编发的《全国职业教育与成人教育教学用书目录》。这本目录内容包括国家规划教材、职业教育与成人教育司推荐教材和行业规划教材三部分内容。各省职教处在此基础上根据自己教材组织编写情况及政策再下文指导中职学校选用教材,并由各省级职教教材信息服务网站做发行服务。这意味着中职学校在选用教材上自主权很小,特别是德育课、文化基础课、专业技术基础课教材及教辅读物几乎是一点自主权都没有。所以出版社所做的中职教材不能进入这个目录,便很难被学校选用。而即便是目前进行的配合教改的规划教材编写招标也只在作为最初的中职教材出版基地的一些出版社进行,其他出版社也很难进入。

中职教材市场活跃着的另一支力量是书商。他们与出版社合作，大规模出版教材，凭借低成本、低折扣而高回扣，加强学校宣传推广力度，以利益吸引学校选用教材，与出版社竞争而抢占中职市场。

中职教材市场的这两种竞争力量限制了一般出版社的进入，目前中职教材出版主要集中在高等教育出版社、人民教育出版社、机械工业出版社、人民邮电出版社、科学出版社等。

二、中职教育对教材的要求

中职教育在我国现阶段是迅速普及教育、提高人口素质，特别是提高农村人口素质，解决就业问题的一项有力措施，国家采取补贴学生的方式吸引其入学。中职学校教育有如下特点：

（1）中职学校学生基础比较差，多数学生入校、出校都没有门槛，对学习内容要求非常低。中职学校招收初中毕业生，实际上大多数学生连初中一年级的知识都没掌握，并且对学习缺乏兴趣和主动性。

（2）中职教育以就业为导向，内容及层次差别很大，各地学校根据本地经济发展特点及资源优势开设专业，即便是同专业课程，课程标准差别也很大，所以教材品种及要求差别很大，个性化需求很多。

（3）中职学校的专业没有按科学规范的学科建设设置课程，而是根据学生的接受能力与就业要求开设课程，专业基础课、技能课开设得多一些，理论课及基础课主要为专业技能课服务。而专业课及理论课则尽量简化或不开，难易程度要求也差别很大。

基于这些特点，国家对中职教材强有力的政策性指导有一定误区，并不适合中职教育的特点，也不能满足中职学校多样化需求的特点，有些学校因没有合适教材就把老师讲义印刷出来给学生作为教材使用。虽然教育部针对职教也在进行课程改革，但统一编写的教材只能是制定了一个统一的课程标准，这个统一的标准对学校往往是个理想化的培养目标，而对培养学生技能很难发挥作用。学校教育的差异性与教材统管的矛盾日渐突出，表面上显示出中职教材市场的潜力，但由于近期内看不到国家对教材政策的松动，所以出版社的进入必须是谨慎的，有一定明确的目标和规划。

三、中职教育教材出版方式探索

针对中职教育的特点,中职教材的内容一是应该符合中职学生已有的基础知识水平,二是所讲内容应满足中职学生就业所应掌握的知识需要,三是要在体例编排、风格设计上符合中职学生的接受特点。从市场角度来看,除了国家政策上对出版社中职教材市场的限制,中职教育的特点也给出版社中职教材出版带来一定阻力。一般专业出版社可以作细自己的专业市场,但在中职市场并不适用。需求量不大且多样化,如果品种不多的话势必加大推广成本。集中出版一大批中职教材,便于集中推广,满足不同层次学校的需求。鉴于种种问题,中职教材的规模化出版方式比较适合中职教材市场。

规模化教材出版表现在以下几个方面。

1. 全方位开发选题

(1) 出版社想进入中职教材市场,实际上只能是进入国家政策遗漏的一些有限空白,市场本来就不大。教育部规划教材虽然代表中职教育的发展趋势,但其规范性、严谨性有余而针对性不足。出版社进入此市场,应该积极参与中职教改,了解政策,研究发展趋势,研究中职专业设置和中职学校专业的不同层次要求,加强中职教材的实用性及针对性,以区别于教育部规划教材来取胜。

(2) 中职教育以就业为导向,就业岗位从目前看多为以动手为主的工科等实用的专业如机电、数控、维修等,但这种趋势会随着就业形势有所改变,开设课程及要求也会有所变化。如师范性专业、工科专业、财经类专业都开设数学、英语等文化课,但依据中职学校学习"够用"的原则,教材的内容要求都会有所差异,侧重点不同,应该介入这些领域,组织、推动课程及教学研究并提供咨询服务。各专业基础课同样存在这种情况。

(3) 在专业教材中,应根据各专业的培养目标、培养需求、业务规格(知识结构和能力结构)和教学大纲的基本要求,体现其与各专业的课程结构和课程设置相对应,体现知识结构的交融性和教学内容的实践性。一个专业的主干课程、核心课程的设置有内在逻辑,每套教材在有自己明确的独有的特色的前提下,按照不同学科体系配套出版,在内容上每个品种相辅相成,既增加了规模,扩大了市场,也培养了客户忠诚度。

(4) 从地域上看,东部与中部、西部地区,沿海与内地经济水平的差别,中职学生就业环境不同,同类学校对教材层次要求也有很大差异,教材内容上也应有所体现。所以应建立中职教材体系,在结构上形成系统性、完整性。在市场细分的基础上针对每个市场建立科学的规模出版体系,形成特殊鲜明的教材格局。

2. 培养、组建作者队伍

中职教师科研能力相对较弱,且中职教材以使学生掌握技能为主导,教材中以实务、实训内容为主,学校老师往往缺乏专业技能或教材编写资源。所以既真正了解中职教学又能提炼成教材出版的作者很少,好的作者更难找到,组织教材编写的难度比较大。有教学经验且能提炼出高质量教材的作者比较少,需要培养不仅能融会贯通专业知识,而且能在驾驭内容的基础上体现自己的中职教育理念和创新精神,又有领导魄力的作者,逐步建立、培养稳定的中职作者队伍。与政策制定相关机构即各省职教处建立关系,积极参与他们的科研活动,并建立优秀教师资源库。针对出版社已出版的教材请参编学校及专家进行研讨,确定修订方案,探讨下一步的选题开发。

3. 组建教材推广队伍

中职学校分散,主要分布于中小城市、县、镇,学校多,办学规模比较小,在高教教材出版中的作者包销在中职教材出版中也行不通,而中职教师外出学习交流机会相对较少,相对信息量不太多,而中职个性化的教材内容差异很多需要面对面地交流和看样书才能被理解、接受,所以中职教材市场必须靠宣传推广。大量分散的学校要有一批业务员进行推广,才能体现出效率和效益。

4. 教材的立体化开发

中职教育是应用型教育,教材的个性化比较强,教材的配套服务对学校有比较大的吸引力。教材服务包括立体化教材开发与配套,主要包括:一是主教材、教师参考书、学习指导书以及试题库等一系列教学资源,二是从教材呈现方式上体现出多样性和先进性,即包括纸介质教科书、音像制品、电子和网络出版物等。其中,电子和网络出版物又包括电子教案、电子图书、CAI课件、试题库、网络课程和资料库等。出版社还可以在专业上和教学资源上充分发挥优势,与教学指导委员会、学会等保持联系,跟踪课程建设和教学改革的新情况,把握专业领域发展的方向,并与它们共同探讨教材出版问题,对不同学校提供具有针对性的咨询服务,指导学校的专业建设与改革。为教师提供培训以及网上答疑等,组织教研,对教师的教研及科研活动起到促进和推动作用,全方位提高产品附加值。

从长远看,中职教材市场的矛盾最终会以市场化来逐步解决,所以应该有比较好的发展空间,围绕市场积极探索,做好充分的准备和应对措施,对出版社来说可能就是一个新的盈利增长点。

浅论现代编辑的素养

陈 旻

编辑,即从事编辑工作的人员。编辑工作生产的不是普通商品,还是精神文化产品,是文化建设与文明传承的载体。因编辑要对社会、对读者负责,故社会对编辑的素养也提出了更高的要求。

一、政治素养

出版物是用以传播科学文化知识,承载人类文明,推进先进文化建设的。只有纯洁的灵魂,才可能塑造出纯洁的灵魂。科学的世界观是人们认识世界、改造世界的有力武器。编辑作为出版物的加工者,只有具有科学的世界观,不断提高自己的政治思想素质,才能正确地对书稿进行策划、评价、选择、优化,才能完成"以科学的理论武装人,以正确的舆论引导人,以高尚的精神塑造人,以优秀的作品鼓舞人"的历史使命。

二、职业素养

编辑的专业化与职业化,使得编辑必须具有编辑职业素养。编辑的职业素养包括中介意识、服务意识、责任意识和市场意识。

1. 中介意识

列宁曾说:"一切都是经过中介,连成一体,通过转化而联系的。"编辑就是作者与读者的中介,是使书稿转化为书籍的中介。

(1) 与作者的中介。作者是出版资源的重要组成部分,出版工作是出版人和作者的共同工作。由于出版的特殊性,产品的原创性掌握在作者手中。而编辑从事的是对该原创性进行选择、优化,并使之物化以供传播的一系列工作。作者不仅是选题的实现者,同时也可能是选题信息的提供者。他们能比编辑更准确地把握业界动态及发展趋势,了解同行关注的热点及需要。而编辑又能为作者提供诸如有关出版的政策法规、出版动向、读者需求和图书出版情况等信息。所以,建立与培养良好的编辑与作者关系,有助于作者队伍的不断壮大,并在图书营销中发挥重要的作用。

(2) 与读者的中介。读者是精神产品的最终消费者,满足读者需要是编辑工作的目的和动力,拥有读者,方能占领市场,才能实现社会效益和经济效益。读者是文化创造与传播的积极参与者,在图书策划过程中,应注意选题的整体结构,以满足不同类型读者的需求。读者是图书质量的权威评定者。图书进入流通市场后,仍要组织好后续服务,收集读者的反馈信息,构筑读者与作者的沟通桥梁,从而对选题策划作出评价,为图书的修订以及将来的选题策划积累经验。

2. 服务意识

出版行业属于第三产业,即服务业。那么,从业于出版行业的编辑,就必须具备服务意识,服务于作者,服务于读者,服务于社会。中介意识是因编辑的性质而定的,服务意识则是源于编辑的工作态度。没有全心全意为人民服务、为社会服务的意识,就不可能做好编辑工作。编辑工作常被说成是"为他人作嫁衣"的工作,所以,编辑就是陪衬红花的绿叶,是站在幕后、不为人知的辛劳者。只有怀着一颗淡定、从容的平常心,才能使台上的演员风光无限,才能使台下的观众获得丰富的精神食粮。"宁静以致远,淡泊以明志"应该是编辑人员甘于平淡的写照。

3. 责任意识

"责任编辑"是出现在图书上最多的署名形式,也是对编辑职能的认定。即对一本图书负编辑责任的编辑。既然编辑要对具体的图书负起责任,那么,编辑的责任意识就是不可或缺的。

如果说,出版企业的终极目标是传承知识,发展文化。那么,编辑就是这一目标的实施者之一。可见,编辑所承担的责任是多么广泛,在对某本书负起责任的同时,承担得最多的,还是社会责任。一本好书,可以促人奋进,而一本媚俗的书,会使人意志消沉,无异于精神鸦片。所以,编辑不能满足于做一个缝缝补补、剪剪贴贴的"小裁缝"。或者是为了经济效益,默许、迎合,甚至协助参与一些扰乱图书市场的不正当行为。这都是有悖于编辑的责任和使命的行为。

4. 市场意识

长期以来,编辑重"编"、重"审",很少考虑图书在市场中的走向和成本、利润,以致"编"和"销"始终处于脱节的状态。这样的"闭门造车",一方面,导致读者买不到需要的书;另一方面,导致出版社的图书库存大量增加,图书成本很难有效控制。随着出版格局的转变,大批国外出版集团和国内民营书商进入图书市场。面临如此的"内忧外患",编辑必须改变传统观念,以市场需求为导向,将"编"与"销"结合起来。

(1) 选题策划的市场意识。随着通信技术的飞速发展,人们获得信息的途径日益增多。阅读方式以及阅读兴趣也在不断发生转变。如何细分读者群,如何确定读者对象,如何适应读者口味,如何提高阅读兴趣,成为每个编辑策划选题时必须考虑的问题。

编辑对图书市场要作出准确的预测,把握时代脉搏、抓住时代话题,根据社会热点、读者审美情趣、阅读品味,策划相应选题。例如,易中天的《品三国》、于丹的《〈论语〉心得》,都很好地结合了近年来的"国学热",伴随着央视《百家讲坛》的热播,想不畅销都很困难。同时,通过分析各大书店、图书销售网站的销售排行榜,也不难发现阅读倾向和市场热点。

俗语说"人要衣装,佛要金装"。一本内容精美的图书,如何脱颖而出,吸引读者眼球?此时,装帧设计的好坏,就起到了决定性的作用。图书装帧不再是简单意义上的讲求实用。而是要将图书所传达的精神、内容,准确地、艺术地表达出来。为此,书名的拟定、内容简介的撰写、封面的设计,必须切合读者的阅读心理,激发他们的阅读欲望,促成其购买行为。

(2) 成本控制的市场意识。随着出版业转制的逐步完成,成本控制、利润考核,时刻敲打着每个编辑。图书作为一种精神产品,在取得社会效益的同时,也要注重与经济效益的有效结合。因此,编辑必须具备成本控制的市场意识。市场是多元化的,各个层次、各个年龄段的读者对图书的需求和承受能力各异,编辑在策划选题时,应心中装着读者,不能贪"大"求"全"、追"新"求"异"、盲目跟风、盲目炒作、单纯地追求装帧豪华和形式新奇,要有针对性地选择材料,加强各环节的沟通,实现人、财、物最有效的整合,尽量减少损失,降低成本。

三、知识素养

孙颙在《编辑修养十日谈》的总序中说:"出版业前辈罗竹风先生认为,一个好编辑,应是一名'杂家'。同时,'杂家'与'精'并不互相排斥。一个好编辑,在做'杂家'的过程中,对某一专业有所偏爱,深入下去,渐成正果,也是常有的事。"然而,"杂"也好,"精"也罢,都根植于编辑的知识素养。编辑人员的知识结构,应该是一种"T"形结构。即上面的一横,代表有广度,要"博";下面的一竖,代表有深度,要"专"。书稿涉及的内容不会仅限于本学科狭窄范围内,各学科的分野日渐模糊,若编辑的知识不广博,则会"妄下雌黄"。而"专",要求编辑在专于某一学科外,首先要专于编辑学,专于出版学。唯有如此,才能掌控由书稿到图书的整个流程。

文字素养是编辑应具备的最基本的知识素养。图书编辑工作离不开编辑人员对文字的使用,通过文字传情达意。编辑文字素养的高低,表现在图书上,就是图书质量的好坏。质量是产品的生命,出版物的质量是出版社的生命。所有出版人的工作,最终都将以图书的形式呈现给读者,读者对图书质量的评定,也就是对出版社的评价,只有提高编辑人员的文字素养,才能保证图书的质量。

四、创新素养

编辑家、出版家邹韬奋说过:"最重要的是要有创造的精神。尾巴主义是成功的仇敌。"可见,创新对编辑来说很重要。创新就是要求编辑要不断地在图书的内容和形式上别出心裁、标新立异,这也是促进图书质量不断提高的重要手段。

提倡创新,杜绝的就是"跟风"。虽然有些"跟风"书能取得不菲的经济效益,但却失去了创造能力。更有甚者,将别人的作品稍加改动,就当了自己的产品,或者索性玩起文字游戏,混淆视听。参与其中的编辑,应反思自己的职业道德何在了。

编辑要从传统思维转向创新思维,可以从以下几个方面入手。

第一,选题策划创新。近年来,图书市场跟风出版、重复出版、同质化现象严重。乍起乍落,热得快、冷得也快。甚至有些"跟风"图书尚未出版,这拨"热潮"就已经过去。分析"热潮"是如何形成的,为何又"冷"下来,就会对读者的需求、内容、层次、深度有深刻认识,开发多样化、差异化的产品,不断扩大市场份额。

第二,观念创新。传统出版业正面临着网络信息的挑战。网络以其快捷、信息量巨大、学术传播相对自由的特点,转移了很大一部分纸质读物读者的视线。然而,网络也给编辑带来了契机。网络为编辑提供了与读者、作者沟通较过去更为通畅的渠道。借助于网络,对于读者对热点话题的关注度,能有更真实、直接的认识;借助于网络,对图书市场上同类图书的出版情况,更容易把握;借助于网络,可以洞察学术领域的发展动态,挖掘潜在作者;借助于网络,可以将图书信息更快、更大范围地传递给读者；借助于网络，可以将网络上的现有资源转化成纸质出版物。

第三，内容和形式的创新。读者对图书的要求在不断提高，以教材为例，读者不再满足于传统的教材及配套习题。为便于教师授课，供教师使用的课件应运而生。为降低刻制光盘的成本，通过网站下载的低成本课件及时跟进。为减轻教师工作量，配套题库以及答案解析随时奉上。就是在发现读者需求、满足读者需求的过程中，各种图书衍生产品相继出现，创新得以实现，图书整体形象得以提高。

第四，编辑手段创新。随着办公自动化的普及，一支笔、一把剪刀、一瓶胶水的传统编辑手段已无法适应社会的需求。因此，编辑手段也必须有所创新。编辑手段创新，可以从编辑工作无纸化、稿件管理电脑化、稿件审读网络化、编排校一体化和信息检索国际化等方面开展。其中，编辑工作无纸化又是其他各方面的基础。运用最普通的 Word 软件，就可以完成对书稿的所有编辑加工工作，同时生成编辑加工记录。熟练者更能在审稿的同时，将排版工作一并完成，可谓集编、校、排于一体。这样，不但简化了誊写编辑加工记录的重复劳动，免除了书稿在作者、出版社和排版公司间的多次传递，更重要的是有效地降低了书稿差错率，大大缩短出版周期。此外，基于互联网的优越性，通过网络，可以很容易地对各类信息进行国际化检索。为核实一个单词而跑遍全市图书馆的情景，将成为历史。

第五，营销创新。我国每年出版图书数量已居世界之最。要在浩如烟海的图书市场上脱颖而出，营销是至关重要的。传统的新书征订单、新书目报等，早已无法满足信息传播要求，新闻发布会、作者签售、与读者见面会、在网络平台发布广告或开设网络论坛、与相关传媒合作、编辑直接参与市场营销等方式，都在一定程度上对销售、发行起到了推动作用。

五、心理素养

各行业的从业人员都应具备相应的心理素养。随着经济的快速发展，人心日趋浮躁，而编辑工作是一项细致的工作。因此，编辑首先应具备稳定的心态。只有这样，才能自觉抵制外力干扰，潜心沉气地审阅书稿，即所谓的"静如处子"。其次要有包容的心态。包容，就是容人、容物、容事、容识。学术工作应"百花齐放，百家争鸣"，编辑工作中会遇到各种意料不到的人和事。拥有一颗宽容的心，才能协调好方方面面的关系,使出版工作顺利开展。最后,要有缜密的心态。书稿中的疏漏有大有小,有显有隐,只有经过缜密思考,才能认真追究查考,提供高质量的图书。

编辑素养的提高,是伴其一生的。各个时代,会对编辑素养提出不同的要求,正所谓"且做且学,且学且做"。

参考文献

[1] 阙道隆,等.书籍编辑学概论[M].沈阳:辽海出版社,2004.
[2] 上海出版行业青年编辑第十七届全国图书市场考察报告.
[3] 雷群明,等.编辑修养十日谈[M].上海:上海科技教育出版社,2002.
[4] 上海市出版工作者协会.策划与管理[M].上海:学林出版社,2002.

浅谈编辑审稿

赵志梅

在我国,编辑工作由来已久。编辑的古义,是顺其次第,编列简策而成书。综观中国历史,编辑的身影随处可见,他们对于文化的传承意义重大。

几年前,有幸踏入了编辑行业,才发现编辑工作博大精深,涉及面极广。

还记得刚开始做编辑时,拿到书稿很茫然,不知道该看什么,该改什么,该和什么部门打交道,该走什么流程……幸好,在领导和同事的帮助下慢慢学会了处理书稿,适应了出版流程。

一路行来,有幸遇到了很多良师益友,对编辑工作也开始有了自己的感悟。

一、编辑审稿离不开"认真"两字

记得我刚转行做编辑不久,社里就给我压了担子,让我负责俞文青老先生的书稿。俞老是上海财经大学的老教授,施工和房地产行业的专家,他从 20 世纪 50 年代起就开始和我社合作出书,他写的《施工企业会计》、《房地产开发企业会计》、《施工企业财务管理》、《房地产开发企业财务管理》等书一直是我社的畅销品种,经久不衰。接受任务之后,我心里既高兴又忐忑,高兴的是有机会和这么有名的权威合作,忐忑的是我做编辑时间不长,不知道老先生能不能认可我。

见了面之后顾虑顿消,俞老待人非常亲切,虽然老先生已经是 80 多岁高龄,但思维敏捷,而且一直关心会计界、施工企业和房地产企业的一举一动。由于俞老不习惯电脑,所以他交的书稿都是手写稿,字很小,看起来很吃力,但誊写得极其认真、整洁,文如其人,一看就知道写作很严谨。

拿到俞老亲笔誊写的书稿之后,我不敢掉以轻心,一方面仔细研究我社已出的经典图书,研究版式,研究文字处理,一次次地向经验丰富的老编辑请教;另一方面逐字逐句认真审读,验算数据,复核分录,核对资料,翻查字典,根据新企业会计准则提出自己的疑问等。为了审好稿,我慢慢磨炼性格,认认真真地一个字一个字地看。即便再累也提起精神,仔细检查,宁可多看几遍,也不愿意放过一个错误。

俞老仔细看过我修改的内容后,对于不妥的地方提出了异议,对于有疑问的地方详细地解释了原因,对于会计科目的补遗和相关数据的验算以及审读的认真程度进行了肯定和赞扬。得到老先生认可之后,我才真正松了一口气,对于刚从事编辑工作的我来说,老作者的认可是极其重要的,它树立起我做编辑的信心,而我之所以能得到老先生的认可靠的就是"认真"两字。

二、编辑审稿离不开知识的积累和思考

社里经常组织编辑学习,根据编辑加工中常见的错误分成很多专题,分析它们产生的原因和规律,提出预防的方法、注意事项和需积累的词汇等,这对我们新编辑极其重要。正是在一次次学习和审稿的积累中,工作走上了正轨。

编辑是杂家,什么都要会一点儿。要做到杂家不仅需要处理过大量稿件的文字功底,还要在平时注意报纸、杂志、电视以及网络上的信息。时代在变,会计制度在变,作者在变,编辑也要不断学习。因此,在工作中,我注意资料的搜集,关注财经行业的变化,利用节假日去书店等场所了解书籍的新动态,了解市场热点和行业趋势等,在网上搜索财经法规的新规定,这样在编辑过程中就能适时地提醒作者修改相关内容或者提出好的建议,当好作者的好帮手。比如,固定资产的增值税抵扣问题、材料成本的科目变换问题、福利费的提取问题等我都有了比较清晰的了解。有了一定的积累就可以根据自己对会计的领悟和编辑的专业知识向作者提出一些疑问,根据书稿情况提出修改建议,反复和作者沟通,一起想办法提高书稿的质量。

三、编辑审稿离不开高度的责任心

编辑工作需要高度的责任感和奉献精神。因为编辑从事的是文化传承方面的工作,教材更是"人类灵魂的工程师"用来"传道、授业、解惑"的工具,编辑有责任、有义务把错误消灭在出版前,让老师、学生和广大读者用得称心,用得放心。

我社的编辑任务往往时间紧迫,为了及时赶出高质量的书稿就需要编辑花费大量的业余时间。其实,在编辑加工过程中,升华的不仅仅是书稿,还有编辑的思想。

四、编辑审稿极其需要耐心和细心

编辑审稿极其需要耐心和细心。拿到的稿件无论是写得好的还是写得差的,无论是看得懂的还是看不懂的,无论是高深的还是浅显的,都得静下心来仔仔细细、反反复复地阅读稿件。如果没有耐心,编辑不可能坐在办公室不厌其烦地一个字、一个标点地审读。如果没有细心,错误就很容易疏漏过去,会影响到书稿的质量。从某种意义上说,编辑工作是日复一日的重复劳动,这离不开编辑的耐心和细心。

做得越久,越觉得编辑虽然是"为他人作嫁衣"的工作,但要做好却需要花费大量精力。路漫漫其修远兮,吾将上下而求索。

关于年轻编辑培养的思考

张临林

我们出版社最近几年招聘了大量的年轻编辑,但从现在的情况来看,绝大部分的年轻编辑,都流失了,非常可惜。我觉得,年轻人是我们发展的后备力量,是否可以在某些方面做一些调整,让我们的年轻编辑稳定地为出版社工作。

社里招聘过来的年轻编辑多有较高的学历,研究生是最基本的要求,大部分的编辑,都是国内重点大学的硕士研究生。做编辑,从学历角度来看,应该是研究生。在这一点上,沪上其他几家大学出版社,都是一致的。我们也是这么要求的。这方面,不是我们流失编辑的主要原因。对年轻编辑的培养方法,考核模式的不当,才是年轻编辑流失的主要原因。

从考核模式上来看,沪上各个出版社,基本上是一致的,无非是从审稿量、创利两个方面来考核。

对于一个新的编辑,还是希望社里可以有一个长远的培养方法与方向。如果想让编辑很快地具备一定的创利能力,社里势必要分配给年轻编辑一定的作者资源、书稿资源,并且还要有一定的时间让新编辑消化这些资源,同时,在新编辑已经对整个出版业有一定了解的情况下,适当地出差、参加某些会议,以便结识更多的潜在作者。

一个刚入职的新编辑的专业背景各异,他们对出版业不太熟悉,甚至对编辑业务的认识一直停留在看稿、被动地等待社里分配稿件等。社里的工作流程、出版程序,新编辑会在短期内熟悉,但对整个行业的现状、如何策划选题、如何操作一本图书、如何让图书贴近市场、协调部门之间的关系等,短期内是培养不出来的。这是需要"师徒制"来培养的。

另外,现在编辑与发行,需要一起面对市场,一起开拓市场。单独的发行、单独的编辑,都不能直接去挑战市场。这就需要编辑了解发行,发行了解编辑。而现状是,只有极个别的编辑,对发行了解,绝大部分的编辑,对发行的了解依然停留在"发行就是发书与收款"这样肤浅的层次。这就导致编辑在策划一本新书时,特别是针对我们社原创读物类图书,不能很好地贴近市场。

我在此建议,社里是否在今后培养新编辑方面,从两个方面适当地考虑一下。针对新编辑的不同的培养特点,如培养方向是做大众读物类图书选题的编辑,安排在发行科实习工作1~2年。在发行科,配合业务员,做图书的上架、后续补订、重点图书宣传等工作。如果培养方向是做教材类选题,则安排某位资深编辑,采取师徒制进行培养。当然,无论是哪一种培养方向与方式,也无论编辑在发行科还是在出版科实习,编辑的基本工作如看稿、发稿等,不能扔掉。

如果采取上述的培养方式,还会涉及编辑如何考核,例如一年看稿的文字量、岗位界定、在非编辑部门是否列入所在部门的考核等。这些都需要进一步地细致规划。

建议刚入职的编辑,第一、第二年,只有审稿量的考核,没有利润的考核。当然符合一定条件,如考取出版资格中级,也可以做责任编辑。但考核只是考核审稿量。同时,从第二年开始,社里鼓励年轻的编辑出差,策划一定量的选题。从第三年开始,有创利方面的要求,但创利方面的考核,依然远低于文字方面的考核。主要原因是年轻编辑短期内还不具备很好的独立创利能力。这种带有一定保护色彩的政策,对一个新编辑来说,不要超过3年,而且,事先需要告知编辑。目的就是让新编辑,在这3年里,尽早地进入角色,成为一名合格的编辑。

如何培养、怎么培养,需要统筹考虑,必要的淘汰,是不可避免的。我们每流失一名新编辑,对社里来说,都是一种无形的损失。对于一些不适合在编辑岗位工作的同事,社里也可以考虑将其分配到其他岗位上。

总之,我希望我们社可以尽快走出目前年轻编辑培养方面的这种困境。

封面设计综合谈

周崇文

随着社会文明程度的提高,市场经济的迅速发展,图书市场竞争激烈,计算机数字技术的不断更新,再加上书籍设计师观念的更新,书籍设计的审美功能和文化品位都得到不断提升。书籍装帧艺术的价值越来越受到人们的承认,书籍装帧的风格和制作工艺也层出不穷。同时,市场经济也为书籍设计师带来了机遇和挑战,提出了许多新的思考。设计观念、设计手段、设计方向也都在市场经济条件下有了深刻的变化,具备了很多新的特点。

封面是书的外貌,它既体现书的内容、性质,同时又给读者以美的享受,并且还起了保护书籍的作用。封面设计包括书名、作者和著录方式、出版社名等文字和装饰形象、色彩及构图。如何使封面体现书的内容、风格和体裁,如何使封面能起到感应人的心理、启迪人的思维的作用,是封面设计中最重要的一环。

美术编辑的主要工作是封面设计。搞封面设计,首先要尽可能了解书稿的内容、体裁、风格、性质、作者等有关情况,否则设计无从着手。因此,美术编辑必须与责任编辑取得密切的联系,责任编辑是第一读者,他对书稿的情况有充分的了解,对封面设计有发言权。美术编辑要把书设计好,除了向编辑了解书稿的情况,还应认真考虑编辑和作者对封面设计的设想和要求。同时,也应该在装帧方面提出自己的想法和意见。但是,责任编辑对书稿的认知度以及提出的观点,只能作为美术编辑在封面设计中的参考。美术编辑应有自己的思考,在分析内容中形成图案,把认识的东西变为具体或抽象的形象,从摸索中得到封面设计的创作规律。

美术编辑创作过程中要协调好与责任编辑、作者和市场之间的关系。当美术编辑设计好的样稿,责任编辑认为与书稿内容并不妥帖,要求重新设计,这种意见是可贵的,是负责的。美术编辑应当认真对待,重新考虑新的方案。有时责任编辑对封面设计提不出具体意见,希望再设计个样子看看,遇到这种情况,美术编辑应当把设计意图向责任编辑讲清楚,再做具体调整。责任编辑也应尊重美术编辑的设计,尽量由美术编辑来选择表现手法和风格。因为,这毕竟是一种创造性的艺术活动。这样才能充分发挥各自的主动性、积极性。

例如,在创作《原来会计可以这么学》一书的设计过程中,社领导与编辑都很重视,提出了很好的建议,为设计定下了基调,美术编辑通过夸张设计手法,一个倒挂在椅子上的学习者与"恍然大悟会计丛书"名吸人眼球,使人看了封面就想翻阅里面内容。又如《商务沟通》一书,由于设计前与编辑有了很好的沟通,编辑要求简洁,但又不是简单,在设计中采用了墨绿色的底子,封面只有书名与作者名留白,用UV做了英文变形的罗马柱,粗看简洁,细看用UV做的图案测光效果很好,由此做到了简洁而不简单。此书获得中国大学书籍装帧艺术评奖封面设计金奖。

美术编辑样稿能否得到作者的认可,其一,要看作者提出的要求是否合理。其二,与作者沟通形成共同点,双方都要克服把自己的偏爱强加于人,这才有助于把设计搞得更好。封面设计的风格与感受因人而异,然而设计的方法却大同小异,都离不开形象思维和推理,画无法定,物有常理。设计过程的形象思维始终伴以理性的思索却千变万化。其实设计要求就像山区远处的一盏灯,要走近它,必须翻山越岭,但只要向它迈步,那么目标就离你近了。美术编辑在接到设计单时,首先看编辑、作者对封面设计的要求,汲取合理方面,展开思索。

在设计中美术编辑对于责任编辑定出的方案,即它的开本大小、用什么纸张、用什么印装工艺等,也应该及时提出建议,帮助解决一些问题。前几年作者和编辑都喜欢封面上压亚膜,其实压膜也要针对书的类型而定,压亚膜虽然稳重,但会影响色彩饱和度,有失精神。及时地提醒能使编辑根据书稿再次选择。

市场经济下的封面设计艺术离不开市场需求,所以不了解有关市场的要求,封面设计将直接影响到出版社的经济效益。对于书籍的色彩也有不同的偏好。封面设计的色彩是由书的内容与读者对象的年龄、文化层次等特征所决定的。儿童的读物偏爱鲜丽;中、老年的读者适用沉着、和谐的色彩;青年人介于艳色和灰色之间;另外书的内容对色彩也有特定的要求,根据发行反馈的信息,广东省的读者较忌讳封面用大面积黑颜色,而搞会计工作的作者、读者对红色反感,做证券的又厌恨绿色,描写革命斗争史的书籍喜用红色调。对于读者来说,因文化素养、民族、职业的不同,对于书籍的色彩也有不同的偏好。所以,在市场经济的大潮中,只有把书籍艺术性和商业性对立地统一起来,这样设计出来的封面才能在竞争中不败。

市场与经营

选题策划与图书营销

戎其玉

随着社会主义市场经济的建立,图书已告别了短缺时代,出现了阶段性过剩。图书市场的竞争已不是品种、数量的竞争,而是质量、品牌的竞争。面对激烈的竞争,只有抓好选题策划与图书营销,才能使出版社在图书市场上有立锥之地,才能为社会主义的两个文明建设服务,为广大读者服务。

一、为有源头活水来——选题策划

策划,又为"策画"。其意为"计划、打算"。即在一项有目的的行动未发生前,先进行设计和规划,以使行动能按预先设定的方案进行,并达到预期的目标。所谓"运筹帷幄之中,决胜千里之外"就是策划的意思。世上万事预则立,守株待兔是幸运的偶然,不可能是成功的必然。出版策划是出版社工作取得成功的基础,对于出版社来说,策划不是万能的,但没有策划是万万不能的。

出版策划包含很多内容,有选题策划、制作策划、宣传策划、营销策划、人才策划等。在这些策划中,人才策划当然是第一位的,因为所有的事情都是由人去做的。只有恰当的人,去做恰当的事,才能事半功倍。但是,在出版社现有的人才情况下,选题策划是居于龙头地位的。制作策划、宣传策划、营销策划都是根据不同的选题来决定的。

1. 选题策划的意义

我国的图书每年达几十万种,这里面除了教材之外,一般图书品种也在几万种以上,加上历年的积累品种,市场上可以提供的图书品种不下六七十万。在这样的市场背景下,要想出版一本书,使读者愿意掏腰包花钱买它,而不是让它待在出版社的仓库里,或者是在书店的架子上,这就是选题策划的意义所在。

2. 选题策划的实施

(1) 选题策划的实施者

选题策划的实施者可以分为三个层次:第一层次为总编辑;第二层次为编辑室主任;第三层次主要为编辑,以及出版社其他成员等。

总编辑策划的选题主要是全社总体的、具有战略性的选题。它代表了一个出版社的发展方向,强调的是宏观结构,体现了出版社的强项和优势。这些选题的特点是投入大、周期长、见效慢。

编辑室主任策划的选题主要是本编辑室的专业分工范围内的选题。这种选题在与出版社的大方向一致的前提下,强调专业方向,体现了编辑室的特色。这些选题的特点是系列化和专业化,周期不长,一般为1~2年。

编辑策划的选题是由编辑个体的特性决定的(出版社的其他人员,由于其社会关系和工作原因,也会策划出一些好选题)。这些选题与出版社的大方向可一致,也可无关。这些选题个性鲜明,目标明确,操作性强,具有"短、频、快"的效应。

上述三个层次的选题策划不是完全独立、截然分开的,而是互相交叉、互相联系的。总编辑策划的选题是对编辑室和编辑策划选题的方向指导;编辑室策划的选题是对总编辑的选题的完善与补充;编辑个体的选题是对第一、第二层次的最终实施和具体落实。

(2) 选题策划的时机

一本图书出版的时机关系到它的命运。如果出版得太早,不能引起读者的共鸣,即使它是一本优秀的图书,也难逃压库的命运;如果出版得太晚,在同类选题多如牛毛的情况下,没有技压群芳的能耐,同样逃不出遭人冷落的下场。只有在恰当的时机推出的图书,才能夺得读者的眼球,才能赢得市场,赢得效益。因此,抓住时机是策划选题的关键。

时机在哪里?时机在所有的变化中。抓住时机就是要求我们关注所有的"变化"。关注国内外的时事变化;关注科学技术的发展变化;关注广大民众的生活变化。用发展的、科学的眼光去看待这些变化,从中遴选出成功的选题。

(3) 选题策划的方法

根据图书的内容,我们可以把选题分为两类:一类是原创型的;一类是衍生型的。不同类型的选题有不同的策划方法。

对于原创型的选题,我们要关注生活中的焦点、热点,如,新的法律颁布、新的科学发明、新的人物出现、新的时尚兴起等。在这些新的东西中挖掘出新的选题。

由于在我们的图书市场上，衍生型选题的图书是占绝大多数的，因此，这类图书的策划方法也是丰富多彩的。

根据读者群体的不同，我们可以把一种图书改做成几种，如，一本名著改编成简读本、绘画本等；一本本科生教材，加深编成研究生教材，削减编成大专教材。这种方法可以称为"加减法"。

根据图书的销售情况，跟踪出版同类选题图书，这样可以避免"第一个吃螃蟹的危险"。这种方法可以称为"跟踪法"。但这种方法的使用要在速度快、质量更上一层楼的基础上。

根据一个选题可以从深度、广度上衍生为几个，甚至几十个选题。如，一本史书可以横向引申出文学史、科学史，纵向引申出上下五千年；一本会计学教材可以横向引申出几十种行业会计教材，纵向引申出 MBA 会计学教材、本科生会计教材等。这种方法可以称为"纵横交错法"。

根据作者资源的不同，开发不同的选题。有的作者在某领域是专家，可以策划比较专业的选题，以发挥他们的名人效应；有的作者在基层工作，擅长基础教育，由他们撰写的普及类教育图书一定会有较好的读者市场。这两者是绝不能调换的。这种方法可以称为"资源利用法"。

上述这些方法在使用中并不是孤立的，原创与衍生也不是一成不变的，原创不但有内容上的，还有形式上的。只有融会贯通，才能把选题策划完美，并在实施中，得到不断的完善。

二、生存、发展、壮大的手段——图书营销

有了好的选题，印制成精美的图书，这不是我们的终极目标。我们只有把图书通过营销手段送到读者手里，以满足人们学习知识、丰富精神生活的需要，才能达到为两个文明建设服务的目的。

1. 图书营销的含义

营销不只是用一种东西（产品）交换另一种东西，而是一系列活动的总和。为了实现产品交换的所有活动都包含在内。市场营销学专家菲利浦·科特勒将市场营销的核心观念归纳为以下几个方面：基本需要；欲望；产品需求；产品；价格与满足；交换与交易。其中，交换与交易是市场营销理论的中心。

广义的图书营销就是确认读者对图书的需求，策划出满足读者需求的图书，

制作出内在和外在质量上乘的图书,通过适当的方式,促使与读者的交易,以及售后服务等一系列活动的总和。狭义的图书营销通常是指市场营销的核心,即图书的交换与交易。

2. 图书营销的策略

(1) 广告宣传策略

在市场营销中,广告宣传是一种威力巨大的促销手段,因为广告正越来越成为消费者生活中不可缺少的影响因素。广告不仅帮助企业推销了商品和服务,而且也改变着人们的生活方式。近年来,随着图书品种的逐年递增,图书市场也进入了注意力时代,图书的宣传广告同样也越来越不容忽视。它在引导读者选择图书的同时,丰富了读者的精神生活,并改变着读者的阅读习惯。

图书的宣传方法有很多,可以通过专业报纸宣传,如《中华读书报》、《上海新书报》等;可以通过大型推介会宣传,如旅游展销会上宣传"祖国风光"、"摄影技巧"、"旅游小常识"等的图书;可以向特定人群宣传,如把学术著作的单页宣传单寄给专家学者,把时尚图书的宣传单发给年轻一族等;可以在特定的地区宣传特定的图书,如到农村宣传"科学养殖"、到社区宣传"生活情趣"、"养生之道"等方面的图书;可以根据特定的时机宣传,如国庆节宣传"为国捐躯英雄"的图书,国际环境日宣传环境保护的图书等。

(2) 多种销售模式并举策略

图书是一种特殊的商品,是人们在基本物质生活满足以后,为了提高生存质量所需的商品。每个人对生存质量的要求是不一样的;同一个人在不同的时期对生存质量的要求也会不一样。因此,对于不同的图书除常规销售外,还各有不同的销售方法。

出版社的一般图书都可以通过批销的方式到达全国各大、中、小书店,通过这些书店的展示到达读者的手中,这种方式销售面广,但费用较高;对于出版社为特定人群制作的图书可以通过包销的形式销售出去,这种方式销售面窄,费用低,但一般利润也较低;对于为特定地区出版的图书,可以用独家经销的方式来销售,这种方式的费用介于批销和包销之间,但利润高于两者。

除了上述这些间接销售外,出版社也不能忽视直销。直销的方式有:开零售店、邮购和网上销售。通过这些直销的方式,更能宣传出版社的形象和品牌,建立起一批固定读者群。

(3) 多种销售折扣共存策略

在目前竞争激烈的图书市场,以统一的销售折扣来推销图书显然是不合时宜的,但一味地降低折扣却是出版社自取灭亡。我们应该在不损害读者利益的情况下,取得书店和出版社的双赢,这就需要我们对不同的情况采取不同的销售折扣。如,包销应采用比经销低的折扣,因为包销者有积压的风险;时效短的书应采用比时效长的书低的折扣,这样才能促使书店加大宣传力度,早日把书推销给读者;销量大、品种多的书店应有比销量小、品种少的书店低的折扣,这样才能扩大出版社的规模和品种。

(4) 完善售后服务策略

当今社会,由于市场发育的日臻完善、市场竞争的日趋激烈,以及顾客购买心理的日益成熟,大多数商品已由数量、质量上的竞争逐步转移到售后服务的竞争上来了,售后服务成了争夺顾客及市场的首要阵地。要使出版社的图书在竞争激烈的市场上占有一席之地,就要以市场为手段,以读者为中心,不断提高售后服务质量,提高跟踪服务力度,如建立读者档案、及时答复读者来信、及时处理有质量问题图书、做好读者与作者的沟通、提供相关图书信息等。完善的售后服务将是不断占领图书市场的有效途径,是扩大图书销售的一个新起点和新亮点。

(5) 重视信息反馈策略

图书市场反馈的信息是开发和建立图书营销市场的基础,是制定营销策略的依据,通过这些信息,可以选择恰当的销售时机、准确的销售地点,以及有的放矢地健全销售网络。例如通过市场信息的反馈,可以了解哪些图书在什么时候、什么地区销售较合适;哪些地区的消费水平较高,可以建立较大的销售网络;哪些地区的图书市场竞争较激烈,应采取相应的针对读者或对手的措施等。

三、编辑发行共携手,策划营销更上一层楼

近几年,各出版社纷纷招聘高学历的人员来充实发行力量,改变了过去出版社的人员如果不能胜任编辑工作,也无法胜任行政管理工作就去干发行的局面,使发行队伍的素质有了很大的提高。这些人员由于站在市场的前沿,对市场需求了解得更直接、客观、全面,又具有较好的知识结构,因此具备了策划优质选题的优势。另外,出版社的编辑人员,由于对自己策划的选题了如指掌,他们更知道这些图书的发行对象和合适的发行模式。因此,编辑人员也具备了营销个体图书的优势。如何发挥好这两种优势,使得优势互补,已成为出版社成长、壮大的关键。

编辑、发行人员应经常沟通、交流。发行人员除自己在合适的时候策划选题

外，更应把市场的信息及时反馈给编辑，使编辑了解市场的焦点、热点，策划出受市场欢迎的选题；编辑人员除了利用作者的渠道推销图书外，更应该向发行人员详细介绍所策划选题的内容、特点、读者范围、宣传的切入点等，使发行人员的工作有的放矢、事半功倍。只有编辑、发行共携手，才能使策划营销更上一层楼。

没有优质的选题，就好像无米之炊。有一句话说得好：出版社销售的上升未必是发行之功，但销售的下降一定有选题之过。另外，有了好的选题，如果没有畅通的渠道，图书营销的力度不够，同样不能实现出版社的效益。应该认识到：只有疲软的图书，疲软的发行人员，没有疲软的市场，市场是可以创造的。

总之，编辑和发行也即选题策划和图书营销是出版社两个重要抓手，两手都要抓，两手都要硬。只有这样，才能使出版事业更好地为广大人民大众服务，为两个文明服务，为社会主义建设服务。

参考文献

[1] 朱成钢. 市场营销学[M]. 2版，上海：立信会计出版社，1996.

[2] 章晓懿. 超越市场——策略营销新说[M]. 上海：华东理工大学出版社，1997.

[3] 雷群明，等. 编辑修养十日谈[M]. 上海：上海科技教育出版社，2002.

[4] 邵一明，等. 现代企业管理[M]. 上海：立信会计出版社，2005.

论出版社参与市场竞争的四大要素

徐小霞

当下这个年代,无论是成年人还是未成年人,都处在一种忙忙碌碌的状态之中,为事业、为工作、为升学、为出国……为满足人才的职业需求,各种考试层出不穷,诸如 MBA 考试、全国公务员考试、全国司法考试、全国外语考试、全国计算机考试等,这一切都在告诉我们,我们已进入了一个信息社会、知识社会、学习社会。这样的学习浪潮在客观上也带动了各行各业的发展。我国出版业也毫不例外地深受其影响。例如,已成功举办了 6 年的上海书展,参观人次高达 130 余万。展会上,全国各大出版社各显神通,零售总额突破亿元,订货码洋逾 5 亿元。显而易见,市场需求是巨大的,机遇无处不在,关键是如何去把握、去挖掘、去创造。目前,我国出版行业正面临体制改革后如何面对竞争激烈的市场求生存的严峻考验。笔者认为,出版社要增强市场竞争力,就必须在特色、品牌、创新、人才等方面进行深入研究,改变观念,积极创新,形成良好的竞争环境,组成强大阵容,才能适应形势变化,迎接挑战,从而占领市场,赢得市场。下面笔者就特色、品牌、创新、人才等四个方面进行阐述。

一、特　色

目前,我国出版事业发展良好,出版物品种丰富多样,较好地满足了广大群众对精神文化的需求。但是,我们也应该看到,出版市场还存在一些不尽如人意的地方,如有许多出版物内容雷同,选题重复,毫无特色可言。这种状况如果长期存在下去,则将影响我们的市场竞争力。因此,我们必须重视出版物的特色建设。

何谓特色？根据《现代汉语词典》的解释,特色就是有别于其他事物所具有的特征、特点和风格。特色是在长期积累与提炼过程中形成的,它与出版社的办社宗旨和出版方向有着密切的关系。比如,中国金融出版社主要出版金融类的书籍,包括出版各种类型、各种层次的金融出版物。像这类出版社,在当前的竞争环境中,专业特色就是它的一种优势。当然,特色不仅局限于专业出版社,综合性出版社也可以有自己的特色。例如,华东师范大学出版社利用自己学校的资源优势,精心策划出版了一套心理学译丛,形成了心理学图书的特色,从而扩大了市场声誉。因此,出版社只有在明确自己目标的前提下,不断地集聚自己的出版优势,在图书结构、出书内容、出书对象上进行准确定位、整合,才能形成和传承自己的出版特色。出版社不论规模大小,只要具有与众不同的特色,就能在激烈的市场竞争中找到自己的出路。路就在自己的脚下。

二、品　　牌

特色的形成不是一朝一夕的事情,品牌的铸就更非一日之功。何谓品牌？美国市场营销协会对品牌的定义是:"用以识别一个或一群产品和劳务的名称、象征、记号或设计及其组合,以和其他竞争者的劳务和产品相区别。"在市场经济竞争中,只有拥有品牌,拥有强大的影响力、号召力和吸引力的品牌,才能使自己在市场中脱颖而出,独占鳌头。什么才是品牌产品？笔者认为,做精、做细、做强,做到不可替代的产品就是品牌产品,也就是企业的核心竞争力。比如,商务印书馆的《新华字典》、上海译文出版社的《新英汉词典》,这些都是国内首屈一指的品牌产品。品牌产品要经得起时间的考验,它是企业参与市场竞争的关键要素之一。像海尔的冰箱、春兰的空调等都是久经考验的拳头产品,以至于像一棵常青树,永不衰竭,永葆青春。实际上,这是企业的一种核心力量,提高市场竞争力,也就是提高企业的核心竞争力,把产品做精、做细、做强,需要我们不断地去探索、去判断、去分析、去联合。像目前国内出现的世纪出版集团等,都是在市场竞争中涌现出来的"航空母舰"。市场经济遵守的是公平竞争的法则,无论在什么条件下,各方势力都会发生微妙的变化。你衰我强,你强我弱,这是很正常的自然现象。因此,要想在市场竞争中站稳脚跟,不遭淘汰,就必须具有过硬的本领。对出版社来说,品牌的建立,要经过精心策划、设计与市场验证,要经得起时间的考验。为了有效树立自己的品牌,出版社就要采取一系列的措施,加强管理,建立与完善各项规章制度,提高人员素质,掌握市场规律,开辟新的渠道,扩大销售网络,从而形成核心竞争力,为品牌的创立提供良好的环境。

三、创　　新

何谓创新?创新就是活动主体在相关的客观规律的指导或影响下,以一种理性的、理智的富有灵气的方式方法,对一定的活动客体或社会构架进行改组、改造、革新或创造,使之形成一种新颖独特的、前所未有的、具有相当社会价值的产品的活动过程。任何企业要想在市场竞争中永不言败,只有不断攀登新的高峰,创造出广受消费者欢迎的新产品。这对于出版社来说,就是要向广大读者提供新的精神食粮。出版工作者是先进文化的传播者,向广大社会公众宣传科学知识、宣传党的方针政策,是我国出版工作者义不容辞的责任。然而,怎样才能创造出广大群众喜闻乐见的精神产品,是我们出版工作者的重要任务。

在当前国内外竞争十分激烈的形势下,我们要以科学的发展观来统领我们的出版工作,要拿出精品来,要从图书的内容、装帧、印刷、发行等方面去研究,去探索。在这方面我们已经有了许多好的榜样。例如,上海外语教育出版社打造了全国首套从小学生到硕士生的新世纪英语系列教材、全国首套外国语学校教材。世纪出版集团在保持原有强势领域地位的同时,积极围绕品牌建设,调整结构,开拓新的优势领域。近年来上海人民出版社的国内原创青春文学和上海译文出版社的引进版文学作品交相辉映,形成业内关注的"世纪畅销书现象"。因此,在当今时代,要求我们出版工作者不断地进行创新。只有创新,才能不被市场淘汰;只有创新,才能使我们保持旺盛的生命力。诚如我国著名学者余秋雨先生所说:"人的价值不在于重复别人,也不在于重复自己。""人的价值在于有没有给世界提供一点自己的东西,有没有给世界提供一些别人无法提供的创造物。"

四、人　　才

何谓人才?人才是指具有一定的专业知识或专门技能,进行创造性劳动并对社会作出贡献的人,是人力资源中能力和素质较高的劳动者。人才是知识经济时代的核心资源。要加速知识的创新,关键在人才。市场经济的竞争,说到底,就是人才的竞争。目前,出版行业不仅需要专才,而且更需要一专多能的通才。我们的出版工作者不但要会编书,而且要会组稿、策划、设计,懂得营销。以前编辑与发行是相互分离的,而今编辑与发行已合二为一,相互渗透,相互合作。

以前出版社是朝南坐的,而现在是要找上门去争取合作。市场已成为我们的风向标,在市场的影响下,我们为产品找出路,为我们的生计找出路。因此,为了适应市场,我们必须把自己铸造成复合型的人才。而作为出版社的管理层,更要珍惜人才,用好人才,对人才要多一些鼓励,多一些帮助,要允许人才犯错,只有这样,才能使人才在实践中得到锻炼,提高开拓市场、把握市场的能力。

总而言之,特色、品牌、创新、人才是当今出版行业亟须面对的重要研究课题。笔者认为,它是出版社参与市场竞争的四大要素,相互依存,相互联系,缺一不可。特色是出版社的生存基础;品牌是出版社的市场形象与核心竞争力;创新是出版社的活力源泉;人才是出版社持续发展的珍贵财富。我们要高度重视对这四大要素的深入研究,只有这样才能把我们的事业推向新的更高的境界。

大众读物的选题开拓和市场拓展

蔡伟莉

一、大众读物的现状

长期以来,教材出版始终是我们赖以生存的源头和根本,但是随着这几年高校规模的稳定,教材的市场份额难以扩大。目前,大学教材以区域出版为主,一些握有高校资源的书商也纷纷进军教材出版领域,以求分得一杯羹。在这种情况下,大众读物的出版为我们抢占到一定的市场份额,在增加码洋的同时,提高了经济效益和社会效益。另外,由于常年出版教材,与新华书店的关系相对疏远,而大众读物出版规模的加大将为社店关系的良好发展增加润滑,从而提高出版社在出版行业的知名度和美誉度。

我社目前大众读物的出版工作刚刚起步,人员有限,经验不足。我们想先借助一些优秀成熟图书公司的策划能力,批量出版一些市场畅销品种。

我们的工作就是在这样的环境和现状背景中开始的。

二、大众读物的选题开拓

我们以会计专业读物为突破口,抓住了新企业会计准则制定这一契机,相继出版了几本会计准则的培训教材,取得了很好的经济效益和社会效益。这一成功坚定了我们的信心,相继出版了"教你学财会"系列、会计出纳入门五日通快速培训丛书、"真功夫"财会实战系列、投资理财——股票、基金、股指、期货系列、纳税实用技巧丛书、优秀财务人员攻略、中小企业经理人必读、开店管店完全手册等系列丛书,在新华书店占据了一席之地。后来又组织出版了考证类图书,短短几年品种涉及会计职称考试、会计从业资格考试、证券从业资格考试、银行从业人员资格认证考试、期货从业人员资格考试、全国注册资产评估师考试、全国注册税务师考试、全国审计专业技术资格考试、全国企业法律顾问执业资格考试、全国统计专业技术资格考试、公务员考试、报检员考试和报关员考试等13个大类。其中证券从业资格考试、银行从业人员资格认证考试系列丛书相继获得了行业畅销书奖。至此我社大众读物市场粗具规模。另外,我们借助书商的力量慢慢地把图书品种从较单一的大财经系列突破到励志、心理等社科系列。相继有100多个品种面市,无论从品种数量、还是从选题质量都有了很大突破。

我们的大众读物选题开拓之路就是这样形成的。

在确保会计类考试权威地位的基础上,开发财经及相关类别考试新品种。如CPA考试是今后新产品开发的重点。但该考试市场分割局面已基本稳定,我社作为专业会计出版社进入该市场需慎重,须选择权威专家,再择机打入该考试书市场。

另外,金融理财师考试、精算师资格考试、国际注册内部审计师(CIA)、经济师专业技术资格、国际商务师资格考试、统计专业初(中)级资格考试、单证员考试、物流师职业资格考试等我们也会紧跟考试动态,在适当的时候择机、择时开发新品种。

三、大众读物发行渠道的拓展

大众读物图书的销售渠道一般以新华书店为主,由于我社常年出版教材,而新华书店主要销售的是畅销读物和考试类图书,这几年大众读物如此大规模地出版为社店关系的良好发展增加润滑,也提高我社在出版行业的知名度和美誉度。

图书品种的变化导致了渠道的变化,同时也给发行提出了新的要求,原来以发教材为主的发行模式已彻底被颠覆。随之而来的是提出了很多问题需要我们来探讨。如,我们该如何主发?每个城市的主发网店该如何布局?如何确定每本书和每家店主发的数量?如何做好二次添货?大众读物的退货率到底在多少是比较健康的?如何维护与书店业务员的关系,确保图书的上架、添货、更新的顺利完成。希望随着品种的丰富,与店销业务员关系的进一步紧密,能探索出一种常规化制度化的方法,对各省店和各大书城我社图书库存和图书上架情况进行管理,能给业务员进行二次主发或二次添货提供依据。

四、大众读物的维护

(1) 紧跟考试动态,及时再版修订。一般来讲,考试类图书每 1~2 年大纲会进行一次修订,这就要求我们随时关注考试动态,第一时间对图书进行修订再版。这其中,对时间的把握尤其重要,需要各部门通力配合。

(2) 了解市场需求,完善配套品种。根据每类考试图书销售情况及读者反馈,及时调整图书形式,满足读者需求。对于热销品种可完善配套品种,如增加历年试题集、冲刺预测试卷、增加习题详解等。

(3) 维护好原有的系列丛书,并修订改版部分丛书。随着企业会计制度修改,要将原来会计类的读物进行全面修订,从书名到封面,全新打造,以适应不断更新变化的最新的会计制度,争取以最快的速度跑赢市场。

浅谈院校教材推广工作之基础篇

陈岗伟

近年来,随着互联网的高普及率以及数字出版业的迅猛发展,使得我国传统的出版业面临巨大压力,尤其是一批主业以一般图书为主的出版机构将面临着巨大的挑战。各大出版机构为了应对数字出版的冲击,一方面顺应未来出版业数字化的潮流,加大了对数字出版的投入;另一方面也使得各出版机构在尚未全面引入数字出版的全国高校教材市场加大了投入,从而使得现在的院校教材推广工作竞争日趋白热化,合作出版、社店联手推广以及出版机构自建院校推广队伍等措施正在我国出版业全面推行。作为一名传统出版社的营销人员,根据自身多年的从业经验,结合目前院校教材推广的市场具体情况,现对院校教材推广工作提出自己的一些想法,希望能对现有的相关从业人员有所帮助。

根据 2010 年的统计数据,我国 2010 年全国共有普通高等本科院校 792 所,高职高专类院校 1 239 所,独立学院 316 所,这三类院校总数达到 2 347 所;另外根据相关统计显示,2010 年我国高等教育共计招生 650 多万人,按照现有高校学生教材使用情况,每年仅新生教材市场一项就有至少 26 亿码洋的需求量(该量基本上只是新入学学生第一学期的教材需求量);而且相对于市场图书而言,高校教材市场有着退货率低、品种较少、副本量大、采购集中、用量稳定等优势,所以院校教材推广工作在相关的出版机构越来越被重视。

院校教材的推广工作,绝对不仅仅是将教材样本送达至相关院校及供老师选用这么一个简单的物流过程,从市场营销的专业角度来看,教材推广实质上是一个系统的、长期的、复杂的营销过程,这一点从事院校推广的工作人员要从思想上正确认识。

院校教材推广工作因为和院校的开课紧紧结合,所以每年有两个推广季节,我们业内以所推广教材的使用季节为标准将一个教材推广的周期(一年)分为"秋季"和"春季"两个阶段,"秋季"因为暑假较长的原因,相应的涵盖的时间段较长一些,一般是从每年的3月到9月,"春季"对应的时间应该是每年的10月到次年的2月。"春季"和"秋季"的教材推广从营销角度讲应该没有大的区别,只是在时间段的分布、推广品种的侧重点以及用量的大小上会有所差别;以下为了讲述方便,本人就以"出版社自建院校推广队伍"进行院校推广为例,时间上以"秋季"为例来展开说明;根据院校教材推广工作的循序渐进性原则,我主要分以下几个阶段进行讲述:

确定区域目标客户→确定拜访目标院校→电话拜访(初次)→上门拜访→样书配送→三期跟踪→订单发货→回访

以下将根据实际的"秋季"院校教材推广从时间上来划分,并结合上述拜访次序,对以2010年秋季教材推广为例做出简单的讲述。

一、2010年2月中下旬至3月初

本阶段的主要工作是根据计划推广区域实际情况,准备院校相关资料并确定区域目标客户,之后对于选定第一批拜访客户进行电话拜访,为出差拜访做好前期准备工作。该阶段主要包括确定区域目标客户、确定拜访目标院校、电话拜访等三个环节。

1. 准备客户资料,确定区域目标客户

针对各自区域情况,找出各省首次拜访目标院校名单,并根据网上、电话查询等手段,查找目标院校系、部相关资料。

(1) 搜集各区域院校名单:① 在网上搜集区域院校名单时,依据普通本科、高职高专院校和独立院校三个层次进行查找。② 查找方法,每年度教育部都会在网上公布已经结束年份的三层次院校各省、直辖市、自治区的有资格招生院校名单,该名单是最准确也是最权威的院校名单,但要注意,该名单每年教育部都会根据评估情况有所调整。

(2) 选择院校原则:① 根据所要推广教材的学科属性来确定院校的类别。如:经管类、计算机类、医药类等。② 根据所要推广教材的层次(本科、高职、独立院校)确定推广目标院校的层次等。③ 一般第一批确定院校不宜过多,每个省份选择8~15家为宜,而且多以相关学科门类对应的院校为主,之后再随着拜访工作的深入再扩大拜访范围。

2. 完善院校资料，基本确定初次拜访目标

完善拜访目标系部的相关情况，主要包括：系部简介、系部组织结构、系部师资情况、联系方式、学生情况、教材使用情况等。这些资料主要从各院校的网页上获得，但同时要注意各院校网页的更新时间，个别院校因网页更新较慢需要通过 114 等手段进行再核实查询；另外，拜访教研室以及系部主任，原则上由低到高选择拜访目标，即从职位较低的先开始，有利于工作的开展。

3. 初次电话拜访

（1）拜访目的：① 通过电话和拜访目标做初步沟通，取得初步印象，为下一次当面拜访做好铺垫。② 基本信息的传递，要让对方明白你要干什么。③ 核实收集到的资料的准确性和真实性。

（2）拜访注意事项：因为是初次电话沟通，其主要目的是取得初步印象，核实相关信息等，所以要注意以下几点：① 一般简单沟通，时间不要太长，5 分钟以内，问题不要太多，3 个问题左右。当然特殊情况可以多做一些沟通。② 切记要遵循有层次、循序渐进的拜访原则，不可奢望在首次电话拜访中就能够取得什么实质性的效果，这首先是一个心态问题。往往着急会适得其反。③ 拜访的气氛要注意控制，在结束拜访时一定要给对方留下下次拜访的理由，包括大体时间、事由等。④ 因为是摸底式的拜访，所以涉及院校数量最好大一些，后期上门拜访还有一个筛选的过程。⑤ 从电话拜访开始就要做好详细的拜访记录，以便查阅。

二、2010 年 3 月中旬至 5 月中下旬

在此阶段，根据个人自身的出差安排以及初次电话沟通情况，业务人员将对重点客户（相关专业学生数量大、初次电话拜访沟通较好、有明显需求等客户）在出差过程中予以安排重点上门拜访。在此期间主要完成上门拜访、样书配送和三期跟踪等几项工作。

1. 上门拜访

上门拜访一般因为时间有限，不能尽情沟通，所以在拜访时主要是通过和选定目标客户的面谈了解推广所需的相关情况，为下一阶段的满足需求环节做好铺垫；本阶段主要通过探询和聆听两个方式来完成工作。

（1）上门拜访目标客户的选定。拜访目标选择共分为两大类：业务部门和职能部门。其中业务部门客户主要包括院系主任（有些是负责教学的副职）、教

研室主任和骨干教师；职能部门客户主要是指教材科科长和教务处长（副处长）等。

第一，业务部门目标客户。

一般情况下，我们进行院校教材推广的时候多首选此类目标客户，但在选择的时候要注意，遵循从低到高的选定原则，即先教研室主任，后院系部主任（主管教学的副主任）。因为选择教材的权力慢慢向基层教师倾斜，系主任的干预逐渐减少；但是又考虑到一般教师较多，且拜访时很难找到，所以优选教研室主任，然后再系主任，确保教材推广工作在该系部的顺利进行。另外，在院校中，骨干教师地位也很高，我们在拜访中也应该予以足够的关注。

第二，职能部门目标客户。

一些高校的二级学院和独立学院，由于教师、甚至系部主任都由其母校或者他校的相关系部老师兼职担任，所以一般情况下很难找到，或者说教材的选用要和母校相关系部同步，这个时候我们就可以考虑选择教材科的负责人来做推广工作。这样开始的时候就不和相关的业务部门老师接触了，该校的教材推广工作就交由教材科的负责老师进行。教材总负责人是教务处（科）的相关领导时，我们才去找教务处长。

总之，上门拜访目标客户的选定比较复杂，有时候因为开始的不慎就会导致之后工作的异常被动，因此在选择的时候一定要注意权衡把握；当然对于不同的院校，上门拜访目标客户会因为实际情况的不同而有所不同，比如有些院校系部的教学秘书也有相当的权力，在这一点上业务人员要注意。总之，对于上门拜访目标客户的选择要遵循从低到高的基本原则、灵活处理，不要急于选定，要根据第一次上门拜访后慎重确定。

（2）了解情况。了解情况主要是为了发现需求或者找到推广的突破口，并在可能的情况下收集对教材推广起关键作用的相关信息。主要有以下几个方面：

该客户目前的用书情况，包括用书版别、教师反馈、教材选择要求等方面，主要是通过这些了解客户对现用教材版本的满意度。

与我教材相关联专业情况，包括专业设置、上年招生人数、就业情况、招生趋势等。了解此类信息有利于预测该系部的推广潜力，决定投入力度。

相关出版机构的来访情况，了解该类信息有助于我教材推广策略的制定或调整，具有参考意义。

直接询问目标客户对出版机构提供服务的看法和要求，用于完善出版社针对终端院校的服务措施,提高终端客户整体满意度。

(3) 教材推广中的客户需求。任何营销工作最重要的环节就是要善于发现客户的需求,包括显性需求和隐性需求两个方面;我们的推广工作也是一样,发现了客户的需求就等于出现了销售的契机。客户需求,主要存在以下几个方面:

第一,科研经费需求。在现阶段的教材推广中,某些地方科研经费需求已成为教材使用的前提。我个人认为总体遵循不提倡、特殊对待、谨慎使用的原则。

第二,出版需求。对于终端院校教师而言,出版需求也是一种普遍的需求,对于此类需求,出版社应该予以全力支持。

第三,教学相关图书的需求。该需求我们在推广过程中应该根据具体情况予以满足,从而从真正意义上支持院校的教学工作,包括教学样书的需求,该需求我们也应该有针对性的最大化满足。

第四,其他个性化需求。由于各终端院校的个体差异,推广过程中也会出现一些各种形式的需求,对此需求出版社推广人员要善于发现并及时予以满足。往往是越个性化的需求给予满足时获得的回报越发强烈。

另外,作为推广人员,还要有创造需求的能力,往往一些个性化的需求都是由业务人员自己根据客户情况创造出来的。

总之,客户的需求是多样化和个性化的,从出版机构的长远发展来看,在一定范围内满足客户的多样化需求,通过各种形式帮助客户,使客户的工作能够更加顺畅进行并取得最大化的业绩,为客户的个人长远发展创造便利条件,是实现为高校教学服务的终极目标的体现,是培养忠诚客户的手段。这就要求我们业务人员要从长远考虑,积极地、健康地引导客户的需求,从而实现销售,同时也为客户提供真正的服务。

(4) 首次上门拜访和客户沟通时应该注意的事项:

开场的自我介绍方面,要简单明确地说明此次拜访的目的(最多限两个目的),其中教材推广目的一定要清楚,首次上门拜访客户的目的基本上就是寻找出版选题、回访终端客户以及终端院校教材推广等几个理由。

在谈话过程中一定要注意保持气氛的活跃,在了解各种情况之间穿插与业务无关的话题,以避免造成我问你答或者你问我答的机械的沟通模式。

根据现场情况把握交谈时间,适时提出结束本次拜访,尽量避免客户提出终止谈话要求。

在拜访即将结束时,一定要明确针对该客户下一步需要做的事情,并得到对方赞同,这也是为下一步继续沟通留下合理借口。

在拜访交谈中一定要记住留下名片及书目,并让对方留下办公室座机以及移动电话号码,甚至通讯地址、邮编等,以便之后使用。

在拜访中对于本出版机构出版的、对院校教学有帮助的读物类的出版情况要予以说明,如法律法规类、相关考试类等,因为部分院校由于经费问题对教学参考用书方面支持力度有限,而这一点也是我们很容易而且很愿意提供的服务之一。

2. 样书配送

样书配送是现代教材推广工作中较为重要的一个环节,也是推广效果的一个直接影响因素,在给终端院校样书配送中要遵循以下几个原则:

(1) 及时性原则。终端院校在选用教材的时间上是有一定的规律可循的,但各地区之间存在差异,同一地区的不同院校也存在差异,有时差异还很大,所以在样书的配送上一定要在了解各院校选择教材时间基础上进行,一般都要在院校开始选择下学期教材之前到达。

(2) 适时性原则。样书的配送时间上要适宜,不宜太过提前也不宜太过靠近选版时间,太早客户印象不深刻容易淡忘(好多院校在收到出版机构送来的样书后,长时间不拆封的情况也很多),时间太紧客户没有充足的时间翻阅。

(3) 针对性原则。由于对口学科院校开设专业种类繁多,而且院校普遍存在程度不同的自编教材版本,所以为了避免样书浪费,在样书的配送上应该有针对性。一般情况下我们将根据以下几种情况给院校配送样书:

第一,院校老师从书目上勾选。院校选择样书这种方法最为准确,老师选出来的样书一般都是自己感觉需要的样书。

第二,按照老师提供的开课计划配送。在推广过程中有些院校的老师不愿意从我们提供的书目上勾选样书,所以我们就进一步向老师索要他们的相关专业开课计划,然后根据开课计划进行样书配送,这样的样书配送方式虽比不上第一种,但也是可行的办法之一。

第三,专业对口的院校可以根据专业开设情况全面配送,但其中要考虑到自编教材的存在。

由于专业对口类院校和出版机构教材的关联性较强,学生人数相对也较多,自然潜在量也就大一些,所以对于此类院校,我个人建议根据专业设置情况逐步予以全面配送样书。

另外配送样书时也要注意同一层次院校配送样书的区别。比如同样是本科院校,二本院校和三本院校的学生素质显然是不同的,同样是二本的院校,函授教育和学历教育的学生素质也是有所差别的,所以在给院校配送教材样书的时候一定要考虑上述问题,尽量做到推荐合适的教材样书给客户,这才是一个专业教材推广人员应有的素质。

(4) 适量原则。对于院校每一门课程,出版机构提供教材样本除了要考虑以上原则外,还应给老师适当的选择空间,因此对于每门课程,个人建议一般选择两个版本给院校;另外对于出版机构非常畅销的教材版本也可以额外提供一些,这样选用率会相对大一些。

以上是关于样书配送方面的几点原则建议,各推广人员可以在实际的工作中予以灵活掌握。

3. 三期跟踪

样书配发后的跟踪是教材推广的重要环节,跟踪的目的主要是提醒教师和自我调整样书结构,以便能做到最大限度的选用。该阶段包括样书到达院校后的早期跟踪、目标客户在选用教材时段的跟踪以及对选用结果的跟踪三个阶段。

(1) 样书到达院校后的早期跟踪,该阶段主要分为以下两个步骤:

第一,样书配送到位后的即时跟踪,主要是确认样书能够准确到达目标客户手中,并对此次配送样书结构、数量等予以确认,通过沟通以发现有无调整补充之需要。

第二,在首次跟踪后一周左右,进行第二次沟通,主要是了解目标客户对我方样书的评价。借以督促目标客户及时翻阅样书,为后期选择打好基础。该阶段可分几次进行,同时也可以有时间解决教师在阅读样书后出现的问题,确保最大限度地被选用。

(2) 目标客户选用教材时段的跟踪。该阶段是推广的重点阶段,通过适当次数的沟通,起到提醒和暗示教师的作用,从而影响客户尽量多地选我社教材。此时的沟通比较容易影响目标客户的选择。另外在沟通时一定要注意方式,不可太过直接,要注意沟通方式,委婉表达。

(3) 选用结果确认。经过多次的跟踪之后,院校客户最后会将用书计划报至各校的教材主管部门,该阶段的跟踪就是对院校教师上报用书计划之后的跟踪回访,在该阶段回访应该注意以下问题:

第一,在了解到选用我社推荐教材的情况后要详细做好记录,尤其是选用教材品种以及大体数量。

第二,根据院系老师选用教材的情况,了解我社该部分教材的库存情况等,如出现修订、加印不确定等状况时,要及时联系院系老师更换版本或者让客户耐心等待等。

第三，最后对院系老师表示感谢，并表达在订单报到我社后一定会及时处理，确保客户教学用书的意思。

三、2010年5月中下旬至8月底

本阶段是推广效果转化为销售结果的重要阶段，主要是通过院校订单的跟踪从而确保推广订单能够及时准确发货，并做好各院校的选用教材统计工作。本阶段主要包括以下几方面的工作：

（1）对于院校最终确认并通过经销商上报到我方的订单应迅速予以确认，有加印、缺货、改版等情况，尤其是缺货不加印，或者加印时间不确定等情况，除了要及时回告经销商外，也要及时和院校教师沟通，确保最终使用我方教材。

（2）对于没有问题的订单，如有必要，在回告经销商的同时一并告知院校教师订单处理顺利这一情况，并表达谢意。

（3）要对各院校的订单按院校做好汇总工作，以利于后期的院校推广工作效果评估。

（4）及时合理地处理好各院校的补订订单。

四、2010年8月底至9月底

本阶段秋季推广工作以及教材的供应工作基本结束，所以就剩下回访推广院校并兑现相关承诺两项工作。本阶段主要有以下几方面工作：

（1）对于选用教材院校表示感谢，包括口头感谢和其他相关早期承诺在该阶段的兑现（关于部分院校教材有承诺的情况，应在次年"春季"教材推广工作的中后期予以及时兑现）

（2）在可能情况下，和合作院校相关负责人深入探讨"春季"的教材推广工作，为"春季"推广工作打好基础。

（3）开始2011年"春季"的教材推广准备工作。

以上就是以2010年"秋季"教材推广工作为例，对于各个推广阶段的简单情况描述，其中主要是站在营销的角度上来谈院校的教材推广工作，希望对相关的从业人员能有所帮助！

普通读物类图书销售渠道浅析

杨 森

普通读物主要是指除了教材、教辅和相关专业书籍之外的可以供读者根据需要和爱好自主选择的图书产品。这些图书一般多为读者提供励志、生活、修养、休闲等方面的参考。

在过去,这类书主要是在新华书店销售,随着普通读物的出版品种的不断增多和发行渠道的日益丰富,尤其是在网络越来越发达的今天,普通读物的销售产生了很多新的渠道。

出版社必须拓展普通读物的销售渠道,原因有几个方面。

首先,图书品种在不断增多,出版周期和销售周期越来越短,我们不能再像以前一样,拼命地往新华书店或者其他零售书店堆货,想想看一年全国出新书二三十万种,有哪家书店可以放得下?只依靠老办法发货只能带来越来越高的退货率。

其次,现在一般读物的需求也越来越显示出多元化、小众化的趋势,不同的图书由于读者群的不同,而这部分读者群可能更倾向于某种消费习惯,这种消费习惯恰恰是传统销售渠道所不能或者不便于提供的。如果只依靠传统方式,我们可能就失去了相当一部分潜在的购买群体。

再者,现在互联网日益发达,网络销售的力量有目共睹,也派生出了许多网络销售方式,有直接的也有间接的。书作为一种适合网络展示的产品在销售上是可以有所作为的。

1. 传统的销售渠道主要是市场批发、书店零售渠道。虽然这些渠道正在被不断地分割,但依然是图书销售的主要通路,更需要我们不断地去维护,工作要做得更加仔细。

由于现在地面零售店销售的下滑,很多基层门店面对繁多的品种不知所措,工作积极性不高,这要求我们上游的出版社要对自己的产品负责,协助门店的工作人员把本社图书的工作做好。出版社业务员要成为书店的"营销策划师",实时策划一些针对性的营销活动,一方面增加与书店的互动机会,另一方面对出版社品牌是一种宣传;又要成为书店的"上架调度员",及时关注图书尤其是重点品种的上架,合理的上架带来的是销售的直接增长;还要成为书店的"库存监控员",随时关注书店库存的变动情况,避免出现畅销品种的断货和滞销品种的积压,提高图书销售周转率。这也直接关系到后期结款的难易程度。

2. 网络书店渠道经过了 10 年左右的发展,目前应该说网络销售的力量有目共睹。极高的点击率和顺畅的物流配送,以及诱人的折扣和货到付款的保证,吸引了越来越多的消费者。应该说网络书店是推荐重点品种最好的平台,一方面网络书店的信息发布面使其他的渠道只能望其项背,另一方面很多地面零售店也视网上书店的销售排行为风向标,现在的读物类图书,如果网络书店销售得好,地面店基本上都会摆在显著位置。

所以利用好网络书店的平台,带来的不仅仅是网络销售的增加,也是做了图书和出版社的宣传。

3. 超市销售渠道是随着大中型连锁超市的日益壮大而发展起来的。这一渠道已经是生活类图书、少儿类图书和其他畅销类图书销售的重要阵地,在地面书店数量越来越少的情况下,超市的图书卖场无疑做了有效的补充。

超市销售渠道有着动销速度快、促销活动易于操作、超市结款准时等优点。但是由于绝大部分超市都会对进场的书商收取比较高的进场费、管理费、促销费等名目繁多的费用,同时图书的破损率较高,这部分费用书商往往会转嫁到出版社头上,压低从出版社的进货折扣。所以对一般出版社来说,进入超市渠道销售的产品需要从图书类别和折扣方面考虑、核算清楚。

4. 便利店销售渠道,同超市渠道有类似的地方,网点较多、覆盖面广、营业时间长、读者覆盖率高。但由于陈列品种有限,同类品种少,可以说同便利店的合作是具有排他性的。

目前上海和广州便利店的书刊零售发展得较快,正是因为两地的便利店网点繁多,聚沙成塔显现了效果。例如 2010 年上海世博会的手册在便利店的销售相当可观。一般而言,进入便利店的图书不需要缴纳入场费。不过由于便利店退货率相对较高,结算周期长,这是出版社需要留意的。

5. 机场销售渠道,作为一种新兴渠道越来越受到出版社的重视。由于其针对的人群主要是商务、旅游等中高端人士,对图书的层次和类别有一定的要求。目前业内比较知名的机场图书服务商有文德广运、空港逸臣、蔚蓝时代、上海空港,中信出版社也成立了中信书店直接开展机场书店业务。

"只要能在机场漂漂亮亮地露一把脸,卖出多少本书并不是最重要的。面向高端客户的宣传展示作用,是非常重要的。"一位财经图书出版商直言不讳地说。但是机场寸土寸金,由于书店要缴纳巨额的进场费用,所以他们对于图书的选择非常苛刻,往往以高品质、高码洋的财经书为主,例如郎咸平的系列图书、《中国:大趋势·大博弈》(长江文艺出版社)、《五项管理实效工具书》(中国计划出版社)等,这是其销售利润的主要来源。同时会搭配高品质的低码洋文艺、生活类畅销书,以便形成吸引读者的整体格局。

6. 车站、服务区销售渠道,这个渠道比较低端,目前以民营书商的产品为主,发货折扣低,这个渠道目前出版社涉及还比较少,但如果有合适的产品也可以做一定的尝试。

7. 直销渠道是随着网络和宣传手段的发展兴起的。

(1) 积分兑换奖品。例如中国移动、中国电信、各大商业银行信用卡都有着庞大的会员群体,为了提供更多的增值服务,提高客户忠诚度,他们大多采用累计积分兑换礼品的服务。近年来出版物也越来越多地进入可兑换的礼品行列,不过目前主要是期刊杂志类出版物比较多,其连续出版的性质更便于操作和管理。图书产品也可以尝试进入这种渠道,参与这些大型企业的礼品招标,若能中标进入,图书的销量也十分可观。

上海旅行者文化传媒出版的一套《Discovery 旅游目的地指南》丛书曾参与上海移动全球通用户的积分兑换活动,总销量在 1 000 套左右,广西师范大学出版社出版的《晚清有个李鸿章》中标中国移动动感地带的积分兑换活动,销量也在 2 000 本以上。

(2) 网络团购。一般是参与团购网站的团购活动,以比较诱人的折扣或赠品吸引读者的注意,出版社则以库存产品或者品牌宣传为目的参与活动。

目前像淘宝网的"聚划算"栏目每期的图书团购销量都在数千册以上,美团网推出的《语文新课标分级阅读丛书》销量也在 2 000 多套。

团购网站的赢利模式大致分为两种:一种是图书提供方以一定折扣将书出售给团购网站,团购网站再将此价格抬高,利用差价获利。另一种则是按照协商好的分成比例,团购网站从售出图书的总收入中提成获利。

另外,目前也出现了专业的图书团购网站"图书团",但是团购的销量很大程度受制于团购网站本身的知名度,我们对专业图书团购网站的发展也有所期待。

(3) DM 直投。盈利模式同团购网有所类似,之前比较知名的 DM 直投公司有贝塔斯曼、卓越亚马逊、九久读书人等,但是近年来随着各种成本的不断上涨,DM 业务正不断缩减,贝塔斯曼甚至退出了中国图书市场。随着网络的发展 DM 直投的针对性越来越强,区域性也越来越强,这是一种适应市场的行为,像上海天翼图书公司针对大中型企事业会员单位的 DM 直投、上海"一城网"针对上海地区大中型企业的 DM 直投有着不错的销售反馈,也是我们出版社进行图书销售、宣传的方式之一。

总体来说,在现在的市场环境下,传统销售渠道的工作要越做越细。同时要关注新的销售渠道和销售方式,为出版社的图书寻找更多的面对读者的机会,寻找更多的图书销售增长点。

图书馆馆配业务现状及出版社的应对策略

郭 光

一、图书馆馆配市场的现状分析

目前,我国年图书总销售码洋为500亿元左右,其中图书馆馆配占总销售码洋的1/10,约为50亿元。各大出版社在完成了对教材、零售市场的布局后,逐渐把视线转移到馆配业务中去,力求使馆配销售的增长成为当年销售的"增量"部分。另外,江苏凤凰新华发行有限公司、浙江省新华书店等主渠道加入对馆配市场的争夺,以及在极短的时间内就能形成销售的诱惑,使得馆配业务越来越引起行业的重视。

图书馆馆配业务的火爆来源于市场需求量的大幅增长,具体分析主要有以下三个原因。

1. 大中专院校图书馆需求的大幅增长

我国从1999年开始了高等院校的扩招工作,在校学生人数呈现大幅的上升势头。教育部为保证教育质量,于2003年颁布《普通高等学校图书馆评估指标》,明确规定在校生人均文献拥有量为100册。各高等院校为迎接评估,对图书馆也加大了资金投入的力度。

部分高校为了在短期内完成对馆配图书册数的要求,委托馆配商突击采购图书,甚至出现"品种不足复本凑"的现象,即在品种数较少的前提下,为完成馆存册数,采取增加单品种复本数的方法。据了解,上海某院校为完成评估要求,单品种的人物传记采购复本量达到30册之多。

2. 公共图书馆需求的大幅增长

随着国民经济水平的进一步发展,国家对国民的文化素质也逐渐重视起来。我国的公共图书馆肩负着为科学研究和为大众服务的双重任务,在此大背景下也快速发展起来,公共图书馆也成为馆配市场采购的一支势头强劲的主力军。2010年,江苏凤凰新华发行有限公司举办的秋季图书馆配会上,来自天津图书馆的工作人员带来的任务让全会场的出版社为之欢欣鼓舞:不论版别,每个品种图书采购复本5本,表现相当给力。

3. 政府主导的农家书屋工程的需求量从无到有,发展迅猛

农家书屋是为满足农民文化需要,在行政村建立的、农民自己管理的、能提供农民实用的书报期刊和音像电子产品阅读视听条件的公益性文化服务设施。每一个农家书屋原则上可供借阅的实用图书不少于1 000册。作为馆配业务的另一种形式,为数众多的行政村为图书市场的繁荣注入了一剂强心针。

二、图书馆馆配业务发展的趋势以及存在的问题分析

1. 市场需求的萎缩

随着大部分高等院校教学评估的完成,校方对图书馆馆配的需求也大为下降。具体经历了以下几个转变:首先,馆配采购方法上从以册数为主导向专业对口质量优先的转变;其次,采购主体从图书馆工作人员向教学系部一线教师的转变;再次,馆配采购总码洋呈不升反降的趋势。

2. 市场形势的转变,使得馆配经销商资金链渐趋紧张

学校为应对大规模的基础设施建设,有意推迟付款,经销商原来从出版社处获得的账期优势被学校的拖款渐渐抵消,甚至出现了经销商代学校垫付货款的极端现象,直接导致出版社的货款面临到期无法收取的困境。

3. 馆配经销商间竞争的加剧

在经历了高等院校教学评估和高校图书馆趋于饱和之后,大多数馆配经销商都陷入了"吃不饱"的窘境,为争夺有限的市场,各馆配商之间连连"斗法",所使用的武器无非是降低折扣和提高服务水平。互相降低供货折扣,长此以往带来的最大危害莫过于收益的减少;提高服务水平则包括为图书馆做MARC数据、贴磁条等耗费人工的作业,大大提高了经销商的运营成本。不少小型的图书馆配商只好无奈选择关门。

4. 馆配商开始向上游的出版渠道发展,开发选题,向出版领域要效益

以某大型馆配商为例,利用自己的销售渠道,陆续同上海两家大学出版社合作,出版了高码洋成套系适合馆配的图书,销售状况良好。馆配经销商之间在竞争的同时,互通有无,合作的深度和广度大大增加。

三、出版社应对馆配市场变化的策略

1. 出版社应该从态度上正视当下图书馆馆配市场系统性萎缩的现状,采取适当的选题策划和定价策略

出版社如想保住馆配图书的销售数量和码洋,最好的方法就是利用这段时间加强自身的修养,练好内功。在图书的策划和选题上多下工夫,在自身专业的基础上多出适合馆配类的图书。具体的要求是图书选题新颖,通俗易懂,实用性强。另外,产品定价也非常重要,不宜过低,通俗读物每印张可以定到 2 元;专著类视装帧程度可适度提高定价。过低的定价策略容易让馆配商觉得无利可图,放弃向图书馆推介。适当提高定价还有一个重要的优势就是增强出版社和馆配经销商之间的议价能力。

2. 严谨的销售回款政策是出版社抵御风险的最好工具

目前,相当一部分馆配经销商资金链处于紧张的状态,一旦学校方面延迟付款,馆配经销商就要面对无法及时给出版社回款的尴尬,因此,在馆配市场整体不景气的情况下,应该抓紧对货款的回收工作。具体应采取的办法是降低发货限额,坚守约定账期不放松,用返点的形式激励经销商回款等,最大可能减少坏账风险。

3. 一手抓服务,一手抓对不良经销商的监管

为给馆配经销商降低成本,出版社业务员应该根据本社的产品情况,给予指导性的主发建议,这样做有两个好处:经销商可以以更低的折扣采购适合馆配的图书,且节省人力物力;出版社可以有的放矢推荐产品,扩大销售。另外,出版社为方便经销商对数据的要求,准备好电子、纸质书目以及 MARC 数据。

对于不遵守游戏规则、利用出版社给予的优惠折扣恶意打价格战的经销商,出版社应当提高警惕性,因为奉行低折扣的馆配净销售最终会因为自己的短视无利可图而关门,更严重的后果是连累整个馆配业务混乱无序,导致出版社最终货款两失,这是全行业的大忌,发现此类情况,出版社应当联手予以打击,不能手软。

4. 出版社应当抓住机遇,迎接新形势下的挑战

近年来,出版社的数量不曾有大的变化,但是民营出版商利用国家对出版政策的逐步放开如雨后春笋般地大量涌现出来。保守估计,市场上50%以上的畅销图书为民营图书公司策划的选题。以立信会计出版社为例,近年来,同几家民营出版公司合作共同开发的畅销图书获得了市场的认可,取得了不错的经济收益。同样,民营书商也开始在馆配业务上布局。出版社应当发挥自身的专业优势,在条件允许的情况下,早做布局,与民营公司开展合作。

浅谈教材推广中的选题策划

李 帅

随着连续多年扩招政策的实行,我国普通高等教育已经取得了非常大的发展,根据中国高等教育发展计划最新统计的国内在校大学生数量是2 960万人,并以每年1.3%～1.6%速度扩招,估计2020年入学率能达到40%,高等教育在校学生能达到5 000万人。这个数字是相当可观的,以此推算,普通高等学校的教材市场之庞大是不言而喻的。在认识到这一点之后,越来越多的出版社都纷纷重视起教材出版。以前在做大学教材的出版社,加大了力度、拓宽了思维、丰富了形式,希望在大学教材这个庞大的市场中能够站稳脚跟;以前没有涉足这块市场的出版社也纷纷成立各种事业部、编辑部或者是教育分社等部门,试图在这块被公认为大蛋糕的市场中能够分一杯羹。

充分、有力的市场竞争始终能够推动服务质量的进步,教材市场也不例外。目前众多出版社都涉足教材开发、抢占作者资源,市场竞争越来越激烈。在买方市场中,巨大的竞争压力促使出版社逐步提升服务质量、改善服务态度。越来越多的出版社专注于校园推广活动,不仅有专门的推广队伍,还有一整套为教材推广而服务的资源乃至制度。

随着在院校推广中投入的人力、物力、财力越来越大和推广工作的逐步深入和加强,在教材推广中难免会碰到一些教材选题方面的机会。而且随着营销力量的加强、营销工作的深入,还会再有更多的选题逐步落实下来,市场推广人员将会更多地面对选题策划方面的挑战。

或许会有人问,选题策划是编辑们做的事情,营销人员为什么还要做呢?这是因为营销人员在教材推广中接触的就是老师,就是教材作者的来源人群,在跟他们推广教材的过程中,只是随便问一些关于选题策划方面的问题,或许就能有所斩获,所以营销人员往往能更加及时、便利地了解到选题方面的信息。另外,营销人员基本上都是按照区域来开展工作的,某一地区的相关院校都是营销人员的推广对象,从宏观上来说,营销人员在一定程度上能比编辑了解到更多的选题信息。

另外,从出版社的角度考虑,我们也应该重视教材推广中的选题策划。

1. 我们不做别人做,不做白不做

对于业已形成的选题,老师或者图书经销商已经有了非常明确的出版意向,他们关注的是在哪家出版社出版、能够拿到多少稿费或者折扣。我们拿不下这个选题,就会被别家出版社拿下。那样我们不仅直接损失了这个选题所带来的利润,而且同时也间接地减少了市场份额,增加了我们同类产品打入该学校的难度。所以在这样的情况下,我觉得只要有利润,哪怕是微利,见到一个选题,就必须得拿下一个选题,不做白不做。当然,我们必须得严把质量关,保证选题质量、书稿质量,这是我们必须坚守的原则和不可逾越的底线。

2. 拿下一个选题,打开一所学校

由于我们的教材推广起步相对晚了一些,很多重点院校都已经和别家出版社合作,这个时候我们再想插足进去就比较难,有的比较牛的院校根本就不理会我们,你去拜访,人家把你拒之门外;你要送样书,人家说不需要。这个时候就有点进退两难的尴尬,是需要一些契机来敲门的。

这时候拿下一个选题,就打开了一所学校的大门。拿本科层次的《审计学》选题来说,该选题出自兰州商学院。兰州商学院是兰州地区举足轻重的财经类院校,现有在校学生2万多名,是甘、青、宁三省(区)唯一一所财经类高等院校。如果拿下这个学校,那么我们在整个兰州地区的教材推广就意义非凡。最初在这所学校的推广活动阻力很大,老师很不配合,后来通过一次机会在以相对优惠的条件拿下这个选题之后,教材推广非常顺利。

在教材推广中的选题策划,做好了,那么会大幅度提升与老师、与学校的亲密度,这种亲密度在教材推广中的作用是举足轻重的。换句话说,选题策划是教材推广的一种润滑剂和催化剂。

3. 成功的选题策划,是教材推广中事半功倍的硕果

但凡一个教材的选题策划成功,在该院校就有可观的使用量,如果在别的院校再做一些有针对性的推广活动,那么数量更加可观,这还不算由此选题所带来的其他品种的附带推广数量。如果是靠单纯的推广,在一所院校能拿下大量的教材订单是很需要花工夫的,所花的各种成本只会比策划选题更多。可见,成功

的选题策划,是教材推广的一种捷径。

那么在了解到教材推广中选题策划的重要性和必然性之后,拿到了相关选题信息,我们营销人员该如何操作呢?除了最直接地交给专业编辑去组织和处理之外,非专业编辑出身的营销人员在实际操作过程中应该牢牢把握以下几点:

(1) 老师或者经销商提供一个选题的时候,难免都要谈到稿费、发货折扣等经济问题。在这方面,每个营销人员都应该清楚把握出版社的相关政策,比如大部分出版社在该地区的版税、自己出版社大体的版税政策、跟经销商合作出版选题的模式和折扣等问题。兵法曰:"知己知彼,百战不殆。"要是等到老师或者经销商主动询问这方面的情况时,一问三摇头的反应会容易让客户对营销人员甚至是营销人员所代表的出版社失去信任,这对于教材推广和深层次的教材营销活动是致命的打击。

(2) 拿下一个选题之后,一定要清楚、全面地了解客户需求。比如在封面、版式、用纸、定价、出版日期等各个方面的要求。在能够维护出版社利益的前提下,最大限度地去满足客户需求。在激烈的市场竞争中,出版社跟出版社、出版社跟民营图书公司的竞争已经细致到服务质量层面上,所以尽心尽力为教学活动做好服务工作是我们赢得教师信任、赢得书商支持并最终赢得市场的有力砝码。

(3) 深刻了解出版社的出版流程以及在编辑、校对、印制等各方面的情况,及时有效地协调好选题出版工作,争取保质保量、按照约定时间将教材出版。拿到选题之后的工作都不是由营销部门来完成,所以一定要把握好出版社的内部运作机制,跟各部门的人建立合理、有效的沟通协作。

(4) 做好收尾工作,完成最后一道最重要的工序。稿费,这是对作者伏案写作、笔耕不辍而付出心血之后的肯定和回馈,所以一定要及时、妥当地处理好稿费问题,让作者感受到出版社的诚意和诚信,这也是保证作者对出版社信心的一种有效途径。

总的来说,为了做出精品教材,为了给教学提供全面、到位、高质量的服务,为高等教育事业的发展作出贡献是我们高校出版社的责任和义务,而教材推广中的选题策划正是我们履行这些责任的重要途径。教材推广中的选题策划会越来越多地出现,从社里的政策到服务,从营销人员的重视态度到策划能力,我们必须得做好各种准备,以最佳的状态来迎接这方面的挑战。

出版社价格战的原因及对策

余 榕

一、出版业价格战爆发的原因

出版业的价格战是指出版社通过降低图书市场价格,在市场上销售图书,打击和排挤竞争对手,扩大图书销路,巩固和提高市场占有率的行为。究其爆发原因,可分为内外两种。

(一)内部原因

从出版社的角度看,图书竞争的同质化是构成价格战的基础。

首先,表现为图书读者定位基本趋同。我国的大多数出版社由于受多年来形成的出版资源和思维惯性的限制,还没有形成自己的鲜明特色和风格,它们在出版思维上趋同,对图书读者定位趋同,对图书读者群体缺乏市场细分,为了迎合大多数读者的口味,出版社在选题上缺乏创新,图书出版跟风、借势、炒作现象严重,对出版资源的开发和利用差别不大,出版社之间同质化竞争现象严重,难以形成相对垄断优势。

其次,表现为图书内容重复或类似。真正有创意、有价值的新书和原创图书不多。具体表现为相同或类似图书品种大量重复出版,选题互相跟风抄袭。例如,一本火遍全国的养生书《不生病的智慧》后面跟着一大串的《不生病的生活方式》、《不生病的吃法》、《不生病的活法》、《不生病的纪律》、《不生病之真法》;一本热销育儿书《好妈妈胜过好老师》带火了一帮《好爸爸胜过好老师》、《好父母胜过好老师》、《好家庭胜过好学校》等;一本《水煮三国》招来一片跟风的《水煮西游》、

《水煮楚汉风流》、《孙悟空是个好员工》等。这些书在某一时期,成为畅销书,但由于大量同类图书的跟进,市场很快饱和,造成大量图书积压,打折出售。出版跟风、借势导致出现大量特价书(10折至25折不等),有些甚至从出版社直接运往废品收购站或造纸厂,也导致出版创新能力降低。

图书读者定位趋同、内容重复等所导致的相互之间较高的同质性,使得同类图书相互之间的替代性提高,最终构成了我国出版社之间价格战前仆后继、此起彼伏的重要原因。

(二)外部原因

目前,我国出版业频繁爆发价格战,这绝不是一种偶然现象,而是由我国当前的宏观经济环境所决定的,有其发生的历史必然性。长久以来,我国出版业在政策和体制的保护和扶持下,处于垄断经营地位,不能通过市场调节引导图书定价,图书价格偏离价值,定价偏高,出版业因此维持着高于其他产业的垄断利润。企业的行为都是追求利益最大化,在当前买方市场的情况下,出版社之间竞争激烈,提高市场占有率成为出版社在激烈竞争中生存和发展的必要条件,而降价被视为是抢占市场最有效和最灵验的手段,于是众多出版社不惜一次次地举起降价大旗。迫于竞争的压力,一家出版社降价就会引发多米诺骨牌效应,其他出版社不得不纷纷跟进,这样,价格战就不可避免地爆发了。由此,出版业逐渐由暴利时代走向微利时代,高价获利已不合时宜,降价成为必然。

而且,随着近几年网络书店(如当当、卓越、亚马逊等)的迅速兴起,其占据的销售份额已超过国内图书零售市场的10%。网络销售越来越被众多的年轻读者特别是白领阶层所接受(足不出户就可以买到打折的图书),网络书店也越开越多,网上图书也越卖越火,竞争也随之加剧,每家网店都设比价员,同一本书,其价格绝对不能高于同行;否则,读者对比之后就会选择价位更低的那家。因此,网络书店为了维持自己的正常运转及利润率,就会想尽办法把这部分损失从出版社身上补回来,于是每年都在和出版社商量压低进货折扣或者销售返点,出版社最终成了价格战最大的买单者和受害者。

还有,就是书商在教材和图书馆馆配的招标中为了成功竞标,不计成本地竞价、让利、降扣给学校教材科和图书馆;此外,为了吸引老师来选书,也会按其用量支付一定的用书费用。这些成本虽然表面看是由书商来承担的,但其最终也会转嫁到出版社身上,使出版社的利益受损。更有甚者,一些集体、个体书店的老板,一些文化公司、工作室等,不满足于图书零售或二渠道(全国各地的民营批发商)的销售利润,通过合作出版的手段介入出版业。这些民营书业采取市场化运作,机制灵活、成本低廉、工作效率高、市场反应灵敏,而参照出版社的价格采取高定价、低折扣销售,导致发行量大增,获得较高收益,而且其发行不仅仅限于二渠道,实力强的书商主渠道(新华书店系统)也能发得进,铺货全面(几乎细分到店),因而相同或相似类别的图书,其价格和出版社相比就有很强的竞争力。而出版社所主发的新华书店系统营销手段比较僵化,一般是不打折的,只对少量图书作季节性打折销售,或只针对某些群体让利。图书市场存在的这种"双重价格"现象,使出版社和新华书店流失了很多读者,想要获得与民营书商同等的竞争机会,就必然得降低价格和民营书商开展竞争,加入价格战的硝烟中来。

此外,由于市场的低迷、网络书店的竞争,以及部分实体书店自身体制方面的原因,一些实体书店的经营面临更加严峻的形势,销售下降,现金流受到很大的影响。于是很多实体书店被迫打折、让利,搞各种各样的促销活动。虽然其成本多数是由书店和出版社共同承担的,但首当其冲是损害出版社利益,因为出版社处在出版产业链的最前端,而最终影响的还是整个中国图书出版业这样一个原本就非常脆弱的产业链条。据业内人士统计,全国图书出版业由于价格战的影响,每年要损失的码洋接近15亿元。

二、出版业价格战的作用

价格战作为一种市场竞争手段,是一把"双刃剑",既有积极的作用,又有消极的作用。

(一) 积极作用

价格战的积极作用主要表现为:第一,可促使出版社加强管理,改进技术,进一步提高其市场竞争力。价格战直接表现为图书价格的争斗,背后则是出版社之间通过管理的创新、技术的提高来降低企业生产成本的竞争。最先发动价格战的总是那些具有成本领先优势的大型出版社或出版集团,它追求全行业最低的总成本,力求以成本上的领先地位来取得在出版行业的领导权,因此价格竞争的实质就是成本竞争。要取得价格优势就需要在规模经济、生产自动化、原材料的优惠待遇、低成本设计、低管理费用、廉价的劳动力、一流的管理水平上孜孜以求,这必然会促使出版社加强管理,改进技术。第二,可促进产业结构的调整。目前,国内出版业"大而全、小而全、重复建设"的问题相当严重,既造成产业结构不合理,又浪费了大量资源。通过价格战,可淘汰部分不符合市场需求的小出版社,促使出版社进行重组,形成较为合理的产业结构。第三,可推动产业规模的扩大。读者的支付能力是有限的,若某种图书价格过高,就会阻止人们对它的购买,若把价格降到读者可以承受的限度之内,就可带来产业规模的迅速扩大,把市场蛋糕做大,出版社与读者实现双赢。第四,可遏制假冒伪劣产品的泛滥。我国的图书市场,盗版猖獗,虽原因很多,但正版图书价格过高无疑是重要原因之一。很多读者明明知道是盗版图书,质量不及正版,但因其价格便宜,性价比高,还是愿意购买。若正版图书的价格大大降低,接近盗版图书,性价比超过盗版图书,就会把盗版图书之类的假冒伪劣产品排挤出市场。第五,会使读者受益。价格战使图书价格大幅度降低,用同样的钱可以买到更多的图书,读者当然受益良多。

(二)消极作用

当然,价格战的消极作用也是很明显的,这主要表现为:第一,会造成出版业利润下降,行业效益滑坡,甚至造成大批出版社倒闭及全行业亏损。第二,出版社为弥补降价造成的损失,很容易以偷工减料等方式来降低成本,这必然会造成图书质量的下降,损害出版社自身的信誉。第三,出版社为应付价格战,往往会采取一些不正当的手段进行恶性竞争,从而扰乱市场秩序。

总的来说,适当的、良性的价格战利大于弊,而过度的、恶性的价格战则弊大于利。

三、出版社应对价格战的策略

面对图书价格战所引致的出版业的无序状态,以及由此而带来的出版社微利甚至亏损的局面,出版社应如何应对呢?本文拟从质量、品牌、服务和营销等方面来分析出版社应对价格战的策略。

(一)保证质量

出版社的竞争首先表现为其产品——图书的竞争,内容为王,质量取胜。只有高质量的图书才能在市场中立足,得到目标读者的认同,才能让读者淡化价格因素对其购买决策的影响。因此,出版高质量的图书是出版社工作的重中之重。出版社可以在图书出版的各个环节,如选题策划、编校加工、整体设计、印刷装订等,来加强把关意识,保证图书质量。

首先,在选题策划阶段,应注重对于选题的开发、调研和论证。选题是出版社的生命之源,选题质量的优劣,直接影响图书质量,也影响出版社的整体出版水平。为此,出版社应坚持以市场为导向,加强选题开发。在策划选题时,要注意广泛收集、积累、研究与本社出书范围有关的信息,注意加强与有关学术、科研、教学、创作等部门和专家、学者的联系,倾听他们的意见,提高策划水平。例如,在开拓读物类稿源时,要做好先期市场调研,了解当前的社会、经济、生活中的热点问题,了解什么是读者最关心的、最切身的需求,了解市场缺什么类型的书或何种类型的书受读者欢迎,了解各个行业领域最前沿的领域等;在做教材类选题时,了解国家课改的最新进展和专业目录、课程设置,做好教材出版的整体规划,加强教材的广度和深度开发,细分市场(如研究生、本科、高职、中职、成教等),扩大产品线,打造精品教材的同时,还应充分利用网络提供辅导培训、课件下载、题库资源等,提升教材的附加价值。向作者组稿时,应考虑其专业功底、实务经验和文笔等。此外,出版社还应坚持选题论证制度,对选题进行多方面的考察,既要从微观上论证选题的可行性,又要从宏观上考虑各类选题的合理结构,力争做到"两个效益"的最佳结合,使选题论证结果符合质量第一的原则,符合控制总量、优化结构、提高质量、增进效益的总体要求,以达到监控选题的质量、在源头上保证图书质量的目的。

其次,在编校加工阶段,要严格执行三审三校制。三审三校制对书稿的各个审级和校次都规定了具体的责任人,在程序上交叉互补、递进制约,可以实现对书稿客观、公正评价,避免由于编辑人员知识不足和工作疏忽造成的失误,有助于对书稿质量的严格把关。出版社应建立、健全编辑机构和内部管理制度,进一步完善和规范稿件的编发审核制度,严格执行稿件"三审制度",切实做好稿件的初审、复审和终审工作。对全部稿件都要有专职校对人员负责进行校对,消灭书稿中一切可能存在的错误。校对人员需对校对质量负责。校对应不低于三个校次,重要的文章或内容应增加校次。在此阶段中,始终要注意政治性和政策性问题,同时切实检查稿件的科学性、艺术性和知识性问题,保证书稿质量。

再次,在整体设计阶段,应坚持责任设计编辑制度和设计方案三级审核制度。图书的整体设计包括图书外部装帧设计和内文版式设计。设计质量是图书整体质量的重要组成部分。提高图书的整体设计质量,是提高图书质量的重要方面。

最后,在印刷装订阶段,应坚持印刷质量标准和《委托书》制度。出版社印制图书必须到有"书报刊印刷许可证"的印装厂印制。印装厂承接图书印制业务时,必须查验出版社开具的全国统一的由新闻出版署监制的《委托书》;否则,不得承印。印制时必须严格按照国家技术监督部门和出版行政部门制定的有关书刊印刷标准和书刊印刷产品质量监督管理规定执行。为使图书印装质量达到要求,其一应选择定点印刷厂并对其进行认真考察,针对不同印制质量要求选择不同的印刷企业;其二应督导印制过程;其三应加强社厂沟通。出版社只有与印刷厂双管齐下,严把质量关,才能保证和提高图书的印装质量。

因此,出版社与其在价格上竞争,不如静下心来,苦练内功,在技术和管理上狠下工夫,在出版的各个环节上严格把关,坚决把图书质量搞上去。

(二) 强化品牌

当前,出版社面临着市场化生存的巨大压力。在竞争激烈、优胜劣汰的市场环境下,只有强化品牌,营造竞争优势,才是出版社生存、发展的必由之路。品牌建设的唯一途径就是坚持"内容为王",一切为读者服务。这样才能在价格战中体现图书的价值,使读者认准出版社的固有品牌。《中国图书商报》所做的"书业人士阅读调查"显示,业内人士在选择同类图书时,倾向于"选择国内品牌出版社的书"的比例超过半数,达到56.18%。可见"品牌"的概念已逐渐深入人心。立足品牌,打造精品,使图书的价格与其内在价值等价,从而推动品牌的建设和稳固,已是出版社参与激烈市场竞争的重要战略。品牌不仅会带来附加值,也会形成竞争对手难以逾越的屏障,靠成功的品牌战略才能建立和保障出版社的市场领先地位。如商务印书馆的《新华字典》、春风文艺出版社的"布老虎丛书"、人民文学出版社的"世界文学名著文库"、接力出版社的"淘气包马小跳"系列、广西师范大学出版社的"百家讲坛"系列等,其他出版社很难在相同或类似的方面超越。此外,出版社还可实行多品牌策略,这也是打击对手、保护自己的有力武器。多品牌的频频出击,一方面,使出版社在读者心目中树立起实力雄厚的形象;另一方面,可以从功能、价格和包装等各方面划分出多个市场,满足不同层次、不同需要的各类读者的需求,从而培养读者对本出版社的某个品牌偏好,提高其忠诚度。

(三) 加强服务

当前,出版业价格战硝烟弥漫,使得参战的出版社两败俱伤,有的出版社费心劳神地扩大规模、增加销量,但利润却不升反降。与其如此,不如抛弃价格战,打服务战,以完善服务求发展,赢得读者的喜爱、购买和对品牌的忠诚度。出版社可以通过完善售前、售中、售后服务,延长服务链等展开服务竞争。例如,售前可以为读者提供咨询和预订服务;售中可以举办知名作者与读者见面会、签售会、联谊会等,满足读者的不同需求;售后可以提供免费答疑服务、赠送附加产品(如光盘、习题库、课件、网上辅导等),允诺购书读者加入会员俱乐部或是会员沙龙,定期聚会交流,享受图书阅读定制服务或书架定制服务,形成固有的读书交友圈子等。这些服务比直接降价更灵活且不易受到对手的反击,更能赢得读者的喜爱和购买。

(四)加强营销

出版社应在营销模式上进行创新,加强渠道建设。例如,可以对市场上不同顾客的价格敏感度加以评估和区分,开发出适合不同细分市场的图书;可以适时召开图书市场营销分析会,及时、准确地分析市场和反馈读者意见,讨论可行的解决方案;举办各种新书发布会、推介会、作者见面会、展台秀、小型报告和研讨会、客户答谢会等活动,吸引经销商和媒体对产品的关注,同时吸引人气,树立出版社的品牌形象;可以通过电视、报刊、杂志等媒体和网络加大对产品和作者的宣传,并展开讨论,吸引读者的眼球和购买兴趣;可以通过电话营销、会议营销、系统营销等方式,来和潜在客户沟通、协调,最终促成销售;在加大营销力度,做到重点书整体营销、常销书保证跟进的同时,进一步加强营销队伍建设,培养一支既具有先进的营销理念,又对市场环境有客观的理解和对读者有准确的把握,还具备出版营销的实际操作能力和新技术应用能力的复合型营销人才;通过合资、合作、参股、控股、收购、兼并、上市等方式,充分利用外部的资金与技术,发挥出版社在选题上的资源优势,实现经营多元化,为组建跨地区、跨所有制的大型出版集团构建成为坚实的发展平台。

参考文献

[1] 佚名. 如何解决书业产业链的价格战危机[N]. 出版商务周报,2010-6-4.

[2] 新闻出版总署. 图书质量保障体系. 1997-6-26.

[3] 佚名. 书业人士反对图书价格战[N]. 新京报,2006-8-5.

[4] 杨西京. 价格战危及书业产业链[N]. 出版商务周报,2009-11-25.

(本文发表于《生产力研究》2010年第8期)

"抢滩"考试类图书市场

张 蕾

在如今就业难、生存压力大的社会环境下,各种考试应运而生,于是考试类图书受到众多读者的追捧和出版商的青睐,随之而来的考试辅导书犹如雨后春笋,势如破竹,形成了图书市场上不可小觑的一股力量。

一、特点及问题

通过对近年我国考试类图书市场的调查,总结考试类图书市场特点及问题如下。

1. 市场广阔,但读者群分散

以注册会计师考试为例,2007 年注册会计师全国统一考试共有 57 万人报名,48 万余人次参加了考试。目前,中国注册会计师协会约有 14 万会员,如果使会计师占总人口的比例达到英国的水平,这个数字应该是 530 万人。巨大的市场需求对于会计从业者具有巨大的驱动力,从而使会计辅导产业市场迅速发展壮大。

当前最热门的资格考试、认证考试的考试人群范围极广,不仅有高校学生,也有财经工作者,还有企业管理者、财经爱好者等。考试类图书涉及范围广,读者群分散。

2. 周期性强,且时有变化

考试一般以一年或半年为一个周期,定期举办。如注册会计师考试每年举办一次,一般是在 9 月中下旬考试;会计从业资格考试一般 1 年考两次,具体报名时间及考试时间由各省确定;会计职称考试通常每年举行一次考试,每年的 10～12 月报名,次年 5 月考试。注册税务师考试一年考一次,一般是每年 12 月报名,次年6月考试。

各种考试的大纲一般都会随国家法律、法规及社会发展而修订,考试模式及认证方法也会随着社会需求而变化。因此,考试辅导教材需每年根据考试情况作出更新,对图书的出版提出了更高的要求。

3. 选题集中,图书质量参差不齐

目前,市面上的考试类图书选题主要集中在"考试辅导教材"、"模拟试题"、"历年试题分析"、"冲刺预测卷"等类别。各出版社、培训机构都不愿放弃考试用书中隐藏的经济利益,因此纷纷抓住考生的心理弱点和需求,推出各自的"宝典"、"编委会推荐"图书,这些书往往编者不详、作者不明,质量缺少保证,也不具权威性。

4. 权威崇拜突出,品牌垄断严重

通过对图书市场的分析发现,近年来市场份额较大且销售稳定的热销图书高度集中在个别品牌。这些图书大都是由培训学校骨干教师或考试命题组成员编著。这些品牌经过多年的市场洗礼往往有着强大的服务支持,如光盘、网校、电话等,这些多样化的读者服务在给读者提供便利的同时,也牢牢捍卫了其图书的垄断地位。

二、立信"抢滩"考试类图书市场

2009年,立信会计出版社全面进军考试类图书市场,并取得了可喜成绩。在过去3年中,考试类图书全面开花,品种涉及会计职称考试、会计从业资格考试、证券从业人员资格考试、银行从业人员资格考试、期货从业人员资格考试、全国注册资产评估师考试、全国注册税务师考试、全国审计专业技术资格考试、全国企业法律顾问执业资格考试、全国统计专业技术资格考试、公务员考试、报检员考试和报关员考试等13个大类百余个品种。证券从业资格考试系列图书更是在推出首年就获得了全行业优秀畅销书大奖。

目前,立信的考试类图书选题主要集中在"考试辅导教材"、"模拟试题"、"历年试题分析"、"冲刺预测卷"等。考试类图书品种增速显著,已有考试品种的完善充实工作也取得了很好的成绩。

三、展望未来

根据目前考试类图书市场的状况,立信将在未来3年里努力按以下步骤逐步深入开发市场,加大考试类图书市场占有率和覆盖面。

1. 开发权威作者队伍

立信在会计界有着良好的品牌优势。今后将依托在业界的良好关系,积极与专业培训机构联系,与其建立长期合作关系,并结合出版社现有教师资源,组织一批从事资格考试教学的教师,总结重点、难点和考点,有针对性地编写辅导用书。

2. 提高图书质量

立信图书一直致力于服务读者。在未来的图书策划中,将更进一步强化这一理念,在内容的准确性、编写体例的灵活性和服务的多样性等方面实现进步。

3. 开发新选题

立信还将进一步充实、完善已涉足的考试类图书,并进一步加大考试覆盖面。在确保会计类考试权威地位的基础上,开发财经相关考试图书选题,如注册会计师考试、金融理财师考试、精算师资格考试、国际注册内部审计师(CIA)考试、经济专业技术资格考试、国际商务师资格考试、统计专业初(中)级资格考试、单证员考试、物流师职业资格考试等。

企业与管理

论出版社的企业文化建设

洪梅春

企业文化是企业发展的灵魂,出版社的企业文化是出版社发展壮大的内在动力。有人认为,企业文化是虚幻的、捉摸不定的;或认为企业文化是实力强大的大型企业才有的、是做出来给人看的。其实,任何企业都存在企业文化,只不过有的企业文化非常容易被外部的人所察觉,而有的企业文化不那么容易被人感觉。就出版社而言,其企业文化有"显形的"与"隐形的"两个方面。显形的企业文化体现在基础设施、机构设置和制度建设方面,是企业文化较浅层的部分;隐形的企业文化则包含在员工的思想观念、价值取向、团队意识、行为规范和工作氛围之中,是企业文化的精髓所在。

一、显形的企业文化

出版社显形的企业文化可以从三个方面体现出来,并较容易被外部的人所察觉。

首先是基础设施方面,如办公场所的外观是否醒目,出版社的标志是否容易辨认,各部门的位置是否指示清楚,办公场所是否明亮,办公环境是否整洁,办公设施是否现代化等。

其次是机构设置方面,如各部门的分工是否明确,机构设置是否有利于业务活动的开展,办事的效率是否较高,信息的传递是否顺畅等。

再次是制度建设方面,如出版流程中各环节的管理制度是否健全,各项管理制度是否体现人性化管理的特点,责权是否明确对等,人事制度是否体现人尽其才,干部是否能上能下,分配制度是否体现多劳多得、优劳优酬,奖惩制度是否有利于奖勤罚懒，是否能调动员工的积极性、能动性和工作热情。

出版社显形企业文化的三个方面是相互联系、相互影响的，基础设施好、机构设置合理、制度建设完善的出版社，员工的精神面貌一般也比较好，工作积极性和工作质量也比较高，那么，这个出版社的运行就能达到高效；反之，出版社的生存和发展将会步履艰难，最终免不了遭受市场淘汰的厄运。尤其是出版社的制度建设，对出版社图书质量的提高、出版社社会形象的树立，以及作者队伍和读者群体的形成、稳定和发展，都会产生直接的影响。制度是出版社经营管理理念和价值观的体现和外化，制度在规范员工行为的同时，还应具有激励和调动员工智慧的功能。如果制度仅仅是为了"管住"员工的行为，那么这种制度只会束缚员工的手脚，并直接影响出版社良好企业文化的形成，导致工作氛围的凝重、员工思想观念的陈旧，以及隐形企业文化的呆滞，最终阻碍出版社的发展。

二、隐形企业文化

出版社隐形企业文化的概念非常广泛，包括价值观念、工作态度、人际关系、领导作风、员工素质、出版社的社会形象等众多方面。出版社企业文化的核心应该是培育和创造一种符合出版社实际、催人向上、开拓创新、勇往直前的企业精神。这种精神具有鲜明的个性和特点，就像一个人一样，其外貌和性格、外表和内涵是趋向一致和统一的。出版社企业文化反映出版社的内部经营管理关系，成为大多数员工在感受、认识、思考和处理问题时所共同采取的基本原则和方式，是出版社特有的价值观、信念和规范，它的发展又同出版社的经营管理紧密相连、休戚相关。这种企业文化虽然是隐形的、含蓄的，但当管理者有意实施一些与这些核心价值观念和标准相抵触的新策略或新的管理方式时，就可能感受到企业文化的实质力量。

出版社企业文化建设的内涵是切实做好员工的相互沟通，体现出版社的社务公开和民主管理，使员工有主人翁的归属感，并积极参与出版社的各项制度建设和修订，为重大经营管理决策出谋策划。这样，不仅有利于提高员工的综合素质，充分调动员工的积极性和创造性，而且也使员工感受到个人在出版社的价值，能进一步增强员工的向心力，培养团队精神，并形成良好的工作氛围，激发出版社的活力。

著名企业青岛海尔有一闻名遐迩的吃"休克鱼"企业兼并方法，说的就是将企业文化和管理模式进行复制的成功案例。兼并一家企业，首先要对其输入海尔文化，使员工改变原有的价值观念，统一思想，振作精神，并要求管理者以身作则，管理上实施"20/80 原则"，即企业发生过错、失误或质量问题，管理者要承担80%的责任，具体操作者承担 20%的责任。因为海尔的企业文化推崇"以人为本"，认为人是企业文化的核心因素，是企业最活跃的因素。但在企业里，"关键的少数(20%的管理者)制约着次要的多数(80%的员工)"，从企业目标、计划的制定，到实施控制，都是管理者的职责，出了问题处罚下属是违背管理原则的。"20/80 原则"在管理中的实施，使被兼并企业的员工很快就认同了海尔的企业文化，并被海尔的精神和作风所感染。

三、企业文化建设

在现实的企业管理中最直接、见效显著的方法和手段，也许是改变组织结构和制度建设。然而，从长远和发展的眼光来看，只有企业文化价值观念的约束才是企业发展的长远之计。因为隐形的深层的企业文化是以员工为载体而存在和体现的，它不仅具有管理中的约束作用，而且还有引导和启发员工行为的作用。因此，统一价值观念，提高员工素质，满足员工物质和精神上的需求，是增强出版社凝聚力和竞争力的关键。

1. 提高员工素质。出版社是智力密集型的生产单位，生产的产品是图书以及其他出版物，它既是物质产品，具有一般物质产品的基本功能，更是精神产品，具有丰富文化知识、陶冶思想情操、振奋民族精神等教化作用。因此，要求出版社的从业人员具有较高的政治素质、思想素质和职业素质。只有高素质的员工队伍，才能产出高质量的产品；有了高质量的产品，读者队伍才能稳定和壮大，出版社才会有知名度，才会有良好的社会形象。因此，提高员工素质是出版社企业文化建设的重要一环。

素质实质上是一种自我约束能力，如进取心、责任心和吃苦耐劳的精神等。出版社需要有专门培养和训练员工的计划，要有专门的经营投入，将员工素质的提高作为出版社长远发展的动力保证，并运用政策杠杆鼓励员工学习、更新知识，充分开发员工的潜在能力。

2. 让员工施展才华。我们都知道，人最深层、最本质的需要不是金钱和物质，而是自我价值的发现和实现。在经典的马斯洛需要层次论中，自我实现是最高层次的需要，其产生的工作动力远比工资、福利等激励措施深刻和持久。因此，出版社的企业文化中应充分体现人尽所能、积极进取的氛围，让每个兢兢业业工作的人都感觉到自己的劳动和付出得到了重视,体现了价值,让每一个取得成就的员工都能感受到光荣和自豪,让每位优秀的员工都享有公平晋升的机会,让所有积极、主动关心参与出版社建设与发展的员工都能得到鼓励和肯定。那样,员工们就会有工作的热情和激情,并激励着他们去进一步发挥自己的聪明才智、潜在能力和创造力。

3. 增强凝聚力。出版社一般实行责任编辑负责制,出版流程的各个环节、与出版社内部各个部门的协调、与作者的联络以及与读者的沟通等基本上都由责任编辑负责,编辑之间的交流和协作相对较少。因此,出版社的企业文化建设必须特别重视增强凝聚力,充分发挥党团工会组织的作用,多安排创造集体活动的机会,使员工在紧张工作之余有机会释放工作压力,调节情绪;关心、重视员工的身体健康状况,真正从工作、生活的角度为员工营造一个可依赖的家园。只有把所有员工凝聚在一起,才能形成一种企业精神,体现企业文化的力量。

后改制时代大学出版社的战略选择

张巧玲

综观成都图书博览会的参展力量,可以确信:中国出版界已经形成了"多元化"与"集约化"并行的格局。从"多元化"角度看,成都图书博览会最大的亮点之一,就是民营出版机构首次作为主体参展。尽管人们已经对民营出版机构的能力早有感受,但此次 600 余家规模的集体亮相仍令人有惊才绝艳之感。目前,民营出版机构的质量和数量都不在国有出版社之下。另外,一个不太引人注目的趋势是非出版机构进军出版业,例如,中国移动在本届展会上与方正合作推出"文房"WeFound 手持阅读器。

而人们对"集约化"的感受也颇为强烈。知名出版集团和新组建的出版集团充分展现实力。在市场这只"看不见的手"的作用和政策支持下,出版集团已经无疑成为出版业的主力。这些出版集团一方面凭借自己的实力,不断进行跨地区、跨行业、跨媒体的联合、兼并和重组,实现业务和规模上的扩展,另一方面采取各种方式上市融资,实现资本力量的突破。这些出版集团中的一些个体已经成为"巨无霸"型的大型传媒实体。例如,中国出版集团、凤凰出版集团、上海世纪出版集团等,虽然与国际水平尚有差距,但在国内市场的竞争中已经稳执牛耳。

这不得不引起刚刚改制结束后的大学出版社的思考:改制是不是大学出版社改革的终点?改制后的大学出版社向哪里去?本文认为,大学出版社改革是一个较长期的、综合的企业治理结构改革过程。在改制之后,将立即面临市场整合和企业重组问题,对于大学出版社这个范畴而言,就是新的大型出版实体——出版集团的组建。与之相关的问题对于出版社的发展至关重要,是制定未来发展战略的背景和主要基础。作为大学出版社的一员,本文尝试对这些问题做一

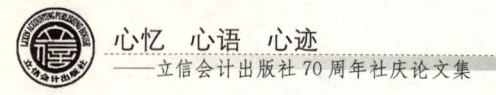

些粗浅的分析,并提出若干政策建议。

一、大学出版社改革的背景

大学出版社改革并非无源之水,其背景和政策依据非常明显,其历程也有着清晰的脉络。从1998年清华大学出版社开始,大学出版社的改革试点已历时10年有余。其间,无论是教育还是出版行业的改革,都对大学出版社的改革奠定了理论和实践基础。2009年内的大学出版社改制,其直接背景如下:

其一,入世承诺:在入世承诺中,中国没有承诺放开出版经营权(在144个WTO成员中,只有27个开放了出版经营权)。但是,中国承诺的分销和印刷这两个市场环节已经完全开放,市场的开放必然要影响到出版经营权,谁掌握了市场,谁就掌握了经营权,这是不争的事实。国外出版机构完全可以通过资本手段(如购买上市出版集团的股票等)间接拥有出版经营权。国内出版机构只有在缓冲时间内迅速做大做强,才能缓解来自国际上大的出版集团的压力。

其二,新闻出版总署的改革战略:新闻出版总署的战略与国家的改革是一致的。虽然出版业有其特殊性,但仍然不可能脱离市场主体的属性。在10年改革试点的基础上,大学出版社的改革也进入了快车道。2008年5月,首批19所高校出版社转制为企业;2009年,大学出版社改制全面启动并要求在年内完成。新闻出版最终定位将是一个在中国经济中具有举足轻重地位的角色。所以,和其他所有行业一样,新闻出版业也需要通过资本手段调整产业布局,"在两年内出现至少3家'双百亿'的大型新闻出版企业",以最终提高整个行业的竞争力。

大学出版社改革就是在这样的背景下进行的。此前,各地方出版社、专业出版社都已经改制完毕;大型出版集团纷纷组建,如中国出版集团、各地区出版集团等;民营出版业和外资出版业逐渐扩展经营领域。从这样的角度看,大学出版社的改制只不过是改革链条上的一个环节;改制之后,随之而来的整合过程将势不可挡。

大学出版社一定要参与整合吗?从国外大学出版社定位看,一般分为学术性和教育性两类。学术性出版社,如剑桥大学出版社,一般采取"小而精"的经营方针,作为非营利性机构,以获取公益性资助为主;教育性出版社,如哈佛大学出版社,一般采取"大而全"的经营战略,与某个教育集团联合(或本身就是某个教育集团的一部分),讲求企业规模,注重经济效益。从这种分类看,大多数大学出版社都是典型的教育性出版社,必然要向企业改制,参与市场竞争,也必然要正面面对整合问题。

二、已有出版集团的组建

在事业单位体制下，中国的出版社形成了一个"小而全"的格局。至2009年年底，全国共有出版社573家。这些出版社大多规模小，竞争力弱。为了提高市场竞争力，在出版社改制之后，都殊途同归地走向了集团化道路。目前全国共成立出版集团27家。其组建方式有三种。

1. 以行政力量主导的跨地区出版集团

以中国出版集团为例，由新闻出版总署主持组建工作，整合新闻出版总署直属以及其他国家级出版机构26家、发行机构220家和海外连锁书店及办事机构23家，形成了出版、销售、版权贸易、印刷以及IT服务的完整的产业链。

2. 地区性出版集团

作为试点，上海世纪出版集团已有10年历史，早于中国出版集团。在各地区出版社改制完成后，整合当地出版、发行机构，组建地域性出版集团成为一种自然选择。地区性出版集团的组建更灵活，例如，上海分别组建以发行和出版为核心竞争力的新华传媒和世纪出版集团；甘肃以期刊为龙头、仅对人民社整体转制成立读者出版集团；江苏凤凰出版集团的产品线甚至延伸到房地产领域。

3. 市场力量主导的出版集团

南方报业传媒集团是以《南方日报》为基础，逐步向报刊等多媒体发展，形成品牌和人才集群。1998年成立，至今已形成一个主报系和三个子报系，拥有"十一报"、"六刊"、三个网站和一个出版社。集团完全按照市场体制运营，以广告、发行、印刷、信息和出版作为5大支柱产业，形成6个经济实体。2007年年末，《南方人物周刊》成为第二家全国开设分印点的新闻刊物，"四报"广告额上亿元，并位列2008年"中国500最具价值品牌"排行榜，品牌价值共计124.64亿元。

三、大学出版集团的组建途径

与上述三种类型相比，大学出版社具有独特的经营与归属特征。大学出版社是与其母体——高校——紧密相连的。大学出版社主要服务其母体，提供辅助性教育产品，在脱离其母体后，既无明确的行政主管，也与所处地区联系较弱。所以，大学出版社的集团组建将采取新的途径和方式。

1. 按专业

大学出版社与所属高校关系紧密,一般具有极强的专业特征,同一专业出版社联系较多,因此可能出现按专业组建出版集团的倾向。例如,整合全国所有财经类大学出版社组建财经出版集团。按专业组建出版集团,能够实现出版资源和发行渠道的共享,便于在市场中实现迅速扩张。但是,按专业集团化的缺点也是明显的:综合类大学出版社很难参与;集团内极易出现两极分化、以强凌弱的现象。

2. 按地区

20世纪50年代,院系调整形成了各地高校专业设置"小而全"的格局,这种格局同样也体现在大学出版社的设立上。如果按照地区整合大学出版社,能够实现优势互补,深挖当地市场潜力,共享发行渠道,在集团内部形成和谐的经营秩序。但是,由于各地出版集团组建在前,并大多将发行集团纳入作为子公司,造成实际上增强了市场割据的结果,所以这种模式将会受到较大的当地竞争压力,得到所在地区的支持也是有限的。

3. 并入现有出版集团

大学出版社的产品线比较独特,现有出版集团当然愿意将其合并以补足产品线,扩展发行渠道。但是,这种方式对大学出版社本身并不能带来更多的出版和发行资源,还会在合并过程中被低估资产,并失去独立经营地位。

4. 参与非出版集团

出版业不但要打破刊、报、书、网和电视的媒体界限,还要打破与其他行业之间的界限,使出版业以"资合"(参股)参与市场竞争。大学出版社一般会选择参与某个教育集团。但是,这种方式往往又会回到作为学校一个部门的老体制上去。

5. 混合方式

大学出版社身兼传媒与教育两种角色,是两个行业的连接点,所以可能会出现以大学出版社为纽带,重组出版行业的格局。其中,国有资产性质的出版集团、教育集团,以及民营出版、教育机构组织在一起,形成一个跨产权、跨产业、具有完整产品线的组织形式,实现资本、产品和市场的统一整合。

四、大学出版集团组建中的政策预期

上述五种方式各有利弊,大学出版社规模参差不齐,每家都会有自己的选择。作为中国出版能力前10强的北师大出版社(第五)、清华大学出版社(第七)

和外研社(第九)不会愿意被合并到现有出版集团中;作为学术性出版社的北京大学出版社(第十二)可能会走"剑桥道路",不参与任何出版集团;一些小型大学出版社可能会选择并入已有出版集团;大多数大学出版社都会更灵活和积极地与外资和民营出版机构合作。从宏观的政策层与微观的大学出版社两方面的利益分析,国家对大学出版社未来的发展将采取更宽松的态度。

1. 较少行政干预

相对于地方出版社和各部委直属的专业出版社,大学出版社的母体——高校——的行政能力最弱。而高校本身又分属于各行业和地区,缺乏统一的行政力量。这就注定大学出版社的未来发展不会有统一的、较强的行政力量主导。无论新闻出版总署还是各地方政府都无权对大学出版社统一整合。

2. 较少国家支持

在地方出版社和专业出版社的改制过程中,由于其母体拥有较多的行政资源,它们大多获得了直接的物质支持,例如剥离不良资产,注入优良资产,整合上下游渠道(地方出版集团中发行集团的考核以"本版书"为主),注销坏账,接管人员与买断工龄等。而在大学出版社改制过程中,高校本身并无特别的行政资源,唯一能做的就是有限的人事支持(保留一部分人员的事业编制)。

3. 排除高校干预

大学出版社改制的目的是要建立经营权和所有权分离的现代企业法人制度,虽然其资产管理权限仍属于高校,但如果企业管理的权限还属于高校,那就又回到作为高校职能部门的老路上去。

综上所述,大学出版社在改制之后,就被政策层视为独立的市场主体,无论组建或参与出版集团,还是独立经营,都是大学出版社(以及大股东——高校)的自主选择。大学出版社可以选择并入非出版业集团(如教育集团);可以选择与外资和民营出版社互相参股等。

进一步的、更深入的问题是:大学出版集团的组建就是改革的终点吗? 事实上,任何出版集团的组织结构都会不断调整,不会一步到位。

1. 内部调整

出版集团成立后,内部的整合和调整随时发生。在集团组建时,每个出版社是以平等主体完全加入的,机构重复、信息不通、渠道不能共享、选题重复等现象比比皆是,各出版社各自为政。所以在集团组建后首先需要内部整合。

中国出版集团在组建时许多出版企业都是编、印、发一条龙的企业,而在2008年开始将内部的企业按照产业链重新调整。例如,原属于出版子集团的中国图书进出口集团总公司(以下简称中图公司)被调整至发行子集团,而中图公司的子公司世界图书出版公司则因其企业性质而从中图公司中剥离出来调整至出版子集团。

江苏凤凰出版集团在组建后,整合各出版社的教育图书出版力量,组建了新的凤凰教育发展有限公司;以新华书店江苏省店为核心建立发行集团,并为之建设总投资为9.7亿元的国际图书中心,新港图书物流中心,物资配送中心,各省辖市中心书城以及大量农村网点。

2. 外部调整

一般情况下,出版集团初成立时的产业链不完整,资本不足,就需要通过股权交易进行外部调整。

上市:大多数出版集团大都规模较小、资金不足,因此都有上市的要求。这也是新闻出版总署的战略部署,虽然没有实现2008年13家公司上市的目标,但现在已有两家出版公司上市[出版传媒(601999)和时代出版(600551)],还有两家公司借壳上市(中原出版和江苏凤凰)。

并购:为了补足产业链,大多数出版集团都采取了并购其他出版社或发行机构的做法。江西出版集团为突破北京市场,并购中国和平出版社;凤凰集团为开拓海南市场收购了新华书店海南省店,为扩大北京市场份额与民营北京共和联动图书有限公司成立合资公司,在出版上游收购江苏太平洋印务公司等。

多元化:即"跨行业"调整。多元化经营是现代企业的一项重要标志,多家出版集团都实现了混业经营。如江苏凤凰拥有9家酒店,并以其发行网络为基础经营物流产业;南方报业集团很早就涉足房地产行业,并取得了很好的业绩。另外,许多出版集团跨行业的目的是建立一个包括书籍、电视、电影甚至某些软件在内的、真正意义上的"传媒"集团,这才是符合传播学和市场学的基本规律的。

五、中型大学出版社的应对举措

2009年,大学出版社完成改制,重组潮流将随之而来,这已经被其他出版社改革历程所验证。面对这个潮流,不同的态度将导致不同的结果。先知先觉者会提早准备,积极应对,无论是否参与合并,也不至于陷于被动。

出版社对于重组的态度也因"社"而异:

像清华大学出版社这样的工科"独大"者,会选择并购一些中小出版社以形成作者资源和教育资源的垄断。

对于外研社和上海外教这样的"双雄并立"的外语类出版社,会选择并购发行渠道,以及加强与民营企业、教育集团之间的合作。

北京大学出版社可能会走向"学术性"出版社的道路,坚持"小而精",努力占领高端市场。

对于一些小型的、核心竞争力弱的出版社,可能会主动或被动地加入某个教育行业之内或者之外的出版集团。

当然,在改制之初,所有大学出版社都会保持其与母体之间的关系。

但是,与中国大学的特征类似,大多数大学出版社的特征是:既具有明确的核心竞争力,又不具备较大的规模和资本实力。作为这类出版社,面对"集约化"方向就处于两难境地:一方面,他们不会愿意被兼并入现有的出版集团,而另一方面,又难以独立组建新的出版集团。那么,作为这类大学出版社将会向何处去呢?

"人无远虑,必有近忧"。本文认为,出版社应"深入研究,积极准备,灵活应对"。"事前",应组织专门力量,对自身、其他出版社和市场因素做深入调研,制定应对方案;"事中",如果要参与合并,就要积极做好准备工作,包括人事安排,业务重组以及股权评估等;"事后",即使参与合并,也仍然认识到合并并非终点,面对随之而来的内部整合和调整采取主动灵活的态度。

具体有以下政策建议。

1. 灵活改制,争取利益

大学出版社要认识到:改制不是一个简单的行政关系解除的过程,而是一个由两个实体进行利益分割和交换的过程。

在股权问题上,要尽量争取职工持股份额,这样不但有利于出版社内部稳定,还有利于出版社在未来经营的自主性;

在董事会结构上,要尽量增加社内的力量,争取多元化,以便于出版社在制定经营战略时降低大股东的影响;

在制定经营战略时,要尽量变"利润上缴"为"利润留存",将资金更多地留在社内,这是出版社发展的基本动力;

在经营关系上,要与校方签订长期协议,确保大学出版社品牌的保值增值,确保出版社对学校资源的专有性。

当然,校方也会努力争取有利于自己的条件,所以需要斟酌利害,权衡取舍。

2. 扩大规模,争取溢价

合并中最重要的问题就是股权比例问题。股权分配的依据很多,例如销售收入、人数、利润等,然而最重要的依据就是资产。对于大学出版社这样优势和劣势都很明显的出版社而言,就是要弥补缺陷,突出优势,这样才能在未来的股权谈判中具有更多的发言权(甚至于在集团组建后的内部整合中才有资本与其他出版社相取舍)。具体做法包括:扩大发行力量,开拓市场发行渠道;增加高端品种,完善产品结构;加大合作出版,在短期内大幅度提高销售规模。

3. 做"大出版",扩产业链

一般来说,大学出版社的产品非常单一,就是传统的纸质书籍,这种产业结构比较危险。纸质出版物是"夕阳产业",其市场份额必将被电子出版物超越;单一的产品结构容易受到上下游的挤压。

尽管大多数大学出版社一直在增长,但这更多地来源于市场、行业和地区等外部环境的增长。为了培养和提高大学出版社的核心竞争力,无论有多艰难,也应该将现有的产业链延伸到一个比较安全的幅度。就产品而言,出版物应该包括纸质书籍、PPT课件、视频、网络互动等全方位内容;就市场结构而言,可以与多家教育集团互相持股,以从根本上确保并拓展市场份额。

4. 借助民营,增强活力

民营出版业和发行业是出版市场中最具活力的力量,资本市场中的民营资本也对出版业非常感兴趣。外资能够以间接形式进入出版业,民营力量没有理由也没有可能被挡在门外。民营出版市场嗅觉灵敏,能够主动发现甚至刺激市场需求;民营发行体制灵活,市场手段丰富。与民营出版和民营资本合作,能够增强大学出版社的市场意识,提高资源效率,迅速开拓市场。

5. 聚小为大,合弱成强

大学出版社一般具有较强的行业和品种优势,大多数也都具备独有的传统市场,但一般来说很难形成压倒性的优势,所以最终很可能形成"三国鼎立"的局面。所以,对于大学出版社而言,如果作为被合并方参与大型出版集团的建立,则很难在合并中得到满意的份额;如果作为合并方,力量更强的出版社不会愿意被其兼并。为了突破这个困局,大学出版社可以挑头先成立一个小的出版集团,合并比其规模较小的出版社、发行机构,并在组建中引入民营或外资力量。在这一过程中,该出版社完全能够以行业领先地位占据股权上的优势。最后,新的出版集团再和较大的出版社或集团考虑合并问题,就可以占据优势地位。

6. 主动出击,择优合并

无论是在第一轮合并还是在第二轮合并中,大学出版社都应该保持主动的态度。在第一轮合并中,大学出版社应该主要考虑补足产业链和市场,能够整合以加强大学出版社的规模和核心竞争力;在第二轮合并中,新出版集团应该主要考虑规模扩张,要在合并后能够在整个市场具有领先地位。所以,大学出版社必须积极调研竞争者和合作者的状况,主动接触,确定取合,迅速推动。

上述战略是有风险的。首先,这些策略环环相扣,如果某一步没有成功,则后续策略很难实现。其次,所有策略的目标都指向合并重组以成立出版集团,如果合并的目标由于各种原因没有实现,则这些策略的结果是否成为鸡肋甚至拖累,也尚未可知。但是,没有任何事情不冒风险,没有任何战略有百利而无一害。千万只化作一句:

要走,才有路。

中小型出版社生存与发展之道

方士华

我国出版业已进入一个全新的发展时期,出版产业格局正发生着重大的变动。在激烈、残酷的市场竞争中,出版社如何直面挑战,是业内人士普遍关心的问题。为适应中国出版业发展的需要,近年来,通过战略性整合,全国先后有一些出版业"大船"或"航母"浮出水面。这些集团借鉴国际运作惯例,结合国情进行了一定程度的改革与探索。辽宁出版传媒股份有限公司作为中国传媒行业整体上市第一股已经变成现实,这也标志着长期以来由国家主导的媒体行业向商业化转变迈出了实质性的一步。在此,我们且不论这些集团在规模、资金、功能及结构等方面是否真的可以应对加入WTO后的国际竞争,本文主要探讨在我国出版业的战略组合过程中,实力相对较弱的中小型出版社如何求生存,谋发展,建立适合自身特点的发展战略。

一、中小出版社的困境与优势

尽管大部分中小出版社从20世纪80年代以来,基本上都有不同程度的发展与积累,完成了市场经济下的第一次创业,但是在如今出版业的分化、调整、重新组合过程中,实力较弱的中小出版社面对竞争似乎又陷入了困境,需要重新考虑生存和发展问题。

1. 中小出版社面临的困境

(1) 中小出版社在市场竞争中处于劣势地位

中小出版社只是一个相对的概念,有人把销售码洋1亿元以下的归为中小出版社;也有将员工人数作为衡量标准的。根据统计,在我国500多家出版社中,中小出版社占80%以上。在中国出版业进入"大船"时代或"资本运作"时代的时候,众多中小出版社在市场竞争中的劣势地位更加明显。对中小出版社而言,市场竞争主要来自三个方面:一是作者资源的竞争,二是营销的竞争,三是人才的竞争。市场竞争在一定程度上是实力的比拼,是规模效益的较量,而中小出版社在这些方面明显较弱。资金短缺、知名度低、规模小、经济效益差是大多数中小出版社的共同难题。当然,与国外大量存在的三五人的小型出版社相比,我国的小出版社一般至少有30人以上。除了要与国内出版社竞争,中小出版社同样也面临国外出版社的竞争。"入世"后,随着进一步的开放,国外出版商、投资商逐步通过各种渠道进入中国图书市场,将给包括中小出版社在内的中国出版社带来巨大的竞争压力。面对动辄几十亿资本的外国集团,力量弱小的中小出版社能抵挡得了吗?

(2) 国内二渠道间接介入出版业给中小出版社带来了竞争压力

如今,国内二渠道间接介入出版的现象越来越普遍。二渠道在图书市场异常活跃,众多文化工作室如雨后春笋般出现,各种图书营销公司实力日益壮大,或多或少影响中小出版社的生存环境,而且它们与大社的合作可能性大于中小社。

(3) 中小出版社的整合能力相对较差

由于中小出版社的人力、财力相对较弱,导致其整合能力相对较差。大社因其各方面实力较强,在经营上易于进行立体化操作。中小社实力较弱,在立体化操作上往往显得心有余而力不足。所谓立体化操作即出版社全方位、多渠道、多层次开展经营。在这方面两者的优劣差异比较明显。

2. 中小出版社的相对优势

我国中小出版社面临诸多困难,这是一个无可争辩的事实。有人担心,中小出版社将很难生存下去。其实,面对来自国内、国外的竞争压力,只要应对得当,中小出版社的种种劣势是可以转化为优势的。随着高新技术产业的发展,人力资本的作用越来越大,小企业的优势日渐凸显。一般而言,当机器设备在生产中起主要作用时,企业规模大便有明显的优势;而当人的才智充分发挥是决定效率的主要因素时,小企业往往比大企业有更大的优越性。出版业是一种头脑产业,属于知识经济的范畴,人力资本是出版社的最重要的财富;编辑人员、发行人员的创造力的充分发挥,是出版社生存的首要条件。因而,小出版社可以在这方面发掘自己的优势。

出版集团化在欧洲早已盛行。不可否认,大有大的优势。大出版集团资金雄厚、出版资源丰富,在编辑、发行方面无后顾之忧,在服务读者和推广宣传上可以有多种选择,有许多可利用的媒介,如大社可以在报纸文化版或书评版频频亮相等。但如果办不出自己的品位、特色,大反而会成为一种负担或包袱。小有小的好处,可以力争做到小而强、小而有创意、有效率。小社比较有弹性,擅长机动作战,可以踩着实验性的步伐,从事大社不敢或不愿意做的项目。小社往往比较珍惜所有能够得到的资源,把有限的人力、物力集中在比较有把握、比较熟悉的选题上,还可以借重多种人才的支持,适应多样化、多角度和多层次的出版发展趋势。

小并不意味着无法生存、无力竞争。中小出版社无论在什么国家都是数量最多的,是构成一个国家出版业的基础。以世界出版强国美国为例,全美约有2.8万家左右的出版社,其中维持正常出版业务的只有4 000多家,而年销售在3 000万美元或雇用150名以上员工的大型出版社仅有40家,即占出版社总量的1%,而绝大多数为中小型出版社,并且这些出版社构成美国出版文化的重要基础。其他诸如英国、法国等出版大国的情况也大多如此。

通过上述分析,我们可以大体将中小出版社的相对优势归纳为以下两个方面。

(1) 决策与应变迅速,经营机制灵活

俗话说,"船小好掉头"。中小出版社人员少,包袱小,转变容易调整快,能够较快地适应不断变化的市场需求,编辑出版符合市场图书。中小出版社机制相对灵活,对出版方式、出版资源等因素的选择和调配,对市场信息作出及时灵活的反应,从而可以缩小或弥补与大社之间在资金和信息等方面的相对差距和不足,在突出专业特色方面,做得可以比大社更好。中小出版社灵活的经营优势还可以表现在其他方面,比如版权贸易,中小出版社可以有自己的作为,甚至能够不落后于大社。有的社本无什么名气,因为一次版权贸易的成功运作,在社会上产生极大的影响,而且还带动了其他图书的销售,大大提升其在业界的地位和形象,从而加快了自己的发展步伐。另外,中小社人员较少,更易内部沟通,企业的发展战略易于被全体职工认同,在经营决策上更加快速,应变能力较强。

(2) 善于满足多层次、多样性的图书需求

中小出版社的业绩和效益与职工个人利益的联系比大社更加紧密,有利于最大限度地调动编辑、发行等各方面人员的积极性。不可否认,大社凭借其人力、物力、财力等的优势,在竞争中明显处于上风。而在满足读者多层次、多样性需求上中小社有自己的优势。因此中小社可以在这方面多下工夫,发挥自己的比较优势。在整个图书市场,中小社还可以发挥自己拾遗补缺的作用。中国人口众多,即使是一个极小的层面,也有成千上万的读者。这样巨大的潜在市场,

为中小出版社的生存和发展提供了成长的土壤。

二、中小出版社生存与发展的关系

我们既要清醒地看到中小出版社的困境,也不能够漠视其潜在的优势。在考虑中小出版社生存与发展问题的时候,我们应当研究和探索出版的规律,这样可以使中小出版社更好地把握主动。在此,主要讨论中小出版社生存与发展的关系,处理好这一关系,对中小出版社非常重要。

目前,我国出版机构实行的是审批制度,与其他行业相比,在竞争的激烈程度上相对较弱一些,这给出版社的生存无疑带来一定的保护,但是出版社能否生存的主要因素并不完全在此。出版行业是一个随着经济发展和人民生活水平不断提高、其需求不断增长的行业,或者说是一个朝阳行业,这也是为什么越来越多的人或资本都要挤入出版业的原因,也是出版社的一个非常有利的生存条件。中小出版社要有较好的生存条件,打好基础,完成初始积累非常重要。第一要明确出书方向,第二要打好经济基础。其中,打好经济基础尤为重要。经济基础主要是指具备出版图书运作的基本资金,其中包括周转资金、日常行政开支经费等。对于一个有30~40名员工的出版社,年销售码洋在2 000万~3 000万元就可以达到这个要求。一般来讲,有了这样的经济基础和图书出版积累后,生存问题基本可以解决。当然不同的出版社的情况有所不同。

在生存可以维持的情况下,出版社必然要谋求发展。出版社发展的关键是必须把着力点放在出书方向上,努力树立自己的出版特色。特色即品牌,只有有了一定的品牌效应,才能掌握相关作者,才能拥有稳定的读者群,才能在市场上找到应有的位置。当然出版特色不是一成不变的,可以也应当有适时适变的调整。树立和积累特色有一个较长的时间过程,只有坚持才会有成效,这对于中小出版社尤其重要。

中小出版社要生存和发展,首先必须化解生存危机,寻求生存的条件,着眼于发展,选准方向,树立特色,要有长远之谋。

三、提升品牌竞争力是中小出版社生存和发展的关键

现代出版业已经进入品牌运作的时代,出版社的个性特征主要表现在品牌

上。中小社不具备大社或名社强大的资金和人力资源优势，要在同样的市场条件下竞争，必须明确定位，走专业化之路，提升自己的品牌竞争力。这是中小出版社生存和发展的关键。

1. 中小出版社的品牌打造

众所周知，企业的竞争优势主要体现在其核心竞争力上。出版企业核心竞争力的外在表现是出版社的品牌。现在越来越多的出版社已经意识到品牌建设的重要性，积极实施品牌战略。有不少出版社已形成了自己的特色品牌。中小出版社虽然规模小，在资金及人力资源等方面不如大社，但同样可以打造自己的品牌。中小社可以集中优势力量，走小而专之路，在一两个领域内做强，做出自己的图书品牌，继而上升为出版社品牌。如立信会计出版社作为出版会计与财经类图书的专业出版社，历来重视品牌建设，"立信会计丛书"、"立信财经丛书"等图书的品牌效应经久不衰，并将出版重点始终放在专业教材上，立信的图书品牌和出版社品牌得到市场的高度认同。

2. 中小出版社提升品牌竞争力的关键是市场定位

由于出版社所处的外部环境、地域以及自身条件的差异，不同的出版社在某些方面有自己的优势和特色。中小出版社应客观地认识和利用这些优势和特色，在"特"上做文章。创造品牌的前提是要有目的地策划选题、策划市场、策划适合自身资源的特色产品。图书产品要始终贯穿品牌观念，包括在装帧设计的风格、色彩、标识等方面，要按品牌要求运作，不断积累，提高市场认可度。市场一旦定位以后，就要专一，深度开发同类选题，力争"你无我有，你有我专"。因为专业，别人想介入竞争不太容易；因为专业，相对市场不大，别人可能兴趣不大。不应盲目跟风什么都想做，结果什么都做不好，最终会被市场淘汰。坚持市场定位，必须有所为有所不为。中小社必须在专业化上下工夫，寻求市场的差异化，应以"专、精、特"作为自己的发展目标，发展的核心应是质的成长，而非单纯规模的大小，应通过提高品牌竞争力来提高核心竞争力。

中小社提升品牌竞争力，还有利于充分利用有限的书号资源，为品牌营销奠定基础，增加出版社的无形资产，有助于销售业绩的提高和出版社的可持续发展。

四、中小出版社应以市场为先导，实施多元化经营战略

我国中小出版社中有不少陷入困境，经营困难，维持生计尚可，要进一步发

展则后劲不足。中小社如何面对市场竞争,除了上面提到的提升品牌竞争力,转变经营理念,调整经营战略是亟待解决的问题外,中小社的经营不能完全套用大企业、大集团的模式,而应该因地制宜,以市场为导向,实施多元化战略。

1. 以市场为先导的特色经营战略

市场经济是竞争的经济,特色是竞争的法宝。有不少中小出版社产品结构雷同,重复出版问题严重。调整产品结构,必须以市场为先导,树立自己的特色。过去,许多中小出版社不重视市场,往往是先出产品,后找市场,结果造成图书的大量积压。出版社要走特色经营之路,必须注意以下几点。

(1) 把握图书市场的特性

图书是一种具有文化属性和社会属性的特殊产品,人们对图书的需求极为复杂,这就决定了图书市场的立体性和多层次性。在市场广阔的图书领域,大出版集团凭借其物力、人力的优势,在竞争中明显处于上风,而在满足多层次需求、开拓多种类型市场方面,中小出版社有自身的特长,至少还有生存发展的余地。如立信会计出版社在教材出版上有明确的选题思路,即以高等教育为主,以中职教育为辅;以学历教育为主,以社会培训为辅,尽可能多层次、全方位开发会计、财经教材类选题。市场定位和出书特色一旦形成,出版社的形象就基本确立。

(2) 重视市场调研

要把市场调研放在出版社整体工作的重要位置。一些中小社在这方面的工作做得不够,市场意识淡薄,没有系统地开展市场调研,有计划地收集市场信息。想要确立图书特色,不能主观、盲目地随意选定出书方向,应对市场容量、潜力、走势进行科学的判断和预测,这样才能形成独有的特色,在市场竞争中站稳脚跟。

(3) 分析自身优势

在出版方向的确立过程中,要认真分析自身所处的区位、作者优势、编辑优势、市场开发能力等,扬长避短,以市场为先导,以自身的优势为依托,形成自己的特色经营战略,产生良好的经济效益。

2. 善借外力,实施适度扩张的经营战略

许多中小出版社虽有扩张与发展的愿望,却不能施展。此时适当地借助外力就很重要,如大多数中小社都感到编辑力量不足,而且编辑人员结构也不合理。解决这个问题也应解放思想,要对本社的编辑进行定位。明确编辑的首要任务应该是开发选题、组织稿源、质量把关,可以以将文字加工、校对之类的任务让出去,出版社可约请一些社外的特约编辑、校对来承担这方面的工作。社内的发行人员数量也不能太多,可以更灵活地开展自办发行。如在发行上加强代理协作,把更多精力放在与代理商打交道上;可以选择一些二级批发商,建立互利协作关系;另外,可以与一些合适的书商、图书工作室建立长期稳定的合作关系,以壮大自己的力量。立信会计出版社在与工作室合作出版教材方面取得了一些经验,合作推出的教材既给出版社带来品牌效应,又带来一定的经济效益。

3. 多渠道筹措资金的战略

启动资金不足,造血功能不强,是制约许多中小出版社发展壮大的瓶颈。如何融资是这些出版社迫切需要解决的问题。出版社应通过实施多渠道筹措资金的战略,获得所需资金。在条件许可的情况下,可以采用下面一些方法。

(1) 项目融资

即出版选题确定后,可拿选题向发行单位预收资金或共同开发,前提条件是项目的可期效益预测比较好,风险较小。

(2) 争取科研补贴项目

学术性强的图书,市场销量往往比较有限。有的科研项目有政府或社会资金的资助,如出版基金等。出版这类图书,虽然利润比较小,但出版社不用投入资金或出资较少,不失为筹资的一种方法。当然还可以利用其他融资渠道。

(本文发表于《出版与印刷》2008 年第 1 期)

出版企业文化建构浅析

张 蕾

企业文化是企业所有者、经营者、员工在经营过程中所形成并共同持有的理想信念、价值观及行为准则。作为一种柔性管理规则,企业文化存在于员工的心灵之中,自动指导员工的行为。出版行业发展的成功实践表明,丰富的文化内涵、科学的管理思想、开放的管理模式、柔性的管理手段对于开拓市场、可持续发展有着深刻影响。在充分认识到企业文化日益重要性的同时,我们也应清醒地看到当前我国出版企业文化建设方面存在的一些问题。

一、我国出版企业文化建构中存在的问题

1. 重工具理性,轻价值理性

长期以来,我们在企业文化和人文精神建设方面存在着种种缺失,造成了一些出版企业的文化精神疲软症,一些出版企业存在着"文化空壳"的现象。相当多的出版企业重工具理性而轻价值理性,不能正确处理好文化追求和经济追求的关系,漠视了出版业的舆论导向和社会教化功能,在纷纷扰扰的功利化现实面前,缺乏应有的理性深度和人文情怀,既没有参与市场竞争的经济思维,又缺乏担当文化传播重任的奉献品格。陷身于低层次的、短期的、媚俗的汪洋,孜孜于低水平的出版注水、品种跟风和价格竞争,不少的出版文化企业在相当长的时期沉溺于单纯的消费状态和工具理性。事实上,没有好的企业文化与企业的发展同步,就不能称其为现代意义的出版文化企业,也不能在国内外激烈的市场竞争中站稳脚跟。只有那些具有无时不在、无处不在的宏大文化使命以及深厚文化底蕴的企业才是具有旺盛的生机和活力的出版文化企业。

2. 强调口号宣传，缺乏核心理念

国外许多成功企业在其宣传口号中体现出了企业精神，如诺基亚的"科技以人为本"。一些国内企业纷纷效仿，在进行企业文化建设时也希望能将企业精神浓缩成一两句话。这本无可厚非，但是如果企业不能认识到企业文化的实质是核心价值观，反映的是已经沉淀在企业中的约定俗成的行为规范和价值导向，而只是停留在广告语言的层次上，就太过肤浅了，并且导致企业文化千篇一律。在我国许多企业都可看到"高效、务实、团结、创新"等企业文化建设标题。这种不分企业和行业特点，一味模仿的文化建设很难给人留下深刻印象。企业文化建设贵在有特色、符合实际，这样才能脱颖而出，获得企业员工和社会大众的认可。

企业核心理念是企业文化的高度浓缩，是企业文化的灵魂，是企业员工对企业的信任感、自豪感和荣誉感的集中体现，是企业在经营管理过程中占统治地位的思想观念、立场观点和精神支柱，使企业的生产经营时刻充满生机和活力。企业精神具有强大的凝聚力、向心力、感召力和约束力。事实上，没有好的企业文化与企业的发展同步，就不能称其为现代意义的出版文化企业，也不能在国内外激烈的市场竞争中站稳脚跟。只有那些具有无时不在、无处不在的宏大文化使命以及深厚文化底蕴的企业才是具有旺盛的生机和活力的出版文化企业。

3. 法制观念淡薄，人治观念浓厚

"人治"观念长久以来深刻影响着我国出版企业文化。主要表现在以下三方面：首先，出版企业与作者之间关系复杂，为了抓住作者，即使对方触犯法律，为了照顾关系、不伤和气，出版企业也往往不予追究。其次，出版企业与出版企业之间存在严重的选题、封面相互抄袭、相互模仿现象，管理部门和出版企业之间也往往因为相互间的种种业务联系而采取不闻不问的态度。再次，出版企业面对市场中的盗版行为，往往因为考虑的维权成本过高而采取放任的态度。另外，在处理企业内部人与人之间的关系时，缺乏理性管理，凡事以领导者个人意志和人际关系为转移，规章制度、工作规范不健全，即使有了规章制度和工作规范，也有法不依，往往只凭个人感情用事，顾关系、顾面子，管理灵活有余，硬度不够。

二、出版企业文化建构的措施和途径

1. 摒弃形式主义的有害理念，注重企业灵魂塑造

企业文化不是几句口号，几句漂亮的名言名句，几句警世座右铭；也不是为塑造形象而追求的外部设计。出版企业在建构企业文化中，一定要超越形式主

义,抓住企业经营之"道",要遵循客观规律,从企业实际出发,以统一的经营理念塑造企业的集体意志,以强有力的经营管理塑造企业的集体形象。灵魂不统一、信仰追求不统一将使得员工与企业之间缺乏凝聚力。

2. 用"以人为本"的现代管理理念,取代"以工具为本"的陈旧理念

优秀的出版文化企业善于融以人为本的传统精神于文化产业的现代运作之中,以此作为企业不竭的发展动力。由于出版企业相互之间竞争非常激烈,出版企业员工的任务普遍较重,压力较大。编辑要策划书稿、编辑书稿;发行人员经常出差,为完成发行、回款任务常年在外奔波忙碌。出版企业应从企业文化氛围上鼓励并帮助职工提高心理保健能力,学会缓解压力、自我放松,适应形势,根据职工心理,创造独到的用人特色。要设立人才的竞争和激励机制,使各个工作岗位上的职工都有干事创业、脱颖而出的机遇。出版社可以经常向员工提供压力管理方面的信息和知识,请有关专家做报告和讲座,告知压力的早期预警信号、压力的自我调适方法等;向员工提供保健或健康项目,设立保健室,提供锻炼、放松设备,比如有些出版社坚持不懈地做工间广播体操,开展一些健身活动;发放一定的保健资金,鼓励员工养成良好的、健康的生活方式。

"以人为本"也并不是简单地以某个或某一群体为本,而是把以员工为本,读者为本和社会公认为本三者结合起来,充分考虑出版企业在三者之间的协调作用,把握不同层次的人的需求,从不同层次满足人的不同需求。不是简单地以关怀照顾为本,而是以塑造人为本,既为人提供发展的机会,又为企业培育有用之才;不是以短期重视人的口号为本,而是以长期实施尊重人为本。

3. 自然无为的道治思想取代金钱至上的逐利观

老子指出:"我无为而民自化,我好静而民自正,我无事而民自富,我无欲而民自朴。"(《道德经》第五十七章)把这句话用来构建管理伦理思想,就是任何管理组织都不能建立有形或无形的引起组织成员争权夺利的标杆,这样才能很好地消解企业内部的矛盾,从而减轻企业日常的行政工作,减少为解决这些无谓的纠纷而必须增加的管理成本。老子自然无为的思想对目前出版市场的宏观管理有一定的指导作用。目前,中国的出版业已基本上全方位纳入了市场的轨道。在现代化市场经济条件下,市场是经济活动的基础,企业是市场真正的主体。因此,一切要遵循"国家调控市场,市场引导企业"的思想,即政府只能以国家政权和代表的身份,主要运用经济、法律手段来对市场和企业实施宏观、间接管理,把微观经济政策,包括生产什么、怎样生产、生产多少等决策权交由企业,根据市场信号自主决定。如果政府真正能做到"自然无为",即顺应市场经济的规律,那么

就能充分发挥企业的主观能动性,调动员工的创造性、积极性,才能有利于社会经济的繁荣、稳定、持续发展。

4. 突出思想政治工作的特色

建设适应时代格局的出版企业文化,要充分契合党的政治优势,传播优良企业文化。中国出版业的职能,说到底乃是"两为"方针,为社会主义服务,为人民服务。

一方面,培养和树立全体出版员工的"举旗意识"和"阵地意识",搞好干部队伍建设、骨干队伍建设,如有些出版社根据学识和活动能力选聘能起核心和带头作用的策划编辑,让他们在企业文化建设中起到支撑作用,带动和影响其他员工共同把企业文化建设推向前进。根据不同岗位职能、特点的不同,发挥各自的优势,共同建构企业文化、传播企业文化,能够形成轰轰烈烈和扎扎实实的局面。另一方面,担负起建设社会主义先进文化的重任。牢牢把握舆论导向,摒弃杂音,唱响主旋律,为社会主义两个文明建设服务;挖掘、整理和弘扬民族优秀传统文化,并通过对传统文化所蕴含的精神资源的把握和运用,实现传统文化向现代化的创造性转化,建设中国的先进文化;促进国际间的文化交流与传播,加强沟通,吸收与融合,让中国了解世界,让世界了解中国。

参考文献

[1] 冯珊,张明海,等.论出版企业文化与品牌形象的构建[J].企业家天地,2009(10).

[2] 齐峰.论出版集团的企业文化建设[J].编辑之友,2007(2).

[3] 王茂森.出版社企业文化现存的六大问题[J].编辑之友,2004(3).

出版社内部管理刍议

张翠芳

按照中央关于出版体制改革的部署,出版社已经从事业单位企业化管理转变为完全的企业。在这个过程中,出版社在人员结构、管理理念、经营模式等方面都作出了相应的改革尝试,取得了一定的成绩。但是,长期以来事业单位的管理机制难以在短期内实现转变,出版社想要在激烈的市场竞争中胜出,在内部管理上还有很长的路要走。

一、解放思想,转变观念

首先,要确立正确的产业发展观念。出版社不再仅仅是所属大学的一个部门,而是竞争激烈的出版行业中的一员,在经营战略和发展规划上应研究国内外出版行业的规律和发展趋势,研究教育发展的形势和内容、教材建设的最新进展,时刻关注国内外图书市场的各种变化,以市场和读者为中心来思考出版社的生存和发展。

其次,要继续转变管理观念。出版社在形式上完成了从事业单位到企业的转变,在管理观念上应进一步放弃任何"官本位"的思想和做法,避免条块分割,降低管理、沟通、协调的成本,实现管理为生产服务,生产为市场服务。在此管理观念的引导下,建立精干、高效、灵敏、规范的组织结构和队伍。

再次,要进一步淡化身份观念。由于历史原因,出版社存在事业编制身份和企业编制身份两种不同的身份。虽然出版社已经在人事分配制度改革上最大限度地缩小了两者在薪酬、福利等方面的差距,但是在重视规章制度、暂行办法等有形管理的同时,应依靠企业文化、工作作风等无形的管理手段进一步淡化身份,增强员工的凝聚力。

二、以人为本,吸纳人才

在知识经济时代,人才资源是企业发展的第一资源,是生产力的第一要素。人才的数量,特别是质量决定着出版社的兴衰成败,人才竞争成为出版竞争的主战场。

出版社要努力营造人才成长的文化氛围,以建立学习型组织为目标,以现代人力资源管理的理论和实践为指导,突出人事工作的重要性,扩大人事工作的管辖范围,尤其在引进人才(招聘、猎头、挖角)、培训(理论、技术、心理、能力)、岗位设置(结合事业发展目标、组织结构调整和流程再造)、考核(标准的制定与实施)、激励与淘汰等方面加以完善和改进。

在人力资源管理的过程中要特别注意处理好局部与整体、平衡与差距的关系。局部,是指员工个人以及小部门利益;整体,是指出版社整体利益。在利润考核制度下,局部和整体的矛盾不可避免,出版社要加强宏观调控,防止和杜绝小团体主义和本位主义的行为和倾向;要有导向措施,制定的考核任务既要合理,又要科学,在有利于发挥职工积极性的同时,还要有利于出版社的整体利益和长远发展;要对职工进行职业道德教育,提倡大局意识和全局观念。

在平衡与差距的关系中,平衡,不是平均,也不是缩小差距,而是在合规的基础上合乎情理,建立大多数人满意的,科学、公平的考核机制和评价办法,淡化身份和资历,真正做到多劳者多得、贡献大者多得,薪酬制度向艰苦岗位和关键岗位倾斜,让人信服。

三、创新手段,信息管理

在图书出版过程中,从选题到进入市场与读者见面,要经过列选、组稿、审稿、发稿、付印、发行和销售等诸多过程。随着出版社的发展,出书的品种和数量越来越多,需要记录和利用的数据也越来越多,传统的管理方法和手段已很难适应目前的发展需要。有些出版社的编务、出版、发行和财务部门虽然都在使用同一数据系统,但是每个部门的系统是相对割裂和独立的,而且图书出版的源头部门——编辑部没有使用数据系统管理,这就使出版社的数据系统处于分散和不完整的状态,信息不能从头到底、通畅地流动起来,靠人工的数据对接不仅费时费力,也不能保证数据的准确性,不能为出版社的决策提供数据支持。

更重要的是,出版属于内容产业,出版社的基本功能就是直接开发和生产信息产品,信息是出版社最重要的资源。尤其在媒体多元化发展和传播技术日新月异,同质化程度高而市场竞争日益加剧的趋势和环境下,出版社的核心竞争力将越来越体现为建立在有效信息管理基础上的整体创新能力,而不是单独的选题策划或营销推广能力。

因此,出版社有必要增加计算机软件及硬件方面的投入,建立以信息资源和信息活动为核心的综合管理理念和工作模式,通过对信息的搜集、分析和利用等活动,实现信息共享和信息价值的有效转化,增加出版社的整体信息存量和价值,指导创新的方向,提升职工学习能力,形成有利于知识创新的企业文化与价值观,以促进出版社持续稳健发展。

2011年是"十二五"规划的开局之年,在这样的关键时刻,出版社下一步的改革应更加注重从思想观念、人才队伍和信息管理方面将现代管理理念与出版社现有的组织结构及业务流程相结合,有针对性地加以改进,以此来提高出版社的管理质量和效率,增强企业活力和核心竞争力,取得事业的进一步发展。

关于缩短出版周期的几点看法

许 颖

从生产的角度来看,出版周期应该起始于与作者签订出书合同、发稿,终止于成书验收入库。出版周期过长或者难以控制一直是出版社经营管理中的大问题,会严重影响出书合同的执行和营销部门销售计划的开展。下文我将主要站在出版业务部门的观察角度,提出两点旨在缩短、控制出版周期的建议。

一、图书设计参数尽早确定,一经确认,尽量不要修改

正式发稿之前,除了图书内容以外,必须确定一些必要的设计参数。

开本尺寸、版式参考(主要是版芯尺寸)、字号,这几个参数是排版阶段必不可少的。如果在排版结束后的校对过程中再对这些参数做修改,将相当于重新排版,不但会拖延若干天,排版费用还会增加一倍。

封面用料、正文用料、插页用料、装帧方式,这几个参数则关系到排版出片、封面设计、原材料准备。如果能够在发稿阶段确定下来,出版业务部可以提前申请和购买材料,指导排版公司合理设计排版和出片方式;如果在付型阶段才确定用料情况,会拖延美术编辑的封面设计进度,更可能因为材料未到而延迟出书。

图书设计参数一经确认,尽量不要修改,也是为了减少信息传递中的遗漏、误传,减少差错的目的。

二、根据二校样数据,提前申报 CIP

图书在版编目,简称 CIP。1999 年 3 月,新闻出版署颁发了《关于在全国各

出版社实施图书在版编目(CIP)有关问题的通知》,规定自1999年4月1日起,在全国统一施行图书在版编目,并对CIP数据内容和CIP数据标准实施范围等提出具体要求。

向CIP中心填报CIP信息,需要提供真实的"书名、作者名、ISBN、出版年月、图书尺寸、估计价格、印刷数量、印张数、页码",正常在三四天之后,CIP中心会向出版社回复CIP数据,并作为出版物版权页上的重要组成部分。

目前很多社的做法如下。

1. 图书付型时,在确定了"书名,作者名、印张、印数、定价"等信息后,由总编办去填报CIP信息。

2. 在等待新闻出版局回复的三四天中,由排版厂制作正文和封面的大片,送出版社。

3. CIP正式下达后,出版业务部开具施工单,填写版权页,连同大片,交印刷厂,由印刷厂负责版权页的排版和小片的制作,然后与大片一起开印。

如此设计的流程,会很大程度上保证CIP数据的正确,但是版权页和正文却是分别在两处出片,排版厂交付的排版文档中自然也就没有版权页了。并且,图书付型后,还要为了CIP数据等上至少三四天的时间,延长了出书周期。

为了解决CIP等待时间长和两处出片的弊端,建议与编辑部、总编办联手修改流程,在图书二校样到出版社时,就计算印张及预定价,这样图书信息在此时基本上都已经确定,可以提早填报CIP信息,或者进行图书的前期宣传。在正式付型时,CIP数据基本确定到社,这样就可以将版权页连同正文一起由排版厂排版出片,排版文档中也就会有版权页,时间也安排得恰到好处。

当然,在CIP数据下达之后,图书正式印刷之前,如果要修改书名、作者名等信息,可以由总编办直接在线修改新闻出版局数据库中CIP的填报信息,出版业务部直接修改版权页上的CIP数据,不需要其他步骤。

以上两点建议只是个人的一些小小想法,望各位前辈批评指正,如果有可取之处,希望能够运用到实际工作中。

出版社财务职能及财务管理方式之我见

金 穗

在出版社领导的指导下,财务部遵循会计职业道德,紧跟形势,了解新的政策、制度。财务部全体成员同心协力,在业务量的大幅提高、人员实际减少的情况下,紧紧围绕出版社的发展方向,在为出版社提供优质服务的同时,认真组织会计核算,规范各项财务基础工作,站在财务管理和战略管理的角度,以成本为中心,资金为纽带,不断提高财务服务质量,圆满地完成财务管理各项任务。

一、切实履行财务工作职能

1. 切实履行反映职能。反映是财务工作的基本职能之一。财务工作人员必须对出版社发生的每一笔经济业务通过不同的方式、方法进行规范记录,反映在凭证、账簿和报表中,以备随时查阅。在工作中,财务人员要熟练掌握日常工作流程,能做到条理清晰、账实相符。从原始发票的取得到填制记账凭证、从会计报表编制到凭证的装订和保存都达到正规化、标准化。做到全面、及时、准确的反映。

2. 切实履行核算职能。核算是财务工作的又一基本职能。核算包括成本核算、工资核算、费用核算等。在成本核算上能够结合出版社特点,将编辑费用按人进行结转,使费用分摊较为合理,每本书的生产成本采用了按品种按印次明细核算,当正常生产时产品成本会很准确;在费用核算上采取分部门、分人员核算,随时都可以查出每个部门、每个员工在每个月实际发生的费用。

3. 切实履行监督职能。监督是财务工作的另一项基本职能。首先是对每个部门每笔经济业务的合法性和合理性进行监督,保证企业不受不必要的经济损失,更不能无意地为一些工作人员创造犯错误的氛围。在这方面,财务部严格按有关制度执行,从不放过任何不合理事情;对出版社整体资产进行监督,定期进行固定资产盘点、存货盘点、库存现金余额盘点等,以保证出版社财产不受侵害。

4. 切实履行评价职能。评价作为财务工作的一项重要职能,需要对不同时期或阶段的经营成果及财务状况进行评价和分析。在工作中,要按照月、季和年通过财务报表和财务辅助说明进行分析和评价。

5. 切实履行管理职能。管理是财务工作的一项重要职能。首先是为领导管理和决策提供准确可靠的财务数据,能够随时完成社领导和其他部门要求提供的数据资料;其次是参与社内管理和决策,对存在的一些不合理现象,要及时提出合理化建议。

二、加强管理,提高效益

1. 严格遵守财务管理制度和税收法规,加强财务管理制度建设,认真履行职责,组织会计核算,严格控制成本费用,提高财务信息质量。

2. 组织财务人员业务培训,提高团队凝聚力,开展以涉税业务和执行企业会计制度、会计法及其他财经法律、法规的学习、自查活动,逐步提高财务人员的专业知识、技能和职业判断能力。

3. 条件允许的情况下,进行网络升级,提出全面预算管理方案,建立公司全面预算管理模式(实行ERP核算和管理,根据全面预算管理制度和指标,跟踪预算执行情况,按月准确及时提供预算执行情况的汇总分析,提出可行性措施或建议)。

4. 做好资产年报、财务年报及审计工作,以及所得税汇算清缴工作、重点企业财税检查工作等,合理地降低各项税务风险;完成预决算报告运作任务。

5. 进行出版社收入、成本、费用的专项检查,加强非生产费用和可控费用的控制、执行力度,不能超支的绝不超支,加强资金、存货等资产管理,继续完善各项财务管理制度和内部控制制度。

财务部要为出版社的持续发展提供支持和保障,财务工作任重而道远。要明确自身职责、积极学习,以适应日益复杂的财务管理工作的要求,不仅要进行基本的会计核算,更要充分发挥其管理职能,做到长计划、短安排,使财务工作在规范化、制度化的良好环境中更好地发挥作用。

提升出版社办公室管理水平的思路

李 旸

出版社办公室是出版社各项工作的轴心和枢纽,起着承上启下、综合协调、参谋助手、督促检查和服务保障等重要作用。办公室明确办公室定位,强化服务意识;坚持以人为本的指导思想,做到热忱服务、主动服务,讲究服务质量,提高服务水平,提供规范服务。实施科学有序管理,在管理中出效益。在日常工作中能做到敢于管理,敢于坚持原则。我们的工作理念是:以合作为基础,以务实为原则,以热情为宗旨,以高效为目标。在社行政的直接领导下,在出版社其他部门的积极配合下,办公室同志共同努力,较好地完成各项工作。

一、出版社办公室的主要职能

1. 负责出版社年度计划、年终总结的起草,紧紧围绕出版社全年的工作目标,当好参谋,提供优质服务。

2. 负责出版社会议的组织工作,做好会议记录,并负责催办落实会议研究决定安排布置的各项工作任务。

3. 负责接待上级领导的视察、检查指导工作,协助出版社领导综合协调全社工作。

4. 负责出版社员工档案管理、劳动关系管理、招聘员工、员工考勤、车辆管理和维护等工作。

5. 负责出版社办公设施、办公用品的购置、保管和发放。

6. 负责对出版社财物、人员的安全及消防工作的管理。

7. 完成领导交办的其他工作。为出版社做好一切后勤保障工作,积极配合各个部门，做好各项工作。

二、改进出版社办公室管理和服务的思路

1. 加大服务工作力度，赋予办公室工作新内涵。服务职能是办公室工作的重中之重。服务工作主要实现四大转变：一是实现被动服务向主动服务转变。办公室的工作突发性、偶然性、被动性强。因而，对待各项工作，要制订计划，未雨绸缪，以工作的超前性、预见性增加工作的主动性。二是实现单一服务向全面服务、超前服务、主动服务转变。办公室的服务必须注意服务的全面性和主动性，不能只为领导决策提供简单的对与答、能做与不能做的单项服务，而应该在领导决策前动议、参谋、拿主意，在决策中关注、关心、调查，在决策后总结、推介，从而提供超前的、全过程的主动服务。三是实现一般服务向优质服务、精品服务转变。坚持以服务为"天职"，对上级和兄弟单位要相互尊重、配合；对基层的同志，要满腔热情，放下架子，坚决克服"门难进、脸难看、话难听、事难办"的衙门作风。四是实现传统服务向创新服务转变。从过去的"看一看、听一听、议一议、办一办、传一传"的传统服务模式向观念服务、信息服务、智力服务、环境服务等创新服务模式转变。

2. 加大办公室队伍建设工作力度，在务实中创新。加强学习，全面提升办公室工作人员的综合素质。要通过学习，努力提高勤于想事的能力、善于谋事的能力、乐于干事的能力、诚于共事的能力、敢于断事的能力、自主创新成事的能力。

3. 加强档案公文管理，提高工作效率。坚持以目标管理为抓手，努力探索新形势下档案工作的新路子。加强档案目标管理工作的落实力度，及时做好档案归档和规范管理。试行会议纪要、简报、通知等全部通过网络进行传输传阅，试行各种文件网上下发。

4. 解放思想，全面提升管理水平。办公室承担着文字处理、档案、印鉴管理、采购保管、人力资源、编务等多项工作，是出版社传递信息、落实政策、上下内外沟通的窗口，工作琐碎繁杂不易出成绩。这就要求我们办公室工作人员不但综合素质要高，能应对日常事务性的工作，更重要的是能吃得了苦、受得了委屈。在工作中，树立服务于图书出版工作的大局意识，坚持按照"干大事，从细节做起，做小事，从大局着眼"的总体要求，增强工作的前瞻性和主动性。按照社部工作要求，全力完成社对内管理、对外协调任务，并使本部门的工作水平得到了提高，有力地促进社内各项工作的顺利进行。

改进图书物流的思考

李国强

随着改革开放的不断深入,我国的经济正日益融入经济全球化的大潮之中。社会化、专业化分工正在不断深入。物流业作为一个独立的产业迅速崛起,以信息技术为核心的现代物流在促进经济发展和经济效益增长中的作用日益显现,企业都把发展物流业作为提高竞争能力和提高企业核心竞争力的重要手段。出版社的发展不断壮大,对出版人提出了更高的要求,结合本人十几年的图书物流从业经验,谈点个人的思考:

1. 努力提高自身的工作质量。这包括作业水平和服务质量。因为图书物流工作是图书出版的产业链末端,其工作质量直接影响到出版社的经济效益和企业品牌效应。从业人员要从点滴注意,从小事做起,全心全意为客户着想,使自己自觉成为一名真正的客户服务人员。在图书运输之前需要制定合理的运输路线,尽可能地缩短运输时间和运输距离,从而使运输成本降低,提高对客户的运输服务水平。车辆在运输途中,安全行车,就是节省出版社的运输成本和费用,就是最大限度地降低了物流成本,以最低的物流成本达到客户所满意的水平。

2. 图书物流的发展实现图书的价值。图书的价值主要体现于图书从出版商送达书商并成功销售产生的经济价值。就物流功能来说,运输是图书物流中最核心的环节,它实现了图书从供应方向需求方的实体流动,创造了图书的空间价值,离开了运输,图书物流作业的展开将变得异常艰难。图书在流通过程中离不开储存,只要有物流,必然有储存。图书在搬运、储存及流通过程中,无处不与环境密切相关,无论是在仓库内储存图书,交通中运输图书都存在人—环境—图书之间的相互制约关系,处理得好,可使之成为良好循环,否则有可能降低工作效率,造成一定的经济损失,并影响人体健康。储存作为图书物流中的一种静态作业,创造了图书的时间价值。因此,如何降低物流费用和资源浪费,则主要从挖掘图书的空间价值和时间价值做起。

3. 图书物流的特殊性对物流技术的要求提升。图书销售存在着一定的季节性趋势,其中以教材类图书最为显著。众所周知,教材类图书通常在入学的春秋两季迎来销售的高峰,这一时期需要图书物流能够满足基本的配送需求。此外,图书销售过程中的高退货率也对图书物流的退货管理提出了新的要求,在我国,已悄然开始了一种科学的逆向物流系统,相信,它的进一步完善体系离我们不会太远。

4. 标准化程度亟待提高。过去图书物流的标准化程度不高,一方面取决于图书这种特殊物品的性质,另一方面源于图书物流行业缺少既有的标准。图书物流所承担的货物,多以纸制包装为主,货物体积大小差别较大,这取决于图书开本的定样,难以集中处理。同时,行业中用于承担图书物流作业的物流器械的规格也不尽相同,使得货物在出版商、物流、服务、提供商、书店之间的周转无法采用统一的器具而快速地完成货物的交付作业,增加了图书在装卸搬运、存储过程中的复杂程度,也降低了图书物流的效率。

5. 图书物流成本比较高。同发达国家相比,我国的物流成本一直居高不下。作为国民经济活动的一部分,图书物流自然也不能避免受到这种环境的影响。就本人观点来看,图书物流中的仓储、运输成本大约占到销售码洋的 $3\% \sim 5\%$,加上设施设备折旧、人工成本、信息系统投资回报等,这一比例将高达 15%。这一部分物流成本,对于出版社供应方来说,是无法避免的。在图书业中,物流成本主要体现在库存成本与运输成本。其中,高库存一直制约着图书出版业的发展。与此同时,由于出版商之间的合作关系不够充分,难以较好地利用社会上的物流资源,尤其是运输资源,从而通过图书物流的规模效应来降低成本。

6. 寻求低成本的第三方物流合作。针对出版社每年的必须开支,其物流成本,恰恰是提供第三方物流服务的企业的主要收入来源。在长远发展过程中,出版社尝试将图书物流作业外包,寻求第三方物流服务商,实现资源整合与成本效益。第三方物流可以整合出版社之间的资源,实现图书物流的规模效应。在出版社追求相同利益目标的前提下,第三方物流可以整合出版社的信息资源,将各自分散的业务集中起来,并依托于第三方物流的运输网络、运输设备、仓储设施等软硬件资源,使与出版社相关的物流成本降至最低。

7. 加大现代图书物流设施和技术的投入。对图书物流实行标准化的建设,不仅依赖于相关行业标准的制定,还依赖于将现代物流设施与技术引入图书物流发展中。由此,合理规划图书物流中心和加大应用于图书物流的信息化投入是逐步发展现代高效图书物流作业的有利途径。

出版社与民营书商合作模式之探讨

余 榕

时下,随着我国出版业转企改制工作向纵深方向发展,各出版社已在不同程度上逐渐地成为独立的市场经济实体,真正走向了市场,并在市场竞争中激发潜力,谋求发展,创造价值。然而,出版社在不可回避的市场竞争中,如何在出版业各种力量的博弈中,特别是和近年来异军突起并不断发展壮大的民营书商的市场博弈中占有更大的市场份额,从而赢得市场,并在竞争中谋求发展呢?或者说出版社在市场竞争中,如何正确对待形成一定竞争力的民营书商这一客观存在,是排斥还是合作?若合作,其客观性、必然性何在?是否仍沿用近些年来曾经出现的"买卖书号"及其变相形式(如"体内循环"、"深层合作")等予以表面上的合作呢?如何从根本上,即合作双方双赢的实质上进行合作,合作的切入点何在?如何建立合作的模式?这些均是作为出版人在出版社转企改制后迫在眉睫的思索。为此,笔者就这一思路,略谈己见。

一、民营书商的发展历程

民营书商(即从事图书策划出版、印制、发行等业务,属于民营性质的图书出版从业者,具体包括民营出版公司、民营发行公司、图书工作室、文化公司等),从20世纪80年代末起就活跃在我国的出版舞台上,经过多年市场上的锤炼和积淀,其队伍日益壮大、发展态势迅猛,已经成为中国出版业的一支重要力量。综观其发展,主要历经了以下三个阶段。

(一)出版社的盗版(名)人阶段

民营书商最早介入出版业是通过发行环节。之后,一些民营书商不满足于批发、零售等环节的薄利，为了追逐暴利不惜以身试法，采用直接扫描原书或另行录入编排等方式制作或销售盗版书。他们多盯着时下热点和有市场潜力的图书(包括各种教材教辅、辞书、工具书、法律、经济类图书等)下手。继盗版书之后，一些不法民营书商为了牟利还盗用畅销书作者之名或著名出版社之名出书，图书内容粗劣，比盗版书的危害性更大。

在此阶段，民营书商还未与出版社展开合作，甚至一些不法民营书商还充当了出版社的盗版(名)人的角色，这不仅严重损害了作者和出版社的合法权益，直接侵害了广大读者的利益，造成了国家税收的巨额损失，对正规的图书市场形成了严重的冲击，阻碍了我国出版业的健康、有序的良性发展。盗版(名)是我国出版政策所严厉打击的，被视为图书出版业的"毒瘤"。

(二) 出版社的同行人阶段

随着一些具有实力和规模的民营书商在批发、零售上的迅速发展，对利润的无限追求使他们开始半遮半明地染指图书出版。但由于国家对书号的控制，使得其被政策拒之门外，想要介入出版环节，只能与出版社合作，用高昂的成本间接获得出书的资格。由此，"买卖书号"应运而生，继而又出现了"体内循环"和"深层合作"等变相的买卖书号的合作出版形式。由于合作出版已客观形成，很多成功的民营书商实际上已成为仅仅缺乏书号资源的"个体出版社"，他们经过多年的发展与自我完善，已从低质量、无章法、片面追求经济效益转入高质量、讲章法、双效并重的阶段。

在此阶段，民营书商只是出版社的同行人，他们采用合作出版方式介入出版，但这种合作只是暂时的而非长远的合作，是形式上和表面上的合作，并未触及合作的实质和根本——合作方双赢，是一种被扭曲了的合作而非真正意义上的合作，也是我国新闻出版总署所明令禁止的。

(三) 出版社的同盟军阶段

随着我国经济体制改革的深入，出版业真正走向市场。2008年后，国家对民营资本介入出版领域的政策逐步破冰，鼓励、支持和引导民营企业进入政策许可的出版领域。新闻出版总署推行的产业改制使民营书商开始享受到改革带来的机遇，民营出版迎来了政策的春天，非公有制出版机构作为新闻出版产业的组成部分，纳入行业规划和管理。民营书商想介入出版，终于可以正大光明地进行了。然而，按照现行的出版政策，民营书商成立出版社还不太可能，只有参股出版社。

在此阶段,出版社与民营书商成了同盟军,发展成为战略性的合作伙伴,双方携手合作,共同奋进,共享中国的出版市场,促进出版业的大繁荣。

二、出版社与民营书商合作的客观性和必然性

由民营书商发展的历程不难看出,中国出版业的做大做强,仅靠出版社的力量远远不够,将民营书商正式纳入出版业,更有利于市场规范和图书繁荣。于是,在市场经济条件下,出版社不仅不能排斥民营书商,而是要使民营书商更多地参与到出版业中。这种正规军与游击队团结起来繁荣中国出版业的欲望,使出版社、民营书商及出版业在转企改制中产生共鸣,形成合作的客观性与必然性。

(一)对出版社的剖析

作为中国出版业主力军——出版社,长期以来受旧体制的影响,背靠"行政"大树,唯我独尊意识、封闭保守意识严重,仍旧靠行政化管理,致使创新能力不强、运作手段单一、市场竞争能力差。于是,面对书商的异军突起以及由此带来的竞争和挑战,一些经营状况不好的出版社为了生存和谋利,甘冒政策风险和舆论谴责,违法收取书号管理费,丧失出版主导权,放弃了策划和审稿等出版的重要环节,"空壳化"现象严重,沦为书号批发机构。随着转企改制号角的吹响,出版社应当增强市场竞争与风险意识,与民营书商携手合作,虚心学习其优点和长处,借鉴其成功经验,弥补自身不足,进而深入发掘自身潜力,使自身的体制、机制更灵活,更贴近市场,增强自身的实力和竞争力。在具体合作上,出版社可将自身的品牌、行业背景、专业人才、社会公信度、资金等优势与书商的选题策划、产品包装、市场反应、经营管理、成本、渠道等优势互补,强强联合,在资源整合中生成新的竞争优势,通过做大民营渠道增量,实现本版图书市场的有效扩容。这样,出版社才可能做大做强,扩大自己产品的市场占有率,才可能不丧失主导地位。

(二)对民营书商的剖析

前已述及,作为中国出版业的生力军——民营书商,身处市场的最前沿,其所具有的敏锐的市场洞察力、快速的市场反应力、优异的策划能力、严格的成本控制力和机动的市场运作力等是一些出版社所不能及的,因而成为出版社作者

资源、出版资源、终端客户资源和发行渠道的有力争夺者。他们已广泛介入到出版业的整个产业链条,尤其是在选题策划、发行等方面,已占据举足轻重的地位,成为我国出版业的重要组成部分,并已经成为一个拥有强大竞争力的商业群体。但由于书号限制,他们只能采取合作出版形式介入出版,这导致其无法顾及长远利益,从战略上作出规划,进行中长期的研发投入和品牌建设,而只能从眼前利益出发,做些短期产品和畅销产品。而当前的出版社转企改制为民营书商的"正名"之路提供了最佳的契机,虽然书号还没放开,但是在某些方面依然为民营书商提供了相较以前很好的出版环境,至少可以名正言顺地和出版社合作了,通过参股到出版社等形式,真正地参与出版业产业链中去。

由上面的剖析可以进一步得出,民营书商的优势在于策划、发行,出版社的长处在于编审、校对,目前的出版体制形成双方合作的契机。双方只有通力合作,结成同盟军,优势互补、携手共进,才能真正形成合力,促进中国出版业的发展和繁荣。合作对于双方来说,都是最优的选择。在合作中,双方各得其所:出版社从合作中草船借箭,得利又得名;民营书商从合作中借鸡生蛋,得利。

三、出版社与民营书商合作的切入点

鉴于上述分析,出版社与民营书商的合作已是大势所趋。然而,在合作中,其模式可以多元化,有待于各种探索,但是,合作的切入点一定要把握好。即:在与民营书商的合作中,出版社拥有专有出版权,是出版责任的承担者,是合作出版的主导方,必须统一选题管理、书稿处理、印制管理、财务管理和规范发行市场管理等,对合作的全过程实行严密监控、规范管理、严守协议。只有保证出版社的主导地位,保证出书导向正确,保证国有资产的保值和增值,才能确保这种合作在政策上是安全的。在此切入点上,充分发挥民营书商生力军的优势,才能确保合作双方在经济效益和社会效益上达到双赢。

四、出版社与民营书商的合作模式探讨

在出版业转企改制的契机下,出版社和民营书商究竟应采取什么模式合作,才能既不触动现有出版政策和制度,又能保护出版业,尤其是出版社的平稳过渡,实现中国出版业的大繁荣呢?笔者认为,出版社和民营书商可以采用财力、智力、能力等几种模式来实施合作。

（一）财力合作模式

出版社和民营书商的财力合作,即以资金出资、品牌等无形资产评估出资和固定资产作价出资等形式采取的资本合作,而且这种合作要保证出版社的绝对控股权(≥51%)。合作的基本原则是:在经营和选题开发上,以民营书商为主;在资产和图书内容的把握上,以出版社为主。这涉及出版社和民营书商企业文化的融合、管理模式的统一、双方价值观的趋同等。这种合作比较适合大型的出版集团与规模较大的成功的民营书商之间的强强合作,其合作所产生的效应必须是 1+1>2,而不是此强彼弱。

在财力合作的共同体中,对于出版社而言,通过近距离的合作与观察,可以吸收对方的长处和优点,改善自身经营效率,提升管理水平,扩充现有图书品种,强化既有品牌,增强经营实力,扩大现有规模,拓展新兴领域,而且,在充分利用民营书商的有效资源的基础上充实壮大自己后,再成功地把民营书商纳入自己的出版体系,可以实现出版资源的优化组合,从而形成了自身的规模经营和规模优势。对于民营书商而言,也赚到了出版社所拥有的良好的市场销售渠道、品牌号召力、专业人才优势和市场竞争力等,其信誉、知名度和影响力得以扩大,不会再被边缘化了,其投资收益和长远利益也能得以保障。

例如,2009 年 4 月 25 日,民营书商张小波所执掌的北京共和联动图书公司与凤凰出版传媒集团旗下的江苏人民出版社共出资 1 亿元成立北京凤凰联动文化传媒公司,就是第一家民营书商和国有出版社财力合作比较成功的个案。其中,江苏人民出版社出了大部分的资金,占有 51% 的股份,成为控股股东;共和联动以自己的公司品牌等资源入股,占 49% 的股份。这是一个新信号,民营书商对市场的捕捉风向能力居然可以换来国有出版社的真金白银。张小波为新公司策划的第一本书《中国不高兴》——上市 1 个月销量就冲破 60 万册,向新东家证明了自己的赚钱能力。此案例表明,通过财力合作,出版社和民营书商真正实现了优势互补和强强联合,激发了双方的活力,既确保了出版社对合作出版的主导权和出版双方的合理收益,又扩大了图书销售,做大了市场,在优势互补中实现双赢。

但是在财力合作模式中,出版社要注意以下两个问题:一是要防止因与民营书商合作不成功而导致的国有资产流失,防止合资企业因对方的撤走而前功尽弃。二是要防止在通过财力合作模式吸纳、整合民营书商后,出版社丧失主导权,空壳化严重,失去市场竞争能力。

（二）智力合作模式

出版企业（包括出版社和民营书商）是典型的智力密集型企业，智力是指出版业的人力资源，即出版人所具有的策划、编辑能力和洞察力与开拓市场的能力等。优秀的出版人是出版企业最核心的无形资产或人力资本。只有拥有这些人，出版企业才会产生巨大的经济效益。智力合作模式就是在出版社和民营书商合作中，采用优秀的出版人加盟合作企业的形式。采取智力合作的决定性因素在于：优秀出版人的加入，是否能将其在市场上已形成的品牌形象带入出版社，是否能给出版社注入优秀的创意或带来巨大的市场潜力，是否与出版社现有的或努力开拓的出版方向、产品结构大体一致。采取智力合作模式，合作双方应根据自身的综合实力彼此选择。

智力合作的较成功案例当属湖北长江出版集团与"金黎组合"组建北京新世纪文化公司（长江文艺出版社北京图书中心）。著名出版人金丽红、黎波最早在华艺出版社任职时，就合作策划出版了王朔、姜文、吴小莉等一系列畅销书，被业界誉为"黄金搭档"。多年来，他们一直在神话般地创造着巨大经济效益和社会效益，成为中国出版业中一个含金量极高的品牌。由于深感体制内的局限性，两人于2003年一起从体制内"转会"到体制外——长江文艺出版社北京图书中心，形成了以两人为中心的出版操作模式——"金黎模式"：金丽红整合上游的高端选题资源，负责选题策划、编辑制作；而黎波整合下游的市场资源，负责印刷设计、宣传推广。当不少出版单位面临体制改革而惶恐不安时，金丽红、黎波已在市场中劈波斩浪，弄潮领潮，19人的团队年均人产值达300多万元。他们不断优化自己的品牌，成功运作了大批畅销书，为公司赚取了高额利润。此外，长江文艺出版社也抓住合作这个契机，陆续把武汉的员工派到北京图书中心来学习、锻炼，为的是让更多的社内员工站到市场的最前线，把自己训练成为真正意义上的职业出版人。通过此案例可以看出，智力合作模式将出版社的社会信誉和相对的资金优势与民营书商多年来在市场上磨炼出来的策划能力和产品优势相结合，达到资源共享，优势互补，从而形成规模，增强特色，创造品牌，实现共赢与共同发展。而且，合作的目的是为了培育和提升出版社的内容创新和内容提供能力。

在智力合作中，应注意以下两个问题：一是要在智力合作中对人力资源进行正确评估（可采用成本法或是价值法），以调动其积极性；二是要防止因民营书商急功近利的运作方式导致图书质量下降而摧毁出版社的良好品牌形象，甚至因民营书商不重视政治问题、导向问题而使出版社受到严厉处分情况的发生。

(三) 能力合作模式

在能力合作中,能力专指选题策划和发行等方面的能力。对于广大规模小、实力弱、没有特色的、竞争力不强而又没有加入出版集团的中小型出版社,可以在能力上与民营书商展开合作。双方可综合对比各自能力,在对方优势、己方弱势的环节上采取优势互补的合作。若出版社能力＜民营书商能力,出版社可考虑在策划、发行环节与民营书商合作,编、审、校环节由自己把关;若出版社能力＞民营书商能力,出版社可考虑在联系作者、发行环节与民营书商合作,选题策划由自己负责。而且,在发行环节的合作过程中,出版社和民营书商可以互相借势以扩大销售渠道,如出版社可以利用新华书店主渠道优势,民营书商可以发挥在民营渠道、网站、机场、农家书屋等渠道的优势,合力为图书发行创造畅通的销售网络。

但是,在能力合作中,应防止能力合作沦为"买卖书号"的变相模式的翻版,导致出版社空壳化现象,丧失市场竞争能力。

(四) 多种模式的融合

在市场经济条件下,出版社和民营书商的合作模式不是固定不变的,可以结合上述三种合作模式,不拘一格地采用多元化的、灵活多变的合作模式。出版社和民营书商应结合各自的实力和双方的特点,在不同的时期和不同社会经济形势下,根据自己的实际情况和发展的需要,灵活调整双方的合作模式,究竟是采用财力合作、智力合作、能力合作抑或是三种模式中某几种融合的模式。

上述对于出版社与民营书商合作模式的探索,无论是财力合作、智力合作、能力合作,抑或是三种合作模式中某几种融合的合作,只是一种初步的思索,权当作为出版人对此问题探索的抛砖引玉。但是,在对合作模式的探讨中,笔者却始终贯彻着一种坚定不渝的意念,即:通过市场化的方式吸纳民营书商后,出版社的主导地位是否牢固,出版社是否由此能大大增强内容创新和内容提供的能力,出版社所应把握的底限是在政治上、经济上、质量上都不出问题。只有这样,合作才能带来实质性的收益,出版业才能真正实现大繁荣。

参考文献

[1] 新闻出版总署.关于进一步推进新闻出版体制改革的指导意见.2009-4-6.

[2] 佚名. 国有出版单位与民营书商应在博弈中合作. 2009-8-12.
[3] 周为筠,张华. 民营书商的新财富游戏[N]. 南方周末,2009-5-14.

(本文发表于《编辑学刊》2011年第1期)

数字出版

论电子出版方式与消费者的心理隔阂

张巧玲

一般来说,出版物的阅读在于内容而不在于形式,媒介形式的改变不会改变内容。在多样化选择的前提下,图书消费者选择范围不断扩大,图书消费如果因介质不同而产生差异,首先要归因于消费者个体消费习惯的不同,消费习惯的养成则基于长期的消费心理积淀,因此,电子出版物与消费者心理的调适需要相当长的时间,在相互作用下才能获得较快的共同发展。目前的电子图书是电子出版的产物,按照通行的观点,电子出版可以分为在线电子出版和离线电子出版。在离线电子出版的情况下,电子形式的文本不是以电子方式而是通过非电子方式发行的,如载有电子文本的软盘或光盘。在线电子出版包括电子生成、电子发行和电子消费三个阶段:"电子生成"指借助计算机生成电子文本;"电子发行"指文本采取非邮递等电子的发行渠道,大多数情况下是通过计算机网络进行传播;"电子消费"指读者借电子器械,通常还需要附着在电子阅读器下,实现电子文本的阅读。

与传统出版相比较,电子出版的优势显而易见。首先,生成制作方式环保且成本低廉。电子文本的"生成阶段",相当于传统出版的编辑阶段。编辑工作完成,图书形式即告全面完成。这里不需要类似于传统出版的印刷制作,因为电子文本的"复制"对于已经过编辑加工、可供使用的电子文本来说实在太容易了。其次,发行便捷高效。除光盘或电子书介质等需要通过邮寄或其他形式传递,电子文本通过网络可以迅速地到达消费者手中。最后,具有除阅读功能外强大的检索、复制等附加功能,便于实现对文本内容的再利用。另外,除了第一次购买设备的费用外,购置电子文本的成本大多低廉。再加上一个存储器的空间,甚至可以容得下某些简易形式文本电子书的容量,相当于一个中型的图书馆。虽然有这样多的优势,电子出版在传统出版面前并非取而代之,而是在不同的领域各行其道地发展。这种局面应当会持续很长时间。

第一,对于图书这样一个有着悠久历史的特殊产品来说,由于习惯的养成与长期的个人受教育过程紧密联系在一起,有着不易改变的心理基础。吴培华在《后出版时代出版业科学发展的再思考》一文中写道:在许多领域,数字出版正在蚕食我们传统出版的份额,这是不争的事实。在出版的某些领域,数字出版或许将居于主导地位,也许会是一场颠覆性的革命。革命的实质或结局我们目前不好预测,只是我们还应该看到,这句话留下的语义空间表明,还有许多领域,是数字出版暂时还无法占据的领域。至少在初级教育阶段,电子出版的渗透性非常有限。从儿童心理学来说,这个阶段是一生许多习惯养成的基础。传统出版方式对这个时期的影响力,很大程度上会形成此后的学习习惯,即根据学习内容区分阅读方式的心理基础。基本学习、专业知识的接受以传统出版物为主,赋予纸质媒介或类似于纸质媒介的那种不可更改的"白纸黑字"以某种神圣性。由于受教育的方式基本上是每一个人的必经之路,因此在每一个人的阅读习惯上都可能形成某种阅读媒介的依赖性,从而使传统出版处于不灭之境。

第二,虚拟消费需要时间积累才能改变消费心理。无论是印刷型出版物还是电子出版物,出版者都应当重视传播效果,即消费者能否接受和是否接受、如何才能最有效地利用的问题。与纸质材料阅读不同的是,电子文本与电子器械是寄存的方式,同时也不是一一对应的关系。无论是电脑、PDA或者其他形式的电子图书,它们都只是电子文本的储存空间,而同时寄存于其中的电子文本以数字格式存在,对于消费者来说,由于人的所有感觉器官都无法直接感知这种存在,因此,它只是一种虚拟存在。对于广大消费者来说,图书消费还是一种物质消费与精神消费同在的消费方式,精神上的愉悦与物质上的拥有是不可分割的整体。尤其对于一大批具有图书消费习惯的群体来说,花费的金钱得到的只是一种不可手抚或感触的虚拟形式,这是很难在心理上接受的事情。同时,电子存储空间的虚拟性还会让人产生强烈的不安全感,在与不在及设备的寿命都让消费者心存疑虑。一旦这个庞大的数字图书馆本身出现了问题,其中所有虚拟形式的读物都可能受到损坏,至少恢复需要的技术手段依赖性使图书消费者心理总存在着一点忧虑。

第三,阅读方式与消费心理对电子图书内容的期望不同。有些人称电子阅读方式为浅阅读。顾名思义,浅阅读是指阅读层次不够深入,同时也指阅读内容不宜艰深。纸质文字的呈现方式是固定不变的,每一张每一页字数的多与少,字号的大与小,一旦形成就不可更改。对这种阅读方式的适应,意味着纸张与文字的对应关系在心理上已经固定,而这种固定与知识的可靠与精确有着某种关联。

事实上,尽管缺乏对电子书制作流程的全面了解,但仅以现在多种形式的电子阅读来看,只就内容生成电子文稿而根本没有纸质文本存在的内容,的确有着较多的缺陷,其中最显著的一点莫过于准确性。纸质文稿的校对方式在电子文稿的审核过程中不可复制,尽管有校对软件的协助,但对于专业分工日益细化的不同内容来说,校对软件往往不能像对待日常内容一样发挥作用,同时电子文稿对电子化校对方式形成的依赖降低了校对人员的工作能力。至少在目前这样的情形是存在的。无论是消费者还是生产者,对这一过程都缺乏全面的信任。因此,消费者阅读电子图书时更多是一种查阅、浏览或者非重要知识的阅读。如果要真正使用精确的知识,大多还会转向纸质文本。

鲍德里亚在《完美的罪行》中曾预言虚拟的巨大作用:"依靠虚拟,我们不仅进入了取消现实和参照系的时代,而且跨入了消灭他者的时代。"只是在图书行业,虚拟的电子图书要消灭传统的纸质图书趋势至少目前还未显现。现在以网络为中心生成的电子图书,其内容几乎是休闲娱乐的天下,学术式的漫谈也不乏其作,可要找出可能成为经典的作品,希望很渺茫,其原因就在于无论是生成、传播和接受的整个环节中,生产者的随意和消费者的不信任使得作品的制作者不会轻易将最优秀的作品交付这种出版方式。

从 2005 年起就让传统出版心惊肉跳的电子出版,经过了多年的发展,虽然占有的市场份额数字惊人,如果考虑到消费者的具体情况,特别是仅就文字式图书一块来说,数字出版还不至于让传统出版失去竞争力。2008 年,电子出版产业总值 530 亿元。2009 年,这一数字飞跃至 790 亿元,出版产值首次超过传统出版。但是,如果认真分析电子出版的构成,会发现产值的核心内容并非图文式的电子图书,占 70%~80% 的是网游、电子音像等电子产品。纯粹的电子出版物数量巨大,直接产生的经济效益并不高。特别是考虑到消费者由于种种原因,由于在消费心理上尚未达到对电子出版物的信任及虚拟方式的认同,传统出版必然要与电子出版在很长的时间共同存在,从而形成一种出版的共生环境。无论其中的份额比例怎样变化,电子出版要想完全取代传统出版都还需要时日。

参考文献

[1] 李农. 电子出版与电子图书馆[J]. 情报科学,2010(1).

[2] 张征,熊澄宇. 媒介整合的未来[J]. 河南社会科学,2007(7).

[3] 迈克尔·希利. 这是一个改变电子出版的关键时刻[J]. 书城,2010(2).

[4] 鲍德里亚. 完美的罪行[M]. 北京:商务印书馆,2000.

我国数字出版的 SWOT 分析

余 榕

近年来,数字出版产业的发展势头强劲,日益成为我国出版产业变革的"排头军"。与传统出版相比,数字出版拓展和革新了出版的概念和理念。它打破了时空、地域限制,以其出色的快速查询、方便的检索、较强的交互性、较广的传播范围、海量的存储、低廉的成本、方便的编辑以及更加绿色和环保等优势,一时间风光无限。它在丰富出版物内容和形式的同时,也改变了人们的生活方式和消费理念。数字出版和传统出版之间究竟是什么关系,传统出版会不会在将来被数字出版完全取代呢?本文拟通过 SWOT 分析,剖析我国数字出版和传统出版之间是并存还是取代的关系。

一、数字出版的界定

数字出版涉及版权、发行、支付平台和最后具体的服务模式,它不仅仅指直接在网上编辑出版内容,也不仅仅指把传统印刷版的东西数字化,又或者把传统的东西扫描到网上就叫做数字出版。真正的数字出版是依托传统的资源,用数字化这样一个工具进行立体化传播的方式。目前,业界对数字出版的定义中比较认可的一种是:只要使用二进制技术手段对出版的整个环节进行操作,都属于数字出版的范畴,具体包括原创作品的数字化、编辑加工的数字化、印刷复制的数字化、发行销售的数字化和阅读消费的数字化等。

二、SWOT 分析在数字出版领域的运用

SWOT 分析法即态势分析法,系 20 世纪 80 年代初由美国管理学教授韦里

克提出,SWOT四个英文字母分别代表优势(strength)、劣势(weakness)、机会(opportunity)和威胁(threat)。它是将与研究对象密切相关的各种主要内部优势、劣势和外部机会、威胁等,通过调查列举出来,把各种因素相互匹配起来加以分析,从中得出一系列相应的结论,从而制定相应的发展战略、计划及对策等。下面笔者拟采用SWOT分析法对数字出版进行分析。

(一)数字出版的优势

1. 传统出版物销售的停滞不前及数字出版的迅猛发展

2002—2008年,我国传统出版物销售册数基本上处于徘徊停滞、增长乏力的状态,而同期数字出版物却呈现日新月异的发展态势,在品种、交易册数和销售额上都保持着高速增长,正在成为我国图书出版业的新宠。数字出版依托传统出版行业基础、结合现代高新IT技术优势、倚靠国家的大力支持,在业内企业积极推动下已经驶入了发展快车道。2008年,我国数字出版产业整体收入已达到530亿元;作为数字出版主要产品的电子书全国总量已达到81万种,读者规模达到7 900万人,交易册数达到4 950万册,销售额达到2亿余元。

2. 读者阅读方式的改变

近年来,我国国民图书阅读率总体呈现走低态势,而新兴数字媒介阅读率呈现持续迅速上升的态势。数字出版的兴起及电子书的出现,在丰富人们阅读习惯的同时,也使阅读成为一件时尚而有趣的事。在电子书读者的年龄构成和学历构成中,低年龄和低学历读者是电子图书的主要读者群,且增长明显,其增长是拉动电子书读者数量稳步上升的主要动因,在网络环境下成长的年轻人已经渐渐适应网上阅读或者电子媒体介质,这一群体为电子书的发展提供了稳定的动力;而对于绝大多数成年读者而言,他们更习惯于传统纸质图书的阅读,这一群体图书阅读率变化不大。

3. 电子阅读器的出现

全球第一大网络书店亚马逊公司推出的电子阅读器Kindle在市场上大获成功,颠覆了传统出版业的生产方式,改变了人们的购书方式及阅读方式。Kindle是一个辅助销售并实现阅读的媒介,最终目的是向读者出售电子书。和阅读传统书籍相比,Kindle的优点是显而易见的,它的容量大,可以有声朗读,具有无线上网功能以帮助人们随时随地下载和阅读报纸、书籍。我国的数码产品制造商看到Kindle带来的巨大商机,也纷纷开始行动。如2009年5月,中国移动推出了G3阅读器;汉王科技发布了其首部加入手写功能的电子阅读器产品

N518。一些出版界资深人士对电子阅读器非常看好,认为它更加环保、价格低廉。对于出版商而言,电子阅读器在带来大量读者的同时,还能节省印刷和发行费用。

4. 手机阅读的出现

随着我国手机用户继续迅猛增长、手机价格和话费的进一步下调、智能手机的大量普及,以及手机的性能、功能、上网速度和容量等的不断上升,通过手机阅读电子图书的人数持续增加,最终演化为电子书销售收入的爆发性增长:手机阅读产值从 2002 年的不足 20 万元,发展到 2008 年的 3 030 万元,增长了 150 倍。尤其是 2008 年增长最快,比 2007 年的 650 万元翻了近 5 倍。手机作为数字出版的终端因其普及率高,而且实用方便,已占据数字出版的半壁江山,而 3G 时代的到来更催生手机出版的春天:基于 3G 通讯技术平台的手机,除了作为简单的通讯工具外,开始承担创作器、编辑器、发布器和阅读器等功能。

5. 新媒体业务模式的诞生

数字出版技术及内容提供商也正积极打造网络图书、网络期刊杂志、在线数据库、原创文学、手机小说、网络游戏和网络动漫等新媒体业务模式。如清华同方的"中国知网"已成为全球著名的专业互联网与电子出版机构,拥有读者 2 000 余万人,在海内外拥有 6 000 多家机构用户;起点中文网作为一家原创文学网站,开创了在线收费阅读的新模式;空中网作为在美国纳斯达克上市所花时间最短的中国公司,面向整个移动通信增值服务产业,与中国移动、移动终端、独立 CP 紧密协作,搭建全球华人沟通、娱乐和商务的移动互联的时尚生活平台。

(二)数字出版的劣势

1. 出版单位对数字出版的观望

对传统出版单位而言,多年来对于数字出版却始终如雾里看花,长期受下列问题的困扰:如何进入数字出版、实现数字出版、实践数字出版和投资数字出版,特别是传统出版业务如何与数字出版对接,传统出版资源如何在数字出版领域复用,如何在数字出版领域实现盈利等。由于大多数传统出版单位对数字出版既看不清楚,也看不明白,因而保守地持观望态度,仅仅将传统出版理念移植到数字出版领域中来,只是完成了出版形式的数字化或是出版过程的部分数字化,而未能理解数字出版的真正内涵和真实业态,未能从思想意识到生产模式进行脱胎换骨的改造,因此难以取得应有的成效。

2. 数字出版前期投入高昂

数字出版需要较高的前期资金投入,其数额绝不是国内一般出版社所能承受的,但短期内资金回报率却较低,因此,许多出版社宁愿将资金投入一些能够短期见效益的畅销书上,也不愿发展数字出版。

3. 数字出版产出较低

阻碍传统出版产业向数字化转型的一个重要原因是资本投入"低进低出"或"低进不出"。低产出是制约数字出版产业发展的瓶颈。数字出版是一个长期投入、延伸发展、递次增值和渐进积累的过程。但目前有的传统出版单位急于获得数字出版权,对外将其作为一个产业增值的概念来运作,对内作为创收单位来考核。这种短期行为和目标与数字出版的产业特征极不相符。

(三)数字出版的机会

1. 国家政策的大力支持

国家对数字出版行业给予了高度重视。新闻出版总署出台的电子出版物出版管理规定,结束了数字出版多年来无法可依的局面。《国家"十一五"时期文化发展纲要》中明确指出:大力发展以数字化内容、数字化生产和网络化传播为主要特征的新兴文化产业。全国文化产业布局规划和"十二五"文化发展规划也在积极制定中,其中出版业及出版社的数字化改革是重点内容。

2. 数字媒体发行集团的组建

大型传统出版业开始加速自身数字化转型,数字媒体发行集团成为出版业最重要的产业组织形式之一。2008年5月,中国出版集团投资组建了中国出版集团数字传媒有限公司,其中心工作是本着"共建、共享、共赢"的理念,聚合全国的出版发行资源,搭建"中国数字出版网",最终构筑成为以中国出版集团为主导,联合全国出版发行集团和大型出版发行机构,聚合全国的出版资源,逐步建成拥有先进技术标准和完善数字化出版方案,面向全国出版行、出版从业者以及全国广大读者的多功能、公益性和商业化结合的网络平台,从而成为中国出版业具有代表性的、最大的数字出版产业门户网站。

3. 数字出版——金融危机时期出版企业的利润增长点

2008年以来,在美国次贷危机引发全球金融危机、各国实体经济受到严重冲击的状况下,全球经济总体萧条,出版业生存发展环境更加严峻。与此相反,电子出版物和相关产品的销售却表现出繁荣之势。国外不少出版机构都加大了对数字出版的投入,希望以此摆脱危机的困扰,占领新媒体市场,如企鹅集团宣布进军手机阅读市场,亚马逊推出电子阅读设备等;国内的数字出版行业依然保持着快速增长的势头。截至2008年年底,国内578家图书出版社已有90%开展了电子图书出版业务,出版电子书50万种,与2007年相比增长25%,发行总量超过3000万册,收入达到3亿元,同比增长50%。新闻出版总署副署长孙寿山表示,"数字出版代表了新闻出版业未来的发展趋势和潮流,将成为新闻出版业未来最强劲的增长点。"

4. 数字出版行业的产业规模

我国数字出版行业的产业规模不断扩大,产业链日益完善,数字出版观念正在形成,数字出版的形式、形态也更加丰富。现今已涌现出一批具有一定规模、拥有各自竞争优势的专业数字出版企业。随着数字出版物逐步成为人们日常生活的一部分,我国的数字出版行业将会在众多新闻出版机构、数字出版厂商的共同努力下取得更为迅速和长足的发展。

(四) 数字出版的威胁

1. 数字出版的盈利模式尚不成熟

数字出版的盈利模式是否清晰,决定着出版单位在数字化的道路上究竟能走多远。目前,我国已经涉足数字出版领域的出版社中,盈利模式尚不成熟,能真正从中获得盈利的并不多,多数是处在投资培育的阶段,或者是以公益为主,对数字出版的认识还停留在流程电子化、制作电子书、建立网站或与运营商签订各种委托数字化协议上。这种盈利模式的不确定性导致目前的传统出版社不能大规模地投入资金和进行全面的数字化转型。

2. 数字出版的版权保护比较薄弱

近年来,国际上数字版权贸易竞争日益激烈,数字版权保护在各国发展战略中日趋重要。对于我国而言,2001年之前著作权法未规定信息网络传播权,过去出版单位仅与作者签署了传统出版物出版协议,所以出版社在开展数字出版的过程中,一些老书的授权成为制约因素。同时,目前市场上还出现了个别出版企业利用权利人不甚了解数字作品的相关权利的条件下,买断了作者已经出版和未来即将出版作品的所有数字形式权利,这也使得我国出版社在数字出版领域里可能遭遇没有数字内容出版权利的尴尬局面。相对薄弱的数字出版物版权保护意识令作者、出版商的利益得不到完全保障而望而却步。

3. 数字出版缺乏统一的行业标准

目前,由于技术发展迅速,相应的立法落后于技术和产业的发展,因此造成了国内数字出版环境混乱，这给整个产业的健康发展蒙上了阴影，一些法律的缺位让市场出现无序竞争的局面。这需要政府加大对市场的监管力度。数字出版缺乏统一的行业技术标准令数字出版物的兼容性、便捷性大打折扣。此外，由于市场上数字资源格式众多，急需建立统一的标准体系，为读者实现方便的阅读，实现阅读成本的降低。

4. 数字出版的人才缺乏

当前数字出版业最大的危机在"人才"上，即缺乏既熟悉传统出版又了解数字技术并擅长经营懂得市场运作的复合型人才。复合型人才的匮乏造成了目前数字出版成本过高、机会把握不准、难以真正实现盈利的局面，也导致我国数字出版要实现成熟发展，还有相当长一段路要走。

5. 数字出版的科技投入不足

尽管近年来我国数字出版产业发展速度惊人，成绩突出，但由于体制的保护等原因，观念陈旧，整个行业科技投入不足、标准滞后、数字出版人才匮乏、对新媒体难以进行及时有效地监管、数字版权保护技术亟待加强和推广、传统出版的专业分工面临严峻挑战等方面。相比国内其他行业，我国出版业的科技投入一直不足。从出版社内部来讲，数字化程度不高，与整个社会存在着一个数字鸿沟，与数字技术开发商、软件平台提供者、网络服务企业对于数字出版的高度热情相比形成了鲜明的对照。许多出版社编辑，仍然是抱着一大堆纸质书稿夜以继日地审读，而不善于使用数字化工具简化工作。

三、数字出版与传统出版——并存还是取代

（一）结论

关于数字出版和传统出版未来前景的讨论，一直是业界的热点话题。从上述 SWOT 分析中，可以得出以下两个方面的结论：

其一，在数字出版物与传统出版物的市场"对决"中，传统出版物仍然凭借着携带方便、阅读舒适、可以折叠等优点顽强地占据着相当一部分出版市场，数字出版产业将把传统出版物送进博物馆的预言并未成为现实。但传统出版的没落已经是不争的事实。几乎在所有发达国家市场，传统出版单位的日子都不好过，要么关门大吉，要么开始借贷或变卖资产筹集资金。

其二，与此同时，数字出版从 2000 年电子书这种新兴出版形态在我国萌芽，

到现在数字出版产业已形成产值超过500亿元的产业规模,数字出版在近10年时间内突飞猛进,无论在数字出版技术还是数字出版产业规模上都已经位于全球的领先行列。但这并不意味着传统出版的湮灭。虽然电子书阅读的比例逐年以惊人的速度上升,但占绝大多数的还是畅销书或者休闲小说。因为如果读者要写一篇重要的文章而要查阅资料时,肯定不会选择电子书。而且,对于教材和教辅而言,也还是选择传统出版,是传统出版的主要利润来源。

(二)对策

那么,数字出版和传统的出版之间究竟是什么关系,传统出版在将来是与数字出版并存呢,还是被其完全取代?

自数字出版产生并流行后,从便捷性、环保性上来说,数字出版取代传统出版是必然,但这并不意味着传统出版彻底消失。传统出版可以另辟蹊径去表达工艺和设计,进而成为一种艺术和值得收藏的东西。如果某一作品,需要读者投注很长一段时间、很专注的思考、沉浸、陶醉或体会,那么读者别无选择,只能阅读传统出版物。但是在时效资讯和快速检索上,传统出版物将渐渐被数字出版物所取代,以提供即时性消息的新闻产品。

因此,在较长一段时间里,传统出版和数字出版将会并存,不会发生相互取代的现象;同时,数字出版也必将给传统出版产业带来一场变革。传统出版代表着内容的源泉,数字出版提供了服务渠道和发行渠道,而读者需要的是内容。因此,两种出版方式将在内容上互相补充、相互促进、相互提供服务。

参考文献

[1] 姜海峰,马莹. 2008电子图书之年度数据[N]. 中国图书商报,2009-4-21.

[2] 周爱兰. 数字出版是传统出版的有益延伸. 中国出版网,2008-9-1.

[3] 王勤. 数字出版新业态[N]. 中华读书报,2009-1-22.

[本文发表于《山西财经大学学报》(高等教育版)2009年第3期]

我与出版

立信出版薪火相传

欧阳仲华

一

立信会计出版社成立于1941年6月抗日战争中期的大后方——四川省重庆市。原名立信会计图书用品社。业务范围包括以会计为主的财经类书籍的编辑、印刷、出版、发行,以及会计账册、用品的印制和销售,因而取名为图书用品社。它是20世纪20年代留学美国哥伦比亚大学经济学博士潘序伦所创办的。

潘序伦于1924年学成归国后,先是在大学任教,后鉴于中国旧式的上收下付的记账方法不适应现代企业管理。乃于1927年辞去各大学的教职,创办了立信会计师事务所,从事会计师业务。与此同时,为了培养初级现代会计人才,就在当时会计师事务所租用的浙江兴业银行大楼楼层开办会计补习班。次年,为了扩大招生,在河南路吉祥里(宁波路口)购得一套石库门的房屋,开设了立信会计补习学校。接着,为了培养高级会计人才,又于1937年开办两年制大专的立信会计专科学校(是为今上海立信会计学院的前身)。

当时还没有现成的中文会计教材。个别大学有现代会计学科的,都使用翻译外国的会计教材。于是潘序伦就在会计师事务所内设立编译科(是为立信会计图书用品社的前身),组织事务所的同仁分工编写和翻译教材。如潘序伦编写的《高级商业簿记教科书》、《会计学》四个分册、《股份有限公司会计》、翻译的《劳氏成本会计》,潘序伦和王澹如合写的《会计学教科书》,顾准编写的《银行会计》,施仁夫翻译的《陀氏成本会计》,潘序伦和顾洵合写的《审计学》等等,作为"立信会计丛书",交由商务印书馆出版。据统计,到1940年为止,这套丛书出版了57

种。这不但满足立信学校本身的要求,且因当时还没有其他出版社有系统地出版会计读物,因而也畅销全国。

抗日战争发生后,潘序伦于 1940 年秋离开上海到重庆。鉴于内地缺乏会计人才,于是在重庆及郊县北碚开办立信会计补习学校和立信会计专科学校。在上海留守的部分教职员,则改用"明信会计补习学校"的名称;立信会计专科学校在上海则暂不再招生。但是,学校在内地重庆招生,同样首先遇到教材问题。当时商务印书馆因有 1932 年"一·二八"上海闸北仓库被日本飞机炸毁的教训,这次抗战爆发,即及时将所有纸型运往香港存放。于是潘序伦即商得商务印书馆同意,租回"立信会计丛书"的纸型。这样,就请同仁从香港携带"立信会计丛书"的纸型,从陆路历经艰险带到重庆。

有了纸型,接着就是纸张、印刷、出版、发行等问题,每一个环节都需要物资、设备和专人来办。这时,幸而得到已经内迁的生活书店总经理徐伯昕的支持,建议立信和生活书店合作,另组一个出版机构专门出版会计书籍和印制会计账册报表。因此就定名为立信会计图书用品社,于 1941 年 6 月 1 日在重庆正式成立。推选潘序伦为社长,徐伯昕为总经理,另由生活书店派诸度凝为经理,立信会计师事务所派蒋春牧为副经理。

立信会计图书用品社(以下简称图书用品社)印书、印账册都要用纸,是用纸的大户,没有纸是寸步难行的。而那时重庆的纸源本来就不能自给,现在一下子拥来那么多的学校和其他用纸的单位。纸张供应就十分紧张。图书用品社为了保证纸张的来源,就与四川广安的一家纸商合作,参与投资,办了一家造纸厂。这样不仅保证了图书用品社用纸的来源,而且也缓解了中共在重庆所办的《新华日报》的用纸问题。由于立信会计图书用品社出版的"立信会计丛书"以及印制的账册报表为内地和迁内广大企业、学校、机关等单位适用,所以图书用品社的业务甚为发达。在迁内不到一年的时间,就先后在成都、西安、贵阳、昆明、桂林等地设立特约经销处。图书用品社图书发行和账册的销售,面广量多,影响较大。

二

1945 年 8 月抗日战争胜利后,潘序伦首先回到上海,与上海以"明信"为学校名称的留守同仁商议着手立信事业迁返上海的各项准备工作。当时上海各学校已开始秋季招生,潘序伦与同仁们商议后,决定立信会计专科学校先行登报招生,是为立信复员后上海的第一届大专班,按序为立信会计专科学校第 10 届

(1947届)。与此同时,潘序伦在河南中路339号(近九江路口)租用了一座五开间三层楼的沿街市房为立信会计图书用品社总社社址。由于业务日益发展,原立信方面需要投入的资金日益增多,而原生活书店又因拟与读书、新知两书店共组三联书店。于是,约在1947年,生活书店作价让出了它的股份,退出立信。立信会计图书用品社独立后,就形成了后来立信同仁们常说的:学校、事务所、图书用品社的立信"三位一体"的体制。

立信会计图书用品社下设编辑部、门市部和印刷厂。20世纪50年代初的人事情况为:聘请顾谘博(先)王逢辛(后)为社长,蒋春牧为总经理,顾今为副经理。编辑部主任为潘保墀;编辑有我和钱雪门、邹斯济、马坚白等十余人。门市部主任为金哲安。印刷厂厂长为谢东山。此时,潘序伦为适应新中国成立后需要大量会计人员的形势,新编了一本《基本会计学》;并将原编的四本会计学改编为《会计学教程》上下两册、《国营企业会计概要》(与俞文青合编)、《苏联会计述要》(与徐可南合编),共四本;王逢辛新编的有《新会计教程》上下册,我则翻译了《苏联商业会计》;其他约稿和自投的以财经类书稿较多。

1956年2月,在社会主义改造和全行业公私合营高潮中,在上海市出版局的领导下,设立了一个新知识出版社,把上海的几家民办出版社都归并到该出版社。立信会计图书用品社编辑部的人员,包括社长王逢辛,分到新知识出版社后,成立第四编辑室。由王逢辛、潘保墀担任正副室主任,编辑部人员也分到该室;门市部的人员分到新华书店;印刷厂则与其他几家民办印刷厂并入原已公私合营的公信会计账簿印刷厂。这时,立信会计图书用品社的名称虽已不再存在,但它过去出版的会计教材和参考读物,不少品种仍再版重印。

1957年整风运动后,新知识出版社改组为上海教育出版社。这样,原为立信编辑部十多人组成的第四编辑室,经上海市出版局批准从新知识出版社划出,成立上海财政经济出版社。这时,原编辑室正副主任王逢辛、潘保墀已调往宁夏支内,另由出版局调入的张和谋、路修担任社长和总编辑。社址设在南京西路的乐义饭店(今华山饭店)四楼。但时隔不久,约在1958年5月间,上海市出版局为了精简机构、加强领导,在保留上海财政经济出版社社名的情况下,人员全部并入上海人民出版社。编辑人员有我和钱雪门等人对口调入经济编辑室的部门经济组工作,由我担任组长。

从1956年到1966年"文革"开始前这一段时期,原立信编辑部人员继续从事会计和财经读物的编辑,并改变了只坐在办公室内审稿的工作方法,开始走出办公室,甚至到外地院校访问,广泛向外组稿和约稿。厦门大学会计系的葛家澍、余绪缨等教授，上海财经大学会计系统计系的龚清浩、娄尔行、徐政旦、贾宏宇等教授，都是我们的作者。当时他们编写的专著、教材，以及我们牵头组织编写的工具书，如：《会计学原理》、《基础会计学》、《工业会计》、《工业企业经济活动分析》等教材，《会计词典》、《统计词典》、《英汉会计词汇》、《英汉统计词汇》、《会计手册》等，都是由部门经济组的编辑组织出版的。

三

1976年9月，"文化大革命"结束。"中共十一届三中全会"后，全国的工作重点转移到社会主义现代化建设上来。在出版方面，企业管理、包括会计方面的书籍，社会上显得十分需要。潘序伦时届耄耋之年，复出后，仍积极参与会计界的社会活动。在他倡议和资助之下，全国第一个会计学会——上海市会计学会于1979年成立。接着，他以一生关心会计教育之心，积极行动起来，首先，向上海市财政领导部门和出版部门提请恢复立信会计专科学校和立信会计图书用品社。并于1980年春，组织一些立信老同仁，包括蒋春牧、应诗瑜、施仁夫、唐文瑞、黄子仁、章普安、陈乃宽、王澹如、我和钱雪门等，每周一天，借古北路大百科全书出版社、知识出版社社址的办公室讨论恢复"立信会计丛书"的编写出版工作。在这时，编就和重印的书暂用知识出版社的社名出版。

1983年夏，立信会计专科学校获准复办，得到上海市财政局局长顾树桢的支持，拨款在中山西路2230号建立新校舍——立信大楼及毗连的教室楼、图书馆、大会堂。顾树桢兼任立信会计专科学校校长。立信会计图书用品社是1986年下半年批准复办的，上海市出版局的批文建议由学校给予必要的支持和帮助。1987年1月，顾树桢任命副校长孙庆元兼立信会计图书用品社社长，校长办公室主任陈顺沐改任图书用品社常务副社长，学校的上级主管单位——上海市财贸办公室向市委宣传部要求，从上海人民出版社经济编辑室商调我来担任总编辑一职。1987年底，立信新校舍建成投入使用。学校迁入新校舍，立信会计图书用品社也随之迁入立信大楼第十三层楼办公。1992年，立信会计图书用品社，得到上海市出版局批准，更名为立信会计出版社。原设在福州路的立信会计图书用品社门市部，改名立信会计用品总公司，迁入中山西路2230号新大楼底层营业。

光阴荏苒，物转星移。70年来，虽然出版社的名称几经更改，编辑人员几经变迁，但立信出版事业薪火相传，不曾间断。

愿新生代立信出版人传承"立信"的金字招牌，发扬光大立信的"诚信"精神。

立信会计出版社往事

蒋春牧

立信会计图书用品社是由我国杰出会计学家、教育家潘序伦先生与生活书店总经理徐伯昕先生合作集资于 1941 年 6 月在重庆创办的,专门出版"立信会计丛书"并兼印工商企业用会计账簿、表单,其宗旨为内地迫切需要培训会计人才提供教材并为工商业会计核算提供账簿、表单。

立信会计图书用品社的成立标志着立信事业三个组成部分(会计师事务所、会计学校和会计图书用品社)三位一体的完成,奠定了进一步开拓立信事业的基础。

抗日战争初期,老师在上海得知自己被列入敌伪特务机关黑名单后,将业务稍作安排,匆匆于 1940 年 2 月乘太古洋行海轮到达香港。这时重庆民生实业公司总经理卢作孚先生也在香港,他得知这一情况后,建议老师去重庆担任民生实业公司高级顾问,老师考虑一时不能回上海,久留香港也不是办法,就欣然同意,于 1940 年 7 月从香港乘飞机到达重庆。

重庆是抗日战争时期的陪都,从长江下游各大都市迁来大型工厂很多,人口激增,市面繁荣,老师鉴于会计师业务大有可为,辞去民生实业公司职务,接办原在重庆的立信会计师事务所,开始执行会计师业务。

重庆工商界得知老师已在重庆,纷纷前来委托他担任常年会计顾问和经办常年查账等业务,尤其是要求介绍会计人才,一时应付不了。老师除立电上海,要求立信同学来重庆工作外,并决定在市区设立会计培训班,从速培训会计人才。培训班一经招生,报名的学生甚为踊跃。但重庆书荒已久,作为会计教材的

"立信会计丛书"无书可供，老师甚为着急。

这时候生活书店徐伯昕先生也在重庆，与老师常有接触，他得知这一情况后，建议老师向商务印书馆租用"立信会计丛书"纸型并由双方（立信和生活书店）合作集资开办出版社，专门出版"立信会计丛书"。老师赞同，随即向商务印书馆总经理王云五先生提出租用"立信会计丛书"纸型，得到同意。老师电告上海来渝同学取道香港，从商务印书馆取得"立信会计丛书"中最主要的会计教材的多种纸型，在秋季开学前带到重庆，立即赶印，及时供应了开学用书。

立信会计图书用品社开业一年半内，正值日寇飞机频繁对重庆轰炸，除了雾天或下雨天，几乎每天早上必来重庆，整个上午都只能躲在防空洞中，只有下午半天时间工作。那时物资紧缺，电力供应不足，有时停电、断水，给工作和生活增加了不少困难，但由于各方迫切需要，图书用品社业务拓展很快，开业一年内增资两次，并先后在市区七星岗设立门市，在邹容路设立专门印制账册、表单的印刷厂，在广安设立广安造纸厂和在桂林设立桂林分社以及在成都、西安、兰州、贵阳、昆明设立"立信会计丛书"经销处，至此已粗具规模。

立信会计图书用品社用纸全部由广安造纸厂提供。当时国民党对市面上纸张控制得很严，广安造纸厂生产出来的纸张每批都以图书用品社名义从水路运到重庆，沿途要受到国民党政府特务和经济检查队等多次检查，从没有出过问题。实际上，每批纸张除部分是图书用品社自用外，绝大部分都供给《新华日报》等用纸。为了安全，以后改道陆路运输。

老师为适应内地高中商科和职业学校教材用书，主编一套内容较浅显的立信会计教材，有《商业簿记》、《初级会计学》、《会计学》、《成本会计》、《银行会计》、《政府会计》和《审计学》七种，这些书出版后颇为畅销，抗战期间内地各大专院校和自学会计的学生十之八九都采用这套教科书，中专学校几乎无一不是用"立信会计丛书"为教材，此外还编印一套包括财政、金融、保险、贸易、统计、计算技术和企业管理的"立信财经丛书"也很畅销。

约在1941年年底前后，为扩充办公用房，迁入千厮行街22号一座三开间三层楼市房，底层为图书用品社办公室，门市部和仓库，二楼为会计师事务所和老师的住房，三楼全部为职工宿舍。

1941年秋，日寇飞机来重庆轰炸时，遭到美军战斗机痛击，损失惨重，从此不再敢来。在没有日寇飞机轰炸后，重庆在以前被炸的废墟上进行重建，老师为扩充会计学校教室和会计事业各单位集中办公的需要,在市区药王庙街道造立信大楼,共三千余平方米,底层全部为会计学校教室,二楼为立信会计师事务所和会计学校办公室,三楼为图书用品社办公室和会计师事务所总务科。

1944年日寇攻陷桂林,除工作人员匆促逃出外,桂林分社全部遭毁,以后也未能复业。

图书用品社成立后,最初几年中业务发展很快,每年都要增资。立信方面每次投入资金比生活书店投入多。几年下来,最初各半的投资比例发生很大变化,约在1946年生活书店的股份全部作价让出。

1945年,抗日战争结束,老师首先飞回上海,此时上海和沿海地区会计书籍缺乏情况与抗日战争时期内地的情况相同。为了适应需要,老师在上海筹设立信会计图书用品社总社,租用上海河南中路339号五开间三层楼市房,底层为营业部和仓库,二楼为办公室,三楼为职工宿舍,原在重庆的立信会计图书用品社改为重庆分社,负责西南和西北两地的业务,并先后又在南京、北京、天津设立分社,在广州设立办事处以及在其他各大都市和香港设立经销处。

1949年新中国成立,图书用品社为适应社会主义核算的需要,尽快在最初时期出版了《会计教程》一册、二册、《国营企业会计述要》和《苏联会计述要》多种畅销书,以1951年为例,全年出版各种书籍,初版、重版共计110种,总计122万册,创历史纪录。以后,图书用品社经营的业务逐步纳入国家计划的轨道。1951年3月与中国图书发行公司建立总经销关系,1954年1月立信出版的会计财经丛书转入新华书店总经销,立信印制的会计报表等成为同行业的联合版本及由中百批发站定购包销。1956年2月,图书用品社接受社会主义改造公私合营,出版业务部分归并入新知识出版社,印制账表的印刷厂合并入公信会计账簿印刷厂,各地分社在当地接受社会主义改造,"立信会计丛书"销售业务归入当地新华书店经销。

1979年中共十一届三中全会后,在党的领导下,借改革开放的东风,立信会计事业真正迎来了春天,立信会计专科学校经上海市人民政府批准于1980年8月复校,为提供教材,在中国大百科全书出版社大力支持下,成立"立信会计编译所",所编写的教材由该出版社用副牌"知识出版社"名义出版,6年总共出版40种书,满足改革开放初期市场对会计、财经类书籍的需要。

1980年9月,立信会计图书用品社经国家批准复业,从此立信会计图书用品社的事业走上了蒸蒸日上的康庄大道。

编辑要学点印刷知识

徐雪芬

俗语道,佛要金装,人要衣装;三分长相,七分衣相。说的是外在的形式美对体现内在的内容美的重要性。从审美的第一印象而言,我们追求内容与形式美的一致性,不能忽视形式的反作用。美的感觉,由外而入内。对图书而言,再美的内容必须通过形式即它的载体才能传达给受众。从这个道理来说,外表所占的比重还是很大的,这也就是通常讲的视觉美。由貌而入,以"貌"取书,重视对图书外在形式的装帧设计效果和印刷装订的质量跟踪,让读者一见便能被书的外表吸引,即视觉上抢读者的"眼球",马上有先睹为快的感觉,即强烈的购买冲动。这也是图书策划营销的一个很重要的方面。作为编辑,对图书的装帧设计和印刷装订都要有所了解。

图书生产制造的最后环节便是印刷厂的印订。怎样更好地将前期文字编辑与美术编辑的设计理念及审美思想精到细致地加以体现,是一个印刷厂树立品牌及自身生存发展的关键。

本人主管印刷厂工作的 8 年多来,在图书的编辑与印刷之间来来回回,深感编辑需要学习并懂得一些印刷知识。

下面是我遇到一个事例。出版社将付型的一本法律文件汇编交给印刷厂排版印刷装订成册。通过上上下下反反复复地来回沟通修改,达成一致意见:整本书用料为内芯 80 克双胶纸,封面 250 铜版纸加宽勒口。那深灰带银光的封面,满版印刷,浓浓的厚实感,高雅大气中透出一股庄重和高雅,很惹人喜爱。但是,就在准备将样书送作者的一刹那,书被发现勒口处或暴开或露白!仅仅 1 毫米的小小的瑕疵,却毁了千本已完工的图书。内心的痛苦与懊恼难以言表。一位工人告诉我,可能是封面纸太厚、书的开本小而且又是机器装订的缘故,目前厂里的设备还难以做好,除非手工一本一本地折叠。我表示怀疑。

带着困惑,我走进了上海书城,从一层至五层,一个楼面一个楼面地跑,一个书架一个书架地翻,只要是带有勒口的书,一本一本仔细翻看,结果是封面只要是高于250克且是满版印刷的,勒口不是暴开就是露白。只有一二种进口图书是符合质量标准的。

一本图书的最后一关把控不好,将会把你前期的设计编辑的完美全部颠覆!

从此,我开始学习了解印刷,一本图书加工完毕后,会思考怎样让印刷与装订将图书的外在美完美地加以体现。

怎样使图书的编辑设计排版校对与印刷装订完美结合,这是一个优秀的图书工作者必需具备或者说必须学习的。只有对成书的所有过程都有所了解,掌握一些基础知识,经你手编辑的书的内容与形式才能达到和谐、优美的效果。

首先,要了解目前国内或本出版社合作伙伴的机器性能,要从印刷工人的角度考虑印刷的各道工序,正确把握并体现编辑的设计理念。每本书要表达的思想理念不一样,那么体现的手段也就不一致,尤其是颜色或油墨的浓淡深浅程度都有差别,多一点与少一些,明亮一点与暗淡一些效果也是不一样的。BB机与08机型不同,纸张厚薄、纸厂纸品的知识都需要知道一点,了解一些。当自己思考版面用料等问题时可以使用这些知识。

其次,了解装订工序与装订车间各种机器的性能与技术标准。拼版上,或设计上可以更严谨些,产品的质量也就更有保障。

印刷行业是一个拼机器拼设备拼技术拼科技含量的行业。当然,机器还是人操作的。体现拼版的严谨,还需折页时的一丝不苟和包面时的无微不至,到手的产品才可能是圆满的。现在拼版工艺提高了,折页一般都机械化了。如果对纸张的厚薄稍不注意,就会给人不舒服的感觉;最后一道工序的"刀切",满版的,操作台看上去很光滑,刀架工人求速度要数量,每切一刀,不愿垫层纸,书的封面或封底细看肯定是伤痕累累,一道道的划痕。

往书上贴"金",向书要"卖相",这些工作都在印刷厂这道关;好比我们做衣服,买了衣料,还需要好裁缝一样。印刷与装订,是一本优秀图书重要的、不可或缺的最后一道关。成品书是我们对前期图书的设计理念和设计构思最终的形象体现。这就是印刷与书籍的关系,这个关系有时也需要我们编辑去努力使之和谐,使之完美。

敬业与细节,是我们成功的重要保证。了解印刷这个行业的技术和发展,并将之体现在自己编辑的图书中;了解印刷装订的整个工艺和细节,并对这些工艺体现在图书上的效果有个感性的认识。从表面看,印装知识对图书编辑来说都是些外在的细枝末节的东西。但是,我想说,学点,懂得一些印刷装订知识,对我们的编辑工作一定会有很大帮助的。

我和丁兄有个约定
——散谈编辑与作者的沟通

蔡莉萍

曾有一次丁兄来我家看我,聊着聊着我就对他说,只要我还做一天编辑,你就不能逃脱,尽管你可能会有这样或那样的不如意。丁兄默许。

丁兄,大名丁元霖,我的合作伙伴,出版社的元老级作者。从社长、总编到年轻员工,无人不晓,不仅因为他的书畅销,更因为他秉性耿直,做事认真。

"丁兄",是大家对他的昵称。

这样的作者难觅,这样的作者难"伺候"。这样的作者,我有幸与之合作了近20年。

和丁兄做书,算是成功的。他的"最新财会系列教材"、"最新财会系列丛书"、"中专中职最新财会系列教材"三套书几十本教材使出版社获得了高额利润,丁兄也因此获益。成功背后的甘苦,彼此心照。多年来难免磕磕碰碰,但更多的是理解和默契。这已足够。

挖掘和培养一个作者不易,要使作者听信于你而始终不离不弃,那就更难。沟通,便是关键。如何沟通,见仁见智。而我信奉的是坦诚相见、以理服人、摒弃杂念、善待作者。与丁兄多年的合作足以印证。

坦诚相见,是良好交往和合作的基础。编辑和作者首先是人,其次才有不同的身份。是人,总有弱点和过错,能彼此坦诚,互相谅解就行。当然,这需要勇气。例如,丁兄擅长写会计操作实务,而理论阐述并非其强项。在《财务管理》一书的审稿中我发现,一些财务指标的含义、计算和分析,表述得并不严谨,且同样问题在《管理会计》稿中也有出现。于是我及时向他指出,并提醒他,不要迷信参考教材，拿来就用，要有自己的思维。我的语气很严肃，但中肯、坦诚，虽费了一番口舌，但丁兄最后还是认可了我的意见，说：这一块内容我不是很在行，你定夺吧。呵，成了。

以理服人，在人际交往中不可忽视，在编辑与作者的沟通中尤显重要。受过良好教育者，一般都知书达理，在道理上更容易沟通。例如，丁兄是个勤于写作的人，他大部分的时间都专注于写书，尤其对书的修订，特别重视和及时。财会税务政策稍有变动，他就紧跟着改，且一完稿就往我这儿送。然他毕竟不是我的唯一作者，作为编辑，我得根据各个作者的图书库存情况、教学用书时间、订单数量等安排审稿进度，这样就和丁兄的心愿产生了矛盾，一不乐意，他就"告"我的"状"，结果是，我电话"训"他，善意并晓之以理。又如，我要求丁兄为其教材配课件，不善电脑操作的丁兄，一开始并不以为然，迟迟不动手。后来我就告诉他，图书市场同类书籍层出不穷，书商无孔不入，而现在的教师讲实效、图方便，没有课件就有可能不使用你的书，书的市场竞争能力就会下降，内容的优势难以显示，销量自然下降。丁兄觉着我说得在理，便请人做了课件，配套书的销量果然上去了。丁兄一旦认识了课件对书销量的重要，一个一个的课件便接踵而来，呵，销量使他和出版社皆大欢喜。

摒弃杂念，在人际交往中是一种较高的品行，不能强求，只能尽力。人都有私心，都有小九九，编辑也不能免俗。在编辑与作者的沟通要点中谈摒弃杂念，似乎有点玄，但它在编辑工作中不可或缺，体现了一种责任。仍以丁兄及其书稿为例。相当长一段时间以来，丁兄的书稿以修订稿为主。这对出版社来说，极为有利，可是从编辑的利益角度考虑，却并非合算，最明显的是审稿量只算30%。

当然，针对性的办法：一是劝作者稍改书名作为新书出；二是快速浏览，在最短的时间内审完，但不能保证质量。这就带有杂念了。我没有这样做，觉得这样对出版社和作者不公平。于是，我依旧视同初版般审稿、加工。虽然个人利益受损，但你的工夫和精到都体现在书稿的审阅中，这是对作者的尊重。就这样，丁兄的不同品种的书一版版修订，《商品流通企业会计》已经出了第九版，这是作者的骄傲，也是编辑的骄傲，更是编辑和作者最好的书面沟通。

善待作者，天经地义。作者是我们出版社的资源和财富，是我们出版社赖以生存和发展的基础。善待作者即善待我们的衣食父母。我们的作者性格迥异、水平和地位参差不齐。作为编辑,应一视同仁,不能厚此薄彼,遇到问题要将心比心,用心解决。再以丁兄说事举例。丁兄的手写稿延续至今,近20年不变,恐怕是作者中的唯一了。这不仅影响了审稿的速度和质量,也增加了排版的工作量和成本,在绩效考核的今天,无疑给编辑出了难题。也曾要求丁兄交电子文稿,但看着他屡屡为难的神情,又不忍强求了。手写每本几十万字的书稿,好多本呢,且字迹端正,作者是花了工夫的,不信你抄抄看,不易啊。那是一种精神,值得敬重。还有,对稿费的结算时间和发放方式;书城专柜书的上架、库存情况,丁兄也时有微词。作为编辑,应在理解、解释的同时,及时进行信息反馈,尽早解决问题。善待作者,终有回报。

确实,每个编辑,都有一个作者群,或大或小。群里的成员,其脾性、水准各异。编辑要与之保持良好的沟通,并非易事。但只要用心了,你会觉得这个群非常可爱。我的这个"群"里,除了丁兄外,还有统计界元老马家善;会计领域思维严谨的黄昌勇;高效多产的陈湛匀;谦逊默契的宋胜菊;销量靠谱的李敏;思维敏捷颇有想法的陈淑亭;"天才"陈希圣……数不胜数。

与之沟通,酸甜苦辣皆有。

"你定夺吧",寥寥几字,给了我莫大的安慰。这是这个群的成员对他们的编辑能力的肯定、人品的信任。

缘由天定,份在人为。

和丁兄的约定,是口头的;和作者群的约定,是心里的。

编辑在,作者在。

立 信 为 本
——社庆 70 周年有感

成姿娴

立信会计出版社建社 70 周年纪念活动已经进入倒计时了，上至领导，下至各个科室，大家都在进行着紧张而忙碌的筹备工作，每日我都能感受到浓浓的节日气氛。作为出版社 2010 年新进的员工，值此隆重的纪念节日来临之际，我很荣幸能好好回顾一下近一年来我加入立信会计出版社所走过的心路历程，并谈一谈自己的一些感想。

一、结缘惜缘：一切诚念终将相遇

在去年到处投简历找工作的那段时间，我经常上学校就业版块的论坛，在那里老生常谈的话题是：找工作就跟谈恋爱差不多，讲究的是个缘分。在我进入立信会计出版社以后，也不止一次听到"缘分"这个字眼，印象最深的有两次：一次是在实习阶段邬老师找我面谈，说看了我的简历，并且在面试时听我介绍了自己的经历，觉得我一路走来不容易，是个有意志力的人，而立信需要的是踏实上进的人，希望我们之间能有"同事的缘分"；一次是不久前和新来的实习生去食堂吃饭，和戎老师、洪老师、蔡老师围坐在一桌，三位老师都说"能在一个单位工作就是缘分"。确实，回顾我当初我求职准备、面试、实习，以及签约的整个历程，最终与立信会计出版社成功地双向选择不能不说是一种缘分。

依稀记得，2010 年 4 月，我来立信会计出版社面试的那天下午，天上瓢泼大雨往地上倒个不停。我从闵行华师大新校区坐公交 729 路到南站，再从南站转轻轨三号到宜山路站，出站后一路问询至上海立信会计学院徐汇校区，门卫指给我一号楼："喏,这栋就是。"我如约来到出版社办公室,马上就有人把我引领至休息室,几个应聘者一个个正襟危坐,我也怀着一颗忐忑的心加入了等待面试的行列。当时,我带来了整理并打印好的多份简历,准备给每位面试的考官每人一份,还查了许多关于立信出版社的历史、图书状况等资料,并且事先和一些在高教出版社、华东师大出版社实习过的同学交流过有关出版的状况和知识等,可以说是有备而来。但即便这样,心里仍有许多的紧张和不安,一直到我走进面试间的那道门,考官点头微笑示意就座后,心才稍稍镇定下来。面试我们的考官共有三个,我后来才知道分别是社长、书记和总编。面试的内容是先自我介绍然后提问。当我做完简单的自我介绍后,领导们依次提出了一系列问题:为何工作多年后读研;在辞书出版社实习的情况;为何选择立信;对今后工作、生活的期待和规划等。记得当时我明确表达了自己的家学渊源和学习的心愿:我的母亲曾是信用社会计,妹妹现是公司会计,我对这行并不陌生;况且妹妹和我说她考证用的都是立信的书,感觉立信是家不错的出版社,如果有必要,我愿意从头开始努力学习这方面的知识。

许是"精诚所至,金石为开"吧,不久,我就收到了立信会计出版社面谈的通知。这一次,邬老师带我们见过编辑部主任洪老师,请洪老师给我们分配实习的任务,并且交代我们找总编好好谈谈。我至今仍清清楚楚地记得,在谈到编辑工作时,洪老师说:"做编辑还是很辛苦的,就是不停地看稿,有时候稿子赶得急了,还得带回家去看。"陆老师说:"审稿是编辑的基本功,你们别把审稿看得很简单,有时候脑子里得有几条线索,既要考虑格式体例,又要留意字、词、句、篇,甚至各种公式和计算,所以心要静,要全神贯注,才能保证审稿质量。"有了洪老师和陆老师事先给我打的"预防针",在接下来的实习过程中,我丝毫也不敢掉以轻心,当我初审的书稿受到复审指导的徐老师、方老师等"很认真"、"文字功底扎实"的肯定评价时,我往往能高兴一整天,审稿过程中的辛劳也一扫而光。

二、敬业乐业:立信精神薪火相传

在《我从事编辑出版工作的指路人》一文中,欧阳仲华先生曾深情回忆潘老对其的鼓励:"教书是'百年树人'的事业,编辑出版也同样是育人的事业,但更富有特殊意义的是,图书是传世的精神食粮,更富有严肃性而已……潘老还风趣地说,'谨小慎微'也许习惯上常常用作贬义词,但看来编辑工作却非'谨小慎微'不可。否则,'差之毫厘,谬以千里',完全是可能的了。"潘序伦先生晚年在其回忆录中也说,"如果说我对会计学术有所贡献的话,当以编辑出版立信会计丛书为最。"由此可见,立信会计编译所作为潘序伦先生开创的学校、编译所、事务所"三位一体"的立信会计事业重要的组成部分,亦是其"实业救国"、"教育救国"理想之实践的重要基地。潘序伦先生取《论语》中"民无信不立"之义,将这三者均以"立信"命名。后来,潘老又将"立信"作为校训,并引申为:"信以立志,信以守身,信以处事,信以待人,毋忘立信,当必有成。"而今,这个二十四字训导已成为每一位立信出版人牢记和恪守的行为准则。从最初的"立信会计图书用品社"到后来的"立信会计编译所",再到如今的"立信会计出版社",每一位出版社的同仁无不是在立信精神的指引下,兢兢业业对书稿予以一丝不苟的审读和加工,也因此才有了连年以来立信图书在编校质量检查中高水准的合格率。

敬业乐业,是出版社人的光荣传统,也是我加入出版社以来最为切身的体会。就编辑工作而言,身边的老师给我树立了最为优秀的典型和榜样。比如,编校质量中零差错率的洪老师有如孙悟空的火眼金睛,哪怕是一点微小的疏忽都逃不过她的"法眼"。再如我所在的职业教材编辑室的主任赵老师,为人处世低调平和,实际上却有着一股拼命三郎似的韧性和干劲。梁启超说:"'敬业乐业'四个字,是人类生活的不二法门。"从这些老师身上所体现出来的职业精神,便是这话最好的验证。

经过70来年不断的开拓和进取,立信会计出版社的服务意识和品牌意识已经深入人心,立信图书,尤其是"立信会计"、"立信财经"系列丛书广受好评。作为一名光荣的立信出版人,我们应该谨记"人无信不立",谨守"立信"精神,严把质量关,为教育教学提供强有力的支撑和服务,进一步推进立信会计出版事业。

《礼记·大学》篇有言:"物格而后知至,知至而后意诚,意诚而后心正,心正而后身修,身修而后家齐,家齐而后国治,国治而后天下平。"正如立信校歌中所唱"立信,立信,正其本",让我们以立信为本,使立信精神薪火相传、发扬光大。

算盘的记忆

陆慎懿

记得我那个时候还在读幼儿园,隔壁弄堂爷叔的小儿子阿强就是一名小会计,每天回家总会拨几下算盘,"咳塔、咳塔、咳塔",然后登记一些小纸条,那个时候自己还不懂,以为是什么小玩具,每次有机会路过爷叔家时总会想看看那是个什么东西,于是就会吵着阿奶帮忙敲门进去一瞧究竟。呵呵,这个时候阿奶跟我说:"自己进去,叫一声,不要紧额!"我其实还是有点害怕,硬拉着阿奶的手让她去敲门,阿奶拗不过我,只能敲门。"阿强来还伐?我带孙子来看看侬!"这个时候,我看到屋里有个台子,上门摆了几本书、钢笔、墨水、蓝印纸等,有个熟悉的声音从台子上传来"咳塔、咳塔",黑黑的,一串串的珠珠,我不知道是什么,就看到阿强坐在那边拨弄着,拨了几下,就用钢笔在纸上记着什么。我跑过去想看个明白,阿强看到我阿奶来了,赶忙起身,"四号阿奶,来坐,小孙子也带来了,老乖额,几岁啦?"这时我紧张地靠近阿奶,不敢看阿强,有点老米米。"阿强,是这样,小孙子不晓得侬天天拨的什么好玩的,咳塔、咳塔响,让我也要给他买一个,所以让他过来看看是什么东西响。"阿奶跟阿强讲道。"这个呀,过来呀,我抱你起来看,这个叫算盘,算东西用的,我每天要把好多东西算一下,登记一下的,你以后如果做了小财务也会用到的。"阿强抱起我到台子旁,我总算看到了,是个长方形的框子里面有一排排乌黑油亮的珠子,然后阿强给我演示了好多次,$1+1$,$3+5$,2×2,$10-7$。也让我拨来拨去玩弄。因为还小没有数字概念,就想着好玩,于是拨来拨去的。玩弄了十多分钟,觉得没有意思了,又吵着阿奶带我回家了,走前阿强还给我带了几颗水果硬糖,让我用算盘拨一下几颗,一共六颗,我从下面拨到第五粒珠珠,还缺一粒,就拨旁边的了,阿强拉着我的手说:"应该是上面放一颗,下面放一颗,就是六了,这个上面的一颗代表5,记住了吗?"这也是我第一次与算盘的邂逅,过了许多年之后,自己也拨弄上了算盘。

转眼飞逝,读了中专,选择志愿"会计电算化"。开学的第一堂课就是珠算,老师问:"现在科技发达,电脑技术日新月异,好多事情其实电脑上都可以处理了,为什么还要把珠算作为入门课程以及必修课来学习呢?"中国是算盘的故乡,在计算机已被普遍使用的今天,古老的算盘不仅没有被废弃,反而因它的灵便、准确等优点,在许多国家方兴未艾。因此,人们往往把算盘的发明与中国古代四大发明相提并论,认为算盘也是中华民族对人类的一大贡献。使用算盘和珠算,除了运算方便以外,还有锻炼思维能力的作用,因为打算盘需要脑、眼、手的密切配合,是锻炼大脑的一种好方法。那时,每天回家总要反复练习口诀:一上一、一下五去四、一去九进一、二上二、二下五去三、二去八进一,等等。每天吃完晚饭,总会从我家传出"咳塔、咳塔、咳塔",那年我考出了珠算四级。

算盘,中华民族当代"计算机"的前身,5000年前就诞生了。随着时代不断前进,算盘不断得到改进,成为今天的"珠算"。特别是民间,当初认字人不多,但是,只要懂得了算盘的基本原理和操作规程,人人都会应用。

如今,使用算盘的人是越来越少,做账登账都使用电脑软件,给人们的工作带来许多便利,"咳塔、咳塔、咳塔"声音是很难听见了。但算盘不会从生活中彻底消失,我看到现在好多地方都有了算盘收藏者,最近从网上得知:上海立信会计学院要建一个有规模的算盘博物馆,要收集各式各样的算盘,以及相关的历史记录。很想等到博物馆开馆那天,亲自去看一下。

图书评论

奠 基
——《潘序伦文集》序

王 军

研究中国现代会计史,有一个名字要永远铭记。他就是被誉为"中国现代会计之父"的潘序伦先生!是他,以仁者的担当、勇者的无畏和智者的拓展,为现代会计发展奠定了坚实的基础,让人们最早感受到了现代会计的魅力。

先生是新式簿记的创始者。众所周知,中华会计文明源远流长,早在四千多年前的大禹时代,古代会计的门扉即徐徐开启;两千五百多年前的孔子,不仅是伟大的思想家、教育家,也是科学妥帖定义会计概念者;著名的"三脚账"与"四柱清册",更是与欧洲文艺复兴时期诞生的复式簿记殊途同归;近代中式簿记,显著掩映在商行、票号的账册间……然而,传统会计毕竟植根于农耕文明的土壤,要想反映和记录以社会化生产、交换为特点的工业社会,势必要承先启后、鼎新革故。正是在这一历史分界点上,先生凭借其学贯中西的深厚功底、开放的胸怀以及对发展趋势的准确把握,移花接木,筚路蓝缕,兀兀穷年,使20世纪前半叶的中国会计开始了现代性、国际化改良,书写了现代会计史的第一页。

先生是会计理论研究的引领者。先生一生呕心沥血,孜孜以求,著述等身,饮誉海内外。出版专著译著30多部,学术论文百余篇,逾千万字。其代表作包括"立信会计丛书"中的《高级商业簿记教科书》、《公司理财》、《基本会计学》等,堪称中国现代会计学扛鼎之作,对中国会计学术的发展起到了重大启蒙作用。先生在《会计学发达史》、《中国之会计师职业》、《会计人员是经营管理的"参谋长"》等诸篇文章中,都明确提出"会计要服务于经济"、"会计师要有独立地位"等会计思想,极大丰富了我国会计的理论基础,至今仍有着很强的现实指导意义。

先生是培育会计人才的播种者。先生曾多次援引王安石的话:"合天下之众者、财,理天下之财者、法,守天下之法者、吏也;吏不良则法而莫守,法不善则有财而莫理。"意思是说,满足大众意愿的就是财;要想理好财,必须首先设计会计制度,健全财务管理;而有了好的制度以后,还必须有公正无私、忠于职守的专业人才来执行。由先生创办的立信会计学校培养出来的会计人才遍布全国各地,远播美、德、日等20多个国家和地区,尤其是杰出人才辈出,让中国会计界星光璀璨,为中国会计的传承和发展奠定了特别重要的人才基础。

先生是现代会计"产学研"一体化的拓荒者。先生创建的会计师事务所、会计职业教育、会计宣传出版"三位一体"的"实业组合链",是培养中国现代会计人才的摇篮,是会计实务创新与发展的平台,是先进会计理论与方法的孵化器。"寻常一轮窗前月,才有梅花便不同"。先生对现代会计"产学研"一体化开拓性、系列性、组合型发展模式,至今值得我们深思借鉴,萃取其华。

先生是会计诚信文化的首倡者。先生谆谆告诫:夫学识经验及才能,在会计师固无一项可缺,然根本上究不若道德之重要。会计师之为职业,实为工商企业保障信用而设,苟有不道德行为,而自丧其信用,则此职业,即失其根本存在之理由,殊背国家期望之厚意,可不慎哉。为此,先生鲜明地提出了"信以立志,信以守身,信以处事,信以待人"的立信准则,既传承了东方传统文化的精髓,又嫁接了西方契约文明的内核,成为先生一生念兹在兹的思想信条,奠定了会计诚信文化的根基。

云山沧沧,江水泱泱,先生之风,山高水长!先生的求学从业生涯,起于困厄、坎坷,成于执著、坚韧,终于反哺、奉献。无论遇到何种困难,先生从不退缩,永不言弃。他曾以"成功道路多艰难,奋力前趋能过关"一语与求学择业的青年共勉,这实际上也为他的会计人生之路做了最好的脚注。先生一以贯之倡导、追求与实践的"公、信、廉、密、勤、敏",全面阐释了会计职业的本质与归宿,深刻反映了会计人应有的修养与素质,实际上是他为中国会计思想史留下的最为宝贵的精神财富。先生的会计学智慧和会计学理论体系构建,大大拓展和丰富了中国会计的内涵和外延,值得会计学界乃至经济学界认真加以研究。先生的会计思想及其实践对于会计学的最大意义在于:有意识地吸纳西方学科智慧和其他学科精华,身体力行地拓展会计的系列、组合发展模式,在互动中交流,在互动中改革,在互动中开拓,体现了中国会计学和会计人的文化自觉,彰显了中国会计学和会计人的创造性、生命力!

今天,中国会计行业已实现了跨越式发展,取得了世人瞩目的成绩和难得的宝贵经验,正在国际会计舞台上一展风采。此时此刻,更是不能忘记那些曾经为中国会计发展奠定基石的前辈们、大师们，更是不能忘记中国会计界的拓荒者、播种者，更是要为奠基者们树碑、要为播种者们立传。上海立信会计学院组编《潘序伦文集》，汇聚先生的学术思想、会计实践、治学品格等著述精华，这本身的意义首先在于是一项纪念奠基者们的奠基性工作。相信《潘序伦文集》的出版，能够让我们更好地缅怀大师的思想风范，继承大师的学术遗产，弘扬大师的高尚风格，让黄钟大吕般的大师之声激励更多的会计人去创造无愧于先辈、无愧于时代的新成就，让黄钟大吕般的大师之声激励更多的会计人去奏响中国会计繁荣、发展、进步的新乐章！

是为序。

"普通高等院校经济学十二五规划重点教材"总序

唐海燕

经济学的研究内容包罗万象,涉及社会生产生活的方方面面。既有对社会经济总体运行的规律性总结,也有对特定经济活动进行的深入研究;既有对国内特定社会经济部门的分析,也有对开放经济条件下对外经济活动的实践与规律的总结;既有对市场主体的经济行为的研究,也有对政府公共管理政策及理论的探讨。进入21世纪以来,随着经济科学内容及架构的不断丰富与完善,对经济学的认识与研究逐渐演变深化为日益细分的特定领域与具体学科和专业,体现在高校的经济学教育中,就是经济类各相关专业的核心专业课程。本系列"普通高等院校经济学十二五规划重点教材"即为适应高等院校经济学本科专业教育教学不断发展的新要求而组织编写的。

上海立信会计学院作为一所财经类高校,经济学科是学校建设和发展的主体学科之一。建校80多年来,学校已经为社会输送了大量专业人才,积累了丰富的教育教学和学科专业建设经验。为更好地促进经济学本科各专业发展,提升学科专业建设水平,总结与提炼教学经验,为社会培养更多优秀人才,为各高等院校经济类本科专业教学提供优秀适用教材,上海立信会计学院以经济类专业骨干教学研究力量成立了教材编写委员会,结合教学实践与人才培养要求编写出版系列经济学规划教材。

本系列教材主要用于高等院校本科经济类相关专业的教学实践与参考,教材规划涵盖经济学各相关专业的核心课程。目前主要包括《宏观经济学》、《微观经济学》、《货币金融学》、《金融市场学》、《公共经济学》、《政府预算管理》、《国际贸易学》、《国际经济学》、《国际服务贸易》、《商业银行经营与管理》、《中国税制》

等。在后续工作中,本系列教材还将不断充实完善其他经济类核心课程教材。

本系列教材的主要特点是:

第一,来自教学实践,注重教学效果。本系列教材的编写人员以上海立信会计学院从事教学一线工作多年的教授、博士组成。本系列教材是他们经过多年的教学实践,不断积累总结教学经验后的成果。他们都有丰富的教材写作经历和经验。在本系列教材创作过程中,他们充分吸收了以往的教研成果,更加注重教材在实际教学中的使用效果。

第二,吸收最新成果,内容有取有舍。在本系列教材规划之初,主创人员就统一了写作理念。在保证基础知识完整性的前提下,不断更新内容,尽量把各自专业领域里最新的、已经系统化的新知识、新内容、新方法吸收进来。应该由相关教材或通过自学掌握的知识不再列入本系列教材的写作内容。

第三,体系完整开放,规划高瞻远瞩。本系列教材编写委员会在成立之初就确定好了教材写作的主导思路与体系架构,从总体学科领域进行专业教材的布局与安排,注意了学科之间的相互联系与教学内容的前后衔接。随着后续教材的充实完善,本系列教材将逐渐形成完整的经济学教材体系。

感谢本系列教材各位编写人员的辛勤劳动,感谢立信会计出版社的领导与编辑老师对本系列教材的支持与编审工作。由于水平所限,本系列教材一定还存在一些不足甚至是错误。敬请高校经济学各位同仁和广大学生在使用中提出宝贵意见。相信在你们的关心帮助下,通过我们的后续工作和努力,本系列教材将会不断得以改进。

《世界贸易组织概论》序

唐海燕

中国加入世界贸易组织以来,世界贸易组织法律规则已经在我国对外经济贸易发展中产生了广泛和深远的影响。

世界贸易组织所制定的法律规则实际上是一个浩瀚的法律文库。其内容涉及国际贸易的方方面面,尤其对各成员的外贸体制乃至成员内部法律、法规的制定和实施都有重要的制约作用。而且,世界贸易组织作为全球性经济组织,其触角已经从传统货物贸易领域向服务贸易、知识产权、直接投资等新的领域扩展。在未来的多边谈判中还会进一步就劳工标准、环境保护、公平竞争、电子商务等与贸易有关的诸多问题进行磋商。

经济与法律,有着密切的联系。经济的发展,需要法律的保障;而法律的完善,又会促进经济的发展。世界贸易组织被称为经济联合国,其诸项协议体现了世界贸易组织对国际贸易乃至国际经济领域的管理。因此,培养一批熟悉和精通世贸组织规则的人才显然是实现上述目标的基础性工作。

作为介绍世界贸易组织的一本基础性教材,这本《世界贸易组织概论》有这样几个突出特点:第一,系统完整。涉及世贸组织的基本概况、基本原则,涉及世贸组织实体法、程序法的各个协议,也涉及世贸组织内部对发展中国家差别待遇、外部与其他组织的关系以及世贸组织对我国的影响等。第二,附有案例。这些GATT/WTO裁决的案例对理解世贸组织的规则是不可或缺的。第三,富有见解。对诸多协议进行了评价和展望,体现了作者的一些思考。

本书作者是上海立信会计学院法律系的一名青年骨干教师。他的研究领域涉及国际贸易、国际经济法等。在研究生学习期间,他系统学习了世界贸易组织法律,毕业论文研究的课题也与世界贸易组织有关。这本《世界贸易组织概论》

是根据他自己在从事世贸组织概论教学过程中的研究与探索,从当前有关世贸组织规则学习的实际需要出发编写的,有自己的思考,有自己的特色,值得肯定。故乐为之序。

"立信会计系列精品教材"总序

邵瑞庆

立信会计这一品牌是由我国现代会计之父、会计学家及会计教育家潘序伦博士创立的。上海立信会计学院是我国唯一一所以会计命名的、以培养财会、经济管理类各级专门人才为目标的全日制普通高等院校,在近 80 年的办学历史中,根据潘序伦老校长确定的"立信为本,实践为衡,求是务实,报效社会"的办学理念,为社会培养了 20 余万财经管理人才,在会计界享有盛誉。2005 年,上海立信会计学院会计学专业群被上海市确定为重点建设的教育高地,"立信会计系列精品教材"是会计学教育高地的建设项目之一。

立信会计因其会计教育、会计师事务所与会计出版社三位一体的办学模式而使其教材在国内独树一帜。在我国会计国际趋同及其企业会计准则体系已经形成、资本市场的发展对会计信息不断提出新的要求、会计诚信受到普遍关注的背景下,高等院校会计学专业无论从教学的理念,还是教学的内容与手段都在发生变化。为适应这些变化,我们组织编写了这套"立信会计系列精品教材"。这套系列教材主要以高等院校会计学本科专业的学生为使用对象,由《会计学原理》、《中级财务会计学》、《高级财务会计学》、《成本会计学》、《管理会计学》、《财务管理学》、《审计学》与《电算化会计》八本教材构成,涵盖了高等院校本科会计学专业的八门核心课程,其中的一些教材也适用于财务管理、审计学以及工商管理等财经类专业的教学。

之所以将这套系列教材列为精品教材,是因为这套教材的编写努力传承了潘老校长开创的立信会计教材编写的良好传统,吸收了潘老校长和各位立信会计贤达编写的教材精华,以及国内外同类教材的精华,当前会计理论与会计教育研究成果的精华,采用教授领衔、任课老师参与的原则,将教材编写与精品课程建设、课堂教学紧密地结合起来,在内容上将会计理论与会计实务有机地结合起来。

尽管我们将这套会计系列教材定位于精品教材,也为编写好这套教材作出了努力,但限于水平仍会有种种不足。同时,会计学科是与社会经济环境密切相关的,新的会计业务与新的会计问题在不断地出现,也需要对教材进行及时更新。为此,我们真诚地期待着各位专家、学者及广大的读者对这套教材的任何方面提出意见和建议,以便再版时改进,使其成为名副其实的精品教材。

《葛家澍会计文集》自序

葛家澍

这本文集是由我的学生们所促成,为纪念我从教 65 周年和即将到来的 90 岁生日而出。本论文集是我的第二本论文选集了,第一本是为我从教 60 周年而选编,由中国财政经济出版社出版。本文集的出版则得益于立信会计出版社的主动与热情的支持。

本文集首先选录的主要是学生们普遍认可的、我发表于 20 世纪 50～90 年代中各年代的代表性论文各 1 篇或 2 篇;其次收录我之前的论文集尚未纳入的、至 2009 年 5 月已经公开发表的论文。

我出生于 1921 年的农历 2 月。生后 13 天,母亲身亡。当时,亲友皆认为我是难以长大的孤儿。幸赖祖母和外祖母的精心照顾,今竟年届 90,也算是我人生的奇迹。

我自幼尚能自律、自觉,也有上进心和好强心。直到高中,成绩始终名列前茅。但抗日战争改变了我的前途和命运,大学进入完全陌生的会计学殿堂。从学习会计到从事会计教学,我与会计形影不离达 70 年。我之所以能有今天,两位恩师功不可没。一是著名的经济学家王亚南校长,是他指引我们年轻教师如何走教学和科研相结合的道路;二是长期担任厦门大学会计系主任的肖贞昌教授,是他力劝我毕业后留校当助教,不要放弃专业。当然,归根到底,应归功于伟大、光荣的中国共产党。28 岁,我就成为新中国大学教师的一员。中华人民共和国已成立 60 周年,我一生的三分之二生活在新中国,因此,可以自豪地说,我是新中国培养成长的第一代知识分子。

在会计学,尤其是财务会计学这一学科领域,由于涉足时间长,通过编写、主编教材,撰写专著论文,指导博士、硕士研究生,使我具有一定的知名度,绝不意味着学术水平高,对社会贡献大。正如厦门大学授予我的学衔"资深教授",是教授中的资深(资历长)者之一而已。实际上,对比老一辈的专家、学者们,不论知识面的广与专,更不论对国家、对人民的贡献,我与他们的差距,不是一点点,而是很大很大。我只能"高山仰止,景行行止,虽不能至,心向往之"。

所幸,我有自知之明,不敢自满,学无止境,至老弥坚!

出版这一文集,不过表明我"老骥伏枥"、"壮心不已",并试图求教于会计界,抛砖引玉罢了!

本书的出版,需要感谢我的学生厦门大学杜兴强教授,中山大学刘峰教授等,对我之前文章的整理;也要感谢我的博士生窦家春、陈朝琳与田志刚进行的校对工作。当然,本文集的出版,与立信会计出版社及黄成良同志的大力支持密不可分。

会计学界的一面旗帜

葛家澍

《顾准会计文集》的出版是我国会计学界的一件有历史意义的大事。这让我们想起活跃在20世纪30~70年代的一位天才的会计学家——我的老朋友顾准先生,他对会计的思考和探索有着与众不同的独创性;他对真理的追求、学术上的创新和独立思考精神,至今仍是中国会计研究工作者的光辉榜样。而摆在我面前这本文集的清样以及他的照片立即把我带到与他学术交往的回忆中,其音容笑貌,宛然如在昨日!

最早知道顾准这个名字是我在厦门大学求学的时候,曾修过"银行会计"课程,用的教材就是他著的《银行会计》,该教材取材新颖、编制适当、内容完备、文字畅达,在当时也属罕见之作。在我想象中,这本教材的著者该是位有多年执教经验的年长会计专家,直到1962年年底,在我撰写的《会计基础知识》书稿讨论会上,第一次见到了这位仰慕已久的会计学家之后我才知道,他其实不过大我5岁而已!我不禁感叹:我们会计界也有个"王勃"!著书之时不过弱冠之年,但写出的文章却是字字珠玑,为世人所传诵。记得那次书稿讨论会是在中央党校招待所召开的,参加会议的还有于光远、樊纲、杨纪琬、娄尔行、赵玉珉、阎金锷等人,会议着重讨论了会计的对象和会计的属性,最后得出的一致意见是:会计没有阶级性,会计学是一门应用经济科学,技术性是其主要属性。对这一观点,当时立场最明确、最坚决的乃是顾准。他以借贷记账法为例,他说,借贷完全是符号,如果以资产增加、负债减少为"借"做横坐标,资产减少、负债增加为"贷"做纵坐标,用"借"、"贷"表示的各项交易完全可以用一个矩阵表示,借贷记账法可以还原为一个数学模型。他举例精辟,分析细致入微,赢得了大家的尊重和最多的掌声。印象最深的是,讨论会前夕,我们曾在房间里长谈,他多次抨击当时学术界的"极左"思潮,许多人口呼反对形而上学,而在自己的著作中则充满形而上学。他说,"政治挂帅"是要求我们用马克思列宁主义、毛泽东思想的立场和观点指导学术内容,而不是取代学术内容;"挂帅"是要求用正确的观点作为红线,而绝不是某些人的某些文章用"政治"作为内容,把"红线"变成"红布"!这些精辟之言,令我赞赏不已,至今记忆犹新。此后,我与顾准一直保持联系,经常就一些会计学上的问题进行交流和探讨。

在中国现代会计界中,顾准是一位敢想、敢说、敢写的人才,他天资聪颖,勤思善学,而且绝不苟同。除了《银行会计》外,他还编著了《初级商业簿记教科书》、《簿记初阶》、《所得税原理与实务》等教材。在20世纪三四十年代,他就在会计学术研究的舞台上崭露头角,发表了一系列文章,研究和探讨中国当时的会计问题,有的还是当时的重大问题,比如在会计改良与改革的选择上,他就坚定地选择了改革的道路,这种选择并不像当时某些学者在不了解也不愿花力气去研究旧式账簿的情况下的一种盲目跟风,而是建立在对旧式账簿体系和改良账簿体系充分研究的基础上,这一点通过文集中的有关文章可以清楚地看到。

20世纪60年代,顾准经历了"三反"和"反右"两次政治厄运后,不再担任行政职务,返回中国科学院经济研究所,在孙冶方所长的领导下,对会计问题进行系统研究,他立志编著一部中国特色的社会主义会计学巨著,计划写七篇,后来只完成了《会计原理》和《社会主义会计的几个理论问题》,终因第三次政治横逆和"文革"冲击而中辍。这两篇主要是针对当时弥漫的从前苏联"拿来"的教条主义和会计教学脱离实际的学风而撰写的,旨在澄清对会计的一些基本问题的认识,以促进会计教材和会计教学的改革。两本遗著依然可以反映顾准对一些重大会计理论问题的系统思考,诸如当时讨论得比较激烈的关于会计的科学属性,关于会计与国民经济计算的关系,关于会计记账方法和记账原理等。他在《会计原理》中强调会计也是企业的"成本—利润计算系统",这在当时的历史条件下,是要冒宣扬"利润挂帅"的政治风险的,需要极大的理论勇气。从这一观点中,我们也可以看出这与他主张的要充分发挥价值规律在社会主义经济建设中作用的思想是一脉相承的。令人叹为观止的是,这些认识或论断,随着岁月的流逝,愈发凸显其远见卓识,在某些领域都是精深和独创的,如对复式记账原理的数学解释至今无人能出其右。文集收录的上述会计论文和两篇遗著,是他在会计学术研究中比较有代表性的部分。

毋庸置疑,顾准先生在思想界的影响远远超出他对会计界的影响,正因为如此,学术界长期以来忽略了对他会计学术贡献的研究,我们所能见到的顾准的文集也从未对他会计学术成果做过整理和出版,这对于全面系统地研究这位经济学家、会计学家和会计思想家显然是一个遗憾。一方面,会计的教学与研究是顾准职业生涯和研究生涯的起点,透过他的会计思想,我们才能了解他的经济思想和独立思考精神形成的脉络和过程,这对于系统全面地研究顾准的思想是非常重要的;另一方面,他在会计方面的理论联系实际的研究方法、独立思考和大胆探索的精神也需要我们今天的会计研究者加以继承和发扬光大。

95年前,诞生了一位中国知识分子的杰出代表,他始自会计实务、会计教育和会计研究进而在经济学、哲学、历史学等领域取得卓越成就,而且是在遭受如此人生厄运中取得的,这是中国一代知识分子的骄傲,是会计界的骄傲。他的学术思想是留给我们的珍贵文化遗产,而他的"拆下肋骨当火把"、对真理不懈追求的精神和对国家民族命运的责任感是留给我们永远的精神财富。

必须指出,任何一位历史上的学术人物都会带有那个时代的历史局限性。即使两千年前的国学大师孔子也是如此。对于他们的思想观点和所涉及的学术研究内容,我们不应求全责备,不可能要求他们的研究与21世纪的现代观点相吻合。重要的是要学习他们坚持真理、勇于开拓的创新精神。在历史发展的长河中,他们总是一个令人向往的里程碑!可贵的是,顾准先生的遗作及其所代表的会计与经济思想,作为20世纪30年代以来,中国会计界"坚持真理"、"坚持诚信"、"坚持进取"的一面光辉旗帜是当之无愧的!

"会计经典丛书"述评

郭道扬

组织中外会计经典著作与普及性会计读物出版,是潘序伦先生创立的立信会计事业的重要组成部分,历史上的"立信会计丛书"影响海内外,已为推动华夏会计事业的发展作出了杰出贡献。为向中华人民共和国 60 周年大庆献礼与纪念中国会计改革 30 年,立信会计出版社特制定宏伟计划,隆重推出"会计经典丛书"(以下简称"丛书"),拟在今后相当长的时期内,分期、分批系统出版在世界会计发展史上具有一定学术地位的名人名著,以最终形成具有传世意义与珍藏价值的系列会计文化精品,为全球会计界树立起一座金字塔。

人类社会的会计事业有着悠久而伟大的历史,它的发端期与远古文化、艺术,以及原始算术相一致,在其起源之际所显示出来的管理功能,便与解决人类生存及发展问题至为密切相关,由此,它创立了自己的伟大历史起点。在进入"财产社会"乃至其后的"产权社会"后,会计在维护和保障公共权益与私家(或公司)权益中的作用越来越突出,在经济控制中的基础性地位越来越重要,这正如马克思所讲:"过程越是按社会的规模进行,越是失去纯粹个人的性质,作为对过程的控制和观念总结的簿记就越是必要;因此,簿记对资本主义生产,比对手工业和农民的分散生产更为必要,对公有生产,比对资本主义生产更为必要。"近、现代会计发展的历史事实证明了马克思这一光辉论断。作为现代市场经济管理控制基础的会计,当今已被人们看作实现社会经济可持续发展的基本保障,其作用又回归到与维护及保障人类的生存发展相关的方面,这已成为当今人类必须正视的一个问题。当然,会计控制的作用不仅仅显示在强化经济管理工作方面,而且更为突出地还表现在科学思想发展与会计理论、文化建设方面。先进的会计思想和科学的理论一直持续影响着会计学与会计工作的发展,这也是现代会计学之所以成为交叉科学与边缘科学的重要原因。尽管它作为一门科学的研究成果的成书时间较之其他科学为晚,然而,近代社会以后,会计经典之作的产生与发展却展现出后来者居上的演进态势,尤其是在现代社会经济、政治、文化,以及在现代科学技术发展的推动之下,以会计理论与实务研究为中心的领域不断拓展,以会计、审计和财务管理为基本内容的理论与方法技术体系已经形成,会计学已在科学群体中独树一帜,其经典论著层出不穷,熠熠生辉。

弘扬会计学的历史发展成就是一代又一代会计学者应承担的重大责任,整理出版会计著作精品是履行这一责任的重要体现,"丛书"出版目标正是根据这一点确定的。一方面"丛书"编委会将尽职尽责地做好这项工作,确保以上乘的质量、持之以恒地出版这套"丛书";另一方面也企盼来自各个方面的支持,在著作遴选、修订与出版等方面做到群策群力,以实现"丛书"出版所预期的目标与扩大它的世界影响。

1494年,意大利文艺复兴时期著名会计学家卢卡·帕乔利的力作《算术、几何、比及比例概要》(潘序伦先生译为《数学大全》,以下统一用此名)一书出版,极大地影响到整个欧洲,成为欧洲数学发展史上的辉煌篇章。《数学大全》的第三卷第九部第十一篇论题为《计算与记录要论》(葛家澍教授译为《簿记论》,以下统一用此名)。《簿记论》是系统研究簿记学的历史起点,它的问世开辟了人类会计发展的新时代,是会计学建设发展史上的里程碑,它的影响极为深远,其意义是世界性的。"丛书"在原译中文版本的基础上,通过再次校译与订正,作为首批经典著作推出,它对整套"丛书"的出版具有奠基性意义与作用。《簿记论》一书很值得每位会计学者和工作者珍藏与反复研读。

1905年(光绪三十一年),蔡锡勇的《连环帐谱》于湖北官书局镌刻刊行,它开创了中国会计专著撰写与出版之先河,真正是"破了天荒"(杨时展教授语,1922年),从根本上改写了中国几千年来,会计无专书、专文问世的历史。在当时,这部书的出版不仅迎合了张之洞在湖北创办各类实业乃至军工业对改进中式簿记的要求,而且以其引进与改良思想为启迪,揭开了20世纪初期改良与改革中式簿记的序幕,是中国会计学建设史上的重大历史事件。应当注意,蔡锡勇引进先进簿记原理及其技术所坚持的结合"中土实际"的思想,旨在西为中用,故他通过精心编译进行的再创作自始至终显示了这一精神。他用借贷基本原理,设例解释中式簿记中的"一收、一付"和"一该、一存"的原理,体现了"洋为中用",指引了改良中式簿记的大方向。目前,《连环帐谱》这部上、下两册的线装书,在海内外仅存孤本,此次立信会计出版社通过拍照与精心设计,完好保持了它的原貌,显示了原书古朴的风格。"丛书"编委会深信这部书出版之后一定会得到社会各界的重视,既珍视它的历史价值,而又在比较研究中充分发挥它的现实应用价值。

美国著名会计学家A·C·利特尔顿的名著《1900年以前会计的演进》,是20世纪30年代以后对世界会计界发生深刻影响的会计历史论著,它开创了史论与史证相结合系统研究会计、审计问题的崭新格局,具有很高的研究参考价值。虽然我国会计界多年来一直在策划翻译出版这部书,但由于多种原因未能实现这一计划。这次,"丛书"编委会决定把翻译出版这部值得研读与收藏的论著列入规划,并确保提高翻译水平与出版质量,为中国会计界献上一份厚礼。

1907年,留日学者谢霖与孟森合著的《银行簿记学》一书,是继《连环帐谱》之后,第二部试图通过引进西式簿记引导中式簿记进行改良的著作。这部书以银行簿记为改良目标,其研究的切实性与可操作性很强,故它对于推动我国三四十年代所兴起的改良与改革中式会计运动具有直接作用。河北杨汝梅的《无形资产论》是他于1926年在美国密歇根大学的博士学位论文,论文具有一定创新价值,一度在美国广为引用,是中国人在世界会计界产生影响的第一部著作。这部书曾被施仁夫先生译成中文,译名为《商誉及无形资产》,这次出版经过仔细校译,也将以崭新面貌出现在读者面前。同时,围绕20世纪三四十年代中国的改良与改革会计之争,"丛书"还再版了潘序伦与徐永祚先生的代表作。

"会计经典丛书"是一项永久性的出版工程,通过它既能够展示数百年来中外会计学术演变与发展的历史路径及其运行规律,也便于广大会计学者与工作者全面而系统地研究会计学术、实务问题,以达承前启后,继往开来,持续进行求实创新之效果。"丛书"编委会诚望会计学者、会计教育者、会计实务工作者,以及其他方面的读者参与"丛书"的策划与对会计经典著作的遴选,并对持续出版这套"丛书"提出宝贵意见。我们认为,这项工程既是中国也是世界会计界共同的事业,它的每一步都需要来自会计界及其他方面力量的推进。

开启中国会计的造经时代

汪一凡

学了30年会计,好端端地做着学问,却突然发现自己扮演了"会计版"《皇帝的新衣》里那小男孩的角色。恍然大悟!这就是作者本人的离奇感受,希望能与读者分享。

行外人更容易看懂:会计界做错了什么事

关于2008年发生的世界金融海啸,经济学家和金融学家们都洋洋洒洒地发表了许多见解,但我们最关心的问题"如何防止金融危机今后再次发生",却从来没有看到有说服力的见解。从会计学者的视角,作者认为要害在于:全世界都用错了评估公司业绩的指标,无良厂商因此有了制造泡沫的机会。改换为正确指标,剥夺其兴风作浪的空间,才是根除世界金融危机的唯一正解。

为了说明用错指标的后果,我们以同样发生在2008年的"中国毒奶粉事件"作为引例。此案中有个关键词"三聚氰胺",三聚氰胺通常是用作涂料的,为什么会和"八竿子也打不着"的奶粉攀上关系呢?原因在于,食品有个很重要的指标"蛋白质含量",但当前的测定方法有缺陷,要通过另一指标"含氮量"来间接推算,如果含氮量高,就认为其蛋白质含量也高。三聚氰胺全然不含蛋白质,含氮量却高达66%,长得也很像奶粉,因此被无良厂商加进牛奶中,以便提高"推算"的蛋白质含量。事发后曾见报载,科技部向社会公开征集快速检测三聚氰胺的技术,实属治标不治本之举,天底下含氮而不含蛋白质的化合物还有多少?真是防不胜防。可见,更应该征集的,是无需靠含氮量推算就能给出"蛋白质含量"的技术!有了这种技术手段,就不关三聚氰胺什么事了。"原型指标"和"替代指标"倒置的结果,是斩草不除根,问题奶粉果然风波又起,没完没了。

世界金融危机是从会计报表而起的,在会计上也有用错了公司业绩指标的问题,不过这问题隐蔽得更深些,需要从头说起,先要确立关于什么是"赚钱"的信念。

商业活动的目标是什么?是赚钱。什么叫赚钱?把公司看作一个"现金池",过了一年,刨去股东投资和债权人贷款的当年变化额后,现金比原来更多,那就是本年赚到钱了。它可能"溢出"现金池,作为股利或利息发放了;也可能"富余",留在公司而尚未分派,两者可合称为"溢余现金";反之,如果现金比原来更少,那就是本年度公司还在"烧钱",也许实物资产是增加了,但投资总是为了赚钱,在"落袋为安"以前,还会有难以预测的风险,只要还没有变现就不能算数。更何况,谁也否认不了"今年没有赚出钱来"的事实。所以,"赚钱"是不容置疑的常识,极其简明的公司业绩评价指标,不是吗?

很不幸,从各类现金流入和现金流出中,如何分离并计算"赚到多少钱",在过去可能是个技术难题。所以,现代人看到的,是会计界闭口不谈公司"赚到了多少钱",而是用"净利润"来计量公司业绩。但"净利润"是凭空虚构的指标,在现实世界中没有对应物,甚至不能定义,只能说是"收入—费用"的差额。换句话说,它是"真金白银"的山寨版,却在现实生活中"鹊占鸠巢",只有它才代表公司"赚到的钱",对不对都是它了。"赚钱"指标一旦"被替身",和问题奶粉案例类似,无良厂商也可以利用替身指标兴风作浪,这就是祸根之所在。

美国的创新金融产品剖析

与中国的上市公司一样,美国的上市公司也需要不断地报告更好的业绩,以便鼓舞人心。净利润作为当前唯一的公司业绩指标,却"什么也不是",恰好像个什么都可以往里装的大筐,找个由头就可以算是利润了。以下我们便逐步揭示,如何轻易地"做大"公司业绩:

1. 在"净利润"的计算上,有个可疑的做法:"只要交付了实物,还没收到钱也算收入",利用这一点,无良厂商只要设立几家当"托儿"的公司,其使命是"千年不赖账,万年不还钱"。将实物交付给"托儿"后,应收账款增加了,收入也增加了。这样的收入要多少有多少,从而,利润也是要多少有多少。类似的手法还有,公司集团的关联企业们互为"托儿",内部倒买倒卖,货物从没离开,看账上,却是从子公司到母公司都集体"致富",这是"做大业绩"的最传统方法了。

2. 工商业可以这么做，金融业没实物可卖，怎么做大业绩？可以设法"创新"。令人仰视的数学家和金融家就出场了，他们设计了由各种金融机构（如商业银行、投资银行和保险公司等）参与的一系列令人眼花缭乱的安排，美其名为"创新金融工具"，或叫"金融产品"，这样也就有东西可卖了。

3. 从金融产品上赚不到多少钱，或金融产品卖得不够理想，而每年报告业绩增长的压力又很大，怎么办？如果能做到"还没卖出去也算赚到"，那就更理想了。但是，会计上有个"历史成本"原则是：原来花了多少钱，先记录在账上，卖回来多少钱要和它比较，多出来的才算赚到。想实现"还没有卖出去也算赚到"，过不了历史成本这一关。

4. 1990年9月10日，时任美国证券交易委员会（SEC）主任Richard C. Breeden的证词指出："金融机构从事金融工具的买卖，它们都有一个根据当前市场情况进行价值计量的问题。其资产应该按当前市价而不应按历史成本入账。"（汪建熙译）这就动摇了历史成本原则，让会计造假者看到了一线曙光。

5. 美国财务会计准则委员会（FASB）更进一步，在会计上提出"公允价值收益"：金融产品按当前市价入账，期末市价对比期初市价若有变化，其差额就是"公允价值收益"，是净利润的一个新成分。但是，没卖出去的东西"市价"是多少，谁能说得清楚？无良厂商得以随意地决定金融产品的市价，从而随意地报告净利润。

6. 无论真实的动机是什么，美国证券交易委员会（SEC）和财务会计准则委员会（FASB）联手配合，已经为上市公司业绩造假打开了通道。回到上文的引例来对照着理解，"净利润"貌似"含氮量"指标，公司有了"净利润"，人们误以为就是"赚钱"了；"公允价值收益"则貌似"三聚氰胺"，它的"现金含量"为零，"利润含量"却是百分之百，让人误以为公司很能"赚钱"。

次贷危机是怎样发生的

完成了对这个"系统工程"的描述后，我们接着以最早出事的"两房"（房地美、房利美）次贷危机为例，说明无良厂商可以怎样利用这个有破绽的业绩指标，最终又是如何酿成大祸的：

1. 发放房屋贷款需要债务人有偿债能力，因此要通过严格的信用评估。

2. 只向信用良好的债务人发放贷款，数量不足以支持公司业绩报告"天天向上"的要求。

3. 设法找到低收入者或无家可归者,条件很宽松地借钱给他们。这种情况下,谁不干才是傻瓜,贷款发放数量就不成问题了。

4. 既是"退而求其次",偿债能力肯定有问题,"次级信用贷款"也就产生了。

5. 这当然是"脑子进水"后的决策,谁愿意放贷,那是他们家的事,别人管不了。

6. 但是,通过创新金融工具的安排,他们可以"债权证券化",把它转卖到全世界,这是标准的嫁祸于人,演变成"谁买了,谁才是真的脑子进水"。另外,卖不出去的也算是"公允价值收益",公司的业绩报告当然好看。

7. 无良商家的假设是,如果房价一直上涨,这些次级信用的债务人最后卖掉房子,总是能够还债的。持续报告优异业绩的压力,使他们顾不上这样的后果,即一旦出现拐点,房价掉头向下,靠"公允价值收益"支撑的利润立刻反正为负,掉得更快。而房价确实下跌了,于是泡沫破裂,市场信心随之大降,连锁反应的结果是世界金融海啸的总爆发。

可见,"有没有赚到现金"是无法做假的,其核算难题借助于现代信息技术也已经解决。所以,评价上市公司业绩,先看"赚不赚钱",才是对金融危机"斩草除根"的不二法门。

中国会计的"造经时代"

从整体上看,这是个设计完美的骗局,在其中又能观察到美国证券交易委员会(SEC)和美国财务会计准则委员会(FASB)所起的助推作用。那么,世界金融海啸是不是美国从全世界骗钱的"国家阴谋"呢?作者认为可以排除,理由如下:

1. "真金白银"的公司业绩指标"被替身"的错误,虽然也是在美国会计模式主导下发生的,但这场会计版《皇帝的新衣》毕竟已经演绎了近百年,并非自今日始;

2. 公允价值收益推出后,早在2001年就有安然和世通等因公司业绩造假相继出事,从当时波及的主要还是美国国内来判断,应当没有人会拿新式武器先在自家厅堂里试爆的;

3. 此次危机,美国人民也付出了极大代价,除了经济损失外,更在于"国家品牌"价值大缩水。在我们心目中,端坐于神坛上的格林斯潘居然承认错了;传说中能"制约腐败"的社会,居然也冒出纳斯达克前总裁是"庞氏骗局"诈骗犯;代表"世界顶级"管理水平的"百年老店"居然也会一家接一家地倒下;多少号称"自由"的金融机构居然一夜之间被政府接管;……全世界人民则不得不为此"埋单",由于盲目信赖美国金融界而承受了重大损失。

不过,这也让我们想起,世界会计史界曾有世界会计中心在不断转移的论点,颇可令人玩味:"日本学者从会计通史的角度,提出了'会计世界一周论',认为不同的国家在不同的时期对会计发展作出了不同的贡献;14世纪至15世纪为意大利;17世纪为荷兰;19世纪为英国;20世纪为美国和德国。"([荷兰]海渥著:《会计史》"译者前言",中国商业出版社1991年9月)

日语中的"一周",就是"循环"或"风水轮流转"之意。通观美国会计思想史,就是一部无休止的政治斗争史,会计发展的基调是重政治平衡更甚于专业理性,而向来"玩政治"是情商比智商更重要些的,所以美国会计模式存在着忽视科学性和技术性的倾向。"公允价值收益"就是美国财务会计准则委员会(FASB)为服从强势利益集团而作的"命题作文",不惜颠覆会计的底线"历史成本",实属一大败笔。在美国模式引领下,全球会计界近百年来所犯的一些错误,都是在路径选择上的方向性错误,甚至是错上加错。所谓"南辕北辙",一旦方向错了,跑得越快,结果就越惨,会计领域充满似是而非的"艺术化"风气。企业合并与合并报表领域也是重灾区,坦率地说已经达到"不说人话"的地步,真是乱象丛生,每况愈下。正如所谓"物极必反",终于闯出大祸,捅出世界金融海啸的大娄子。很明显,美国已经失去作为"带头大哥"的制高点,世界会计中心该"花落谁家",哪个国家会成为新的"领头羊",已经是令人瞩目的问题了。

以1905年蔡锡勇所著《连环帐谱》出版和大清银行派员赴日学习为标志,意味着中国会计人当了100多年的"老学徒",梦醒时分,回首一望,才发现有很多东西,"洋师傅"自己也没想清楚,实事求是地说,我们费力从西方取来的,并不完全是"真经"。中国会计人,应该开启自己"造经"的时代了!

我的会计学术生涯

1980年5月至10月,在福建省建材系统"财会干部培训班"里,我从学习"增减记账法"入门会计。结业后调到财务科,开始了自己的会计职业生涯。

1984年8月,以"同等学力"资格考取厦门大学会计硕士研究生,有机会聆听葛家澍、余绪缨和常勋等先生亲自教诲,业遂大进。由于是从初中二年级正式学历直接跳到硕士生阶段,中间有8年的教育空白期,有幸成为经历考试次数极少、受应试教育"摧残"程度最低者,得以保留原创的"野性"。1987年,研究生毕业后留校任教。

1992年起,致力于从自动数据处理的角度研究会计基础理论,后来又扩展到管理信息系统"数据逻辑模型"的独特研究,探讨如何深度利用电子计算机,如何让其完成似乎不可思议的任务。研究过程也是不可思议的漫长,其间有整整9年未发表过论文,2006年7月,以撰写《会计信息化丛书》作为研究完成的标志,这是独一无二、极其厚重的个人学术储备。

为避免象牙塔"空对空"式研究的通病,作者本着"高起点理论构建"和"高精度系统开发"平行推进,相互启发的思路,创始了桃李软件作为实践基地,在软件开发方面也有颇具特色的成果。自称为"空对地"式的研究:既有学术理论高度,又能解决实际问题。

2006年后,从会计的"理工科"转向"文科",钻进故纸堆中研究中国近现代会计史,用心去聆听曾祖父辈、祖父辈的会计学者"讲那过去的故事",已浏览了目前所能找到的史料,在通读的基础上,近来作了整体的思考,更对中国近现代会计思想有了深刻的印象。

2009年10月,在中国财政经济出版社出版专著《改良现代会计方案:科学化的探索》,点明会计界长期以来把大量资源用于研究"替身"指标——净利润,是个历史性遗憾。以毛泽东及其特型演员(例如古月)来作比喻,几句话就能点明这个历史误会:"古月就是古月,长得再像,再精心地为他化妆,他永远也不是毛泽东!"

借易中天先生名言,浇心中块垒:悲剧啊!

考虑到历史不可能重新来过,"存在的就是合理的",更考虑到众多会计人员还只能依赖应计制会计谋生,作者提出亦此亦彼的"双轨制会计模式",即保留以"净利润"为核心指标的传统应计制会计,不作任何变动;但推出以"溢余现金"为核心指标的新兴现金流会计,这一设想可以集中表达为"双轨制会计示意图"如下:

左栏表明传统应计制会计的内容,即从记账凭证开始,编制出资产负债表和利润表的过程;

中部到右栏的斜黑体字部分是作者所构建的体系,展现了中国"会计技术学派"原创性的硬成果。按照从①到④的顺序,首先是根据中国流复式簿记方案,将记账凭证转换为"以复合金额表达的记账凭证";然后根据现金流量表的精确编制原理,通过分析记账凭证,独立地得到主表和附表,并经"汪—张等式"验证,就可以得到现金流量表;将现金流量表主表另作编排,转化为溢余现金表;根据公司集团会计学原理,利用导入的各成员公司记账凭证备份数据,形成公司集团自己的账套,准确地编出合并资产负债表、合并利润表和合并现金流量表;将合并现金流量表主表另作编排,又转化为合并溢余现金表;这样,在各个公司层面上都有"科学化的原型指标——溢余现金",形成完整的"新兴的现金流会计"。可以预见,会计版图的扩大,将使会计补上"科学化"的一课,全方位地快速发展。

双轨制会计示意图

传统的应计制会计 (净利润:艺术化的替身指标)	④ 新兴的现金流会计 (溢余现金:科学化的原型指标)
合并利润表、合并资产负债表	合并现金流量表 →合并溢余现金表
↑ ③ 公司集团会计学及其计算机实现 ↑	
利润表、资产负债表	现金流量表 → 溢余现金表
	② 现金流量表 精确编制原理及其计算机实现 (汪一张等式验证)
↑	↗ ↖
	主表编制新方法　　附表编制新方法 (查表统计现金异向账　(汪一张等式及 户对应的现金流类别)　其算法)
会计记账凭证　→	以复合金额表达的记账凭证
① 中国流复式簿记方案 ↗	

科学化要求"唯一性"和"精密性"

一般而论,科学研究成果能够成立的基本判断条件是"再现"。也就是说,别人根据你的方法去"按谱炒菜",也应当得到相同的唯一结果,否则就有疑问。许多伪造实验数据的"成果"就是由于过不了这一关而被揭露出来的。

这一标准用于会计领域,用行话说就是"谁来做账,都能得到相同的结果"。在应计制下,100个会计师独立编制同一企业的利润表,会得到101个结果(多出来的一份是CPA的),注定无可救药地达不到这一要求,只有现金流会计有望满足这一科学标准。但是,在思想方法上,一定要彻底摆脱"多项选择"思维方式,坚持"你是我的唯一",鲜明地表达概念,明确说明需要什么数据,如何得到这些数据。

"多项选择"是会计界在应计制下形成的根深蒂固的不良习惯,那就是容忍多种方法、多种结果并存,似乎都有道理,也都没道理,谁也说服不了谁。以 Michael C. Jensen(1986)提出的"自由现金流量"为例,尽管同样是注重现金,却因为初始的定义就含糊其辞,又被其他学者接手过去自由发挥,成为多种定义、多种算法,至今无人知道它究竟是何物。在合并报表领域,也随处可见"公说公有理,婆说婆有理"式的无聊论争,永无休止。既然能容忍多项选择并存,会计实务中也就形成"粗放耕作"的风气,试举两例:

其一,大多数上市公司无视会计准则的要求,在现金流量表中,只提交主表,不提交按"间接法"表达的"经营活动产生的现金流量净额",而有关监管部门居然也听之任之;

其二,传统上,会计金额是以精确到"小数点后两位数"的方式来表达的。尽管换用不同方法(例如不同的折旧模型)可能会有几百几千元的差异,采用这样的表达方式,总会让人觉得这是一笔一笔算出来的。可是,有些上市公司的财务报表居然是以百万元为单位来表达的,例如 987 000 000.00 元。明眼人一看就知道这是"人工捏造的",因为让计算机把百万元以下抹成零,再自动把全套报表做平,以符合表内、表间的勾稽关系,那是更困难的。从会计监管的角度,这已经切断了正常的审计线索,是完全不能容忍的(提请财务总监们注意,回到课堂上让老师打分,这样的作业肯定不及格)。

因此,科学"再现"的基本标准,就是"从一而终",只能有一种清晰的说法,一个"以不变应万变"的核算结果,才能服人,而精密性是会计向精密科学发展的必要条件。只要是科学,便有一种舍我其谁、唯我独尊的霸气,便有随机游走的扩散力,便有摧枯拉朽的爆发力,是不能等闲视之的。

写作《恍然大悟会计丛书》之缘起

2010 年 3 月,网名"账房先生"的读者在我博客上留言:

汪教授:你的大作《会计信息系统原论》中关于现金流量表的精确编制原理专题,对于间接法编表的原理解释(特别是有关附表项目中的"其他"的阐述,实在太精彩了)终于解决了我多年的关于"精确"的困惑,仿如醍醐灌顶,实在令我痛快淋漓,快哉!快哉!期盼汪教授快出好书、多出好书。谢谢。

这更使我感到学术界与实务界充分沟通的重要性,会计只是一门应用学科,学术成果不是用来束之高阁、自娱自乐的，更应该"发表"在会计实务中，"发表"在市场上。《改良现代方案》还只是"理想"，使"理想照进现实"，转化为原动力，推动会计实务发展才是更重要的。由于会计离科学越来越远，长期以来，积压了许多悬而未决的专业技术问题，深受其害的是需要面对具体业务的会计实务界，无所适从，没有人告诉他们该怎么做才好。因此，当立信会计出版社窦瀚修社长和黄成艮编辑到厦门大学来，很有远见地希望作者能写一套"深入浅出"、具有实用性的会计丛书，以服务于广大读者时，双方可以说是"一拍即合"，当场就把丛书策划确定下来了。《恍然大悟会计丛书》拟围绕"双轨制会计示意图"的成果，分专题展开，初步确定为四种，即

《原来会计可以这么学》

《原来会计可以这么用》

《会计那些事》

《原来中国会计就是世界领跑者》

读者请不要被这篇自序的"气势"吓坏了，以为又是象牙塔里"空对空"的高头讲章，这套丛书是作者"空对地"研究中能"落地生根"的那部分，是有30年职业生涯的"老会计"开出的药方，意在治愈会计实务中的疑难杂症，平平淡淡才是真，希望能对读者，特别是实务界的读者有实质性的启发作用。

攀登会计科学的高峰
——评《21世纪100个会计学难题》

刘 威

前言：从艺术、魔术、到科学，会计学的"黑洞"在哪里

翻开《21世纪100个会计学难题》(简称《难题》)的序，我们可以拜读到我国会计学界的泰斗葛家澍教授抛出的第一个经典会计学难题，他说："说到难题，使我想起一个有趣的著名的'喝啤酒难题'(the Difficult Problem of Drinking Beer)，它最初来源于克拉斯纳和纽曼的《数学和想象力》一书。假设在美国和墨西哥边境上的一墨西哥小镇存在着1美元对90墨西哥分的汇率，而在美国一边的美国小镇上则存在着1墨西哥元对90美分的汇率。在墨西哥和美国的小镇上，一杯啤酒价值是当地货币10分，如果一个人只有1个比索(等于100墨西哥分)，他就可以利用这种不均衡汇率在两边的酒馆中不断地喝酒，他的1比索永远也用不完。具体情况是这样的：在墨西哥喝一杯啤酒，找回的90墨西哥分正好兑换1美元，再拿这1美元到美国小镇上喝一杯啤酒，找回的90美分又可以兑换1个比索。喝啤酒难题虽然是个假想，但其中不仅涉及汇率方面的问题，还涉及国际贸易对各国经济的影响，因而成为一个经典难题。"

葛教授的难题使我们对生活产生了幻觉：如果一个人可以不花钱喝啤酒，那还要会计干什么？我想如此有趣而又难以回答的问题，会引导我们去发现这个见不到底的黑洞，探索和求知的欲望油然升起，我们不禁要问：会计学的黑洞究竟在哪里？

《难题》一书的主编,复旦大学张文贤教授在该书的前言部分帮助我们厘清了思路,他开门见山地引证了伟大的科学家爱因斯坦的名言:"提出一个问题往往比解决一个问题更为重要。"他强调,提出难题是科学进步和发展的需要。数学家希尔伯特(Hillbert)在 1900 年世界数学家大会上提出著名的 23 个数学难题,指引了整整一个世纪数学研究的方向。张教授认为,会计学的研究也应首先从提出难题入手,因此,编写一部 21 世纪会计学难题的著作,就成了他的一个夙愿。从 1998 年至今,在张教授的精心组织下,经过 10 多年的几代会计学学者和专家的努力,《难题》这部巨著终于问世。这是我国会计学研究史上参与的学者最多、收集的难题最集中的专著之一。这部书凝聚了中国两岸三地以及海外会计学专家的聪明和睿智呈现了中国当代会计学界具有里程碑价值的研究成果。

《难题》共收集了 108 篇论文,把探索的问题整理为 13 个专题。每个专题就像被发现的会计学的一个个黑洞,破解这些黑洞里的秘密,既需要会计理论上的严密推论,也需要经过会计实践的检验。《难题》的提出不仅体现了当代会计学人对会计研究脚踏实地、坚韧的探索精神和敏锐的洞察力,同时也展示了 21 世纪中国乃至世界会计学研究的方向。

1. "会计学"从何而来

"会计学"从何而来?在《难题》中排列第一。追溯会计学的渊源一直被认为是会计学人的历史使命,当今经济社会发展的高速度会使人们几乎没有时间去回顾历史。但是历史却永远以其原貌而存在。应该说挖掘历史是件非常有趣味的工作,它会勾起我们对过去美好事件的回忆,也会使我们越来越珍惜现在和憧憬未来。下面,让我们一起来分享郭道扬、刘常青、赵丽生三位教授对会计史学探索和创新的成果。

刘常青教授从搜寻与会计记录相关的"形"和"数"开始,对会计的起源进行了新的梳理。他把早期的会计历史沿革分为两个时期:第一个时期距今约五万年至距今约六千年或七千年,被认为是直观模仿自然的思想时期;第二个时期距今约六七千年至距今约五千年,被认为是模仿自然并加以改进的思想时期。在这漫长的历史时期,会计的思想经历了一个又一个的演变:从直观绘图记事(数)思想阶段、简单刻记记事(数)思想阶段、抽象绘图记事(数)思想阶段、刻符记事(数)思想阶段、摆脱模仿自然阶段,到能将原始文字、记数制度和度量衡制度区分,并将它们结合使用的阶段。

赵丽生教授针对学术界的长期引起争议的主流观点,即"把29000年前一些原始文明行为和神话传说认定为会计的萌芽或雏形"的观点进行了考证。认为:山西峙峪古人类遗址出土的骨片刻痕,按照骨片刻痕的深浅、粗细程度来判断,显然是人类利用利器(石英一类)刻画的,不是自然形成的。同时,这些刻痕虽然形式各异却呈现一定的规律,可以肯定是人类有意刻画的,而不是无意留下的。这就是"会计的萌芽或雏形",但是他的考证也留下了一些遗憾:如果这些刻痕是人类有意刻画的,那么它是表达思想情感的艺术行为,还是原始的记录、计量行为?再者,如果这些刻痕是人类有意的记录、计量行为,是否可以认定这就是原始的会计行为?

郭道扬教授综观了人类会计整个发展史,提出了"会计的指导思想是什么"?这一简单命题。他认为,21世纪前,研究会计的指导思想是"产权为本"的指导思想;到了21世纪,研究会计的指导思想已转变为"人权为本"的指导思想。要回答为什么将会计学的指导思想如此划分,以及如何在这漫长的岁月中实现转变,其实真不是一件简单的事!基于他的会计指导思想的大划分、大转变的假设,郭教授提出了未来会计学研究的方向。他说:"应该在联合国'会计和报告国际准则政府间专家工作组'(ISAR)行动框架内与研究成果基础上,建立和研究:(1)以'人权为本'的思想支配之下的全球会计准则体系;(2)可持续发展会计学;(3)环境会计学;(4)把'财产权益'与'生态权益'统一起来,构建第二会计报告体系。"

2. 会计学的"概念框架"为何如此难以构建

《难题》中排列第二的是"会计基本理论",这里故且也可理解为会计学的"概念框架"。

会计学的"概念框架"是学术界长期探讨的一个世界难题,"概念框架"如此重要是因为它是研究会计理论、指导会计实践的指导思想,它驾驭会计准则的制订方向,同时又为解释和解决会计实践问题提供科学依据。美国现代会计的发展史告诉我们,至今为止,美国财务会计准则委员会已发布了五份在全球有影响力的关于会计"概念框架"的研究公报。这些研究公报中涉及会计的本质,会计的确认、计量、报告、披露等基本问题。尽管这些报告详细而又富有哲理,但是至今还没有人敢说会计学的"概念框架"已经定论,对这些问题的研究还在继续。

综观我国的会计研究,从形式上看,不管是官方、还是学术界,还从没有公布过会计"概念框架"的研究公报,但是对会计概念框架所包含的基本理论问题的研究却一直没有停止过。

在《难题》一书中,著名会计学家葛家澍教授列出的急需研究的会计学难题,有许多都与会计的"概念框架"有关。

我们认为,从不同的角度提出问题,是探讨会计"概念框架"所包含的诸多问题的又一尝试,这也是《难题》一书的精华所在。

陈小悦教授创新地认为,会计计量模式的命题是围绕会计信息的决策有用性而展开。他说:"假定会计(系统)是一个经济信息系统,其有用性在于为其使用者提供进行经济决策的有用信息,那么,会计系统的有用性问题是否有可能应用经济学原理来回答,或者是否有可能按照经济学原理来建立一个在实务中可操作的、令使用者可接受的会计系统。"

陈教授分别对会计学的计量学派和会计学的信息学派的基本概念进行了简要的界定。指出:

"会计学的计量学派(measurement school)可以说是以古典经济学为基础的。计量学派致力于建立明晰的会计要素(如价值、收入、资产和负债)的计量标准,这不可避免地要借助于经济学的完全(complete)和完美(perfect)市场概念以及一般均衡(general equilibrium)理论(Debreu,1959)。计量学派把古典经济学理论下的理想会计要素计量标准作为标尺,并强调会计实务趋近理想计量标准的重要性。"

"会计学的信息学派(information school)以基于不确定性的经济学为理论基础,关注决定和影响会计信息生产、传播、使用过程中的经济力量。它认为会计信息的作用不仅在于对资源的量度,还在于提供与资源相关的信息。也就是说,从与使用者决策相关的信息内涵的角度看待会计信息的有用性。信息学派在许多方面成功地应用信息经济学、企业的契约理论以及有效市场理论对会计实务进行分析、解释与评价。"

基于Feltham-Ohlson模型思路,陈小悦教授提出了"以经济资源价值为基础的经济计量模式",并依据这样的模式讨论了财务报表信息与企业定价问题。

会计信息的质量特征,自2001年美国安然公司事件爆发后,引起了全球经济学界和会计学界的关注。"安然"被喻为是经济领域的"9·11"事件。朱元午教授认为,会计信息的质量特征应该是理解性和决策有用性,从属于决策有用性的是相关性、可靠性和可比性。

周晓苏教授在研究会计信息质量特征时,把焦点聚集在财务报告披露的透明度上。认为:为了提高财务报告的透明度,需要研究以下三个问题:第一,财务报告透明度的形成机制;第二,财务报告透明度的计量;第三,财务报告透明度对投资者保护的作用机制。

杨世忠教授对会计信息质量提出了如何评价与鉴定的问题。他认为,正确评价与鉴定(简称评鉴)企业会计信息的质量,是改善企业会计信息质量、夯实市场经济基础的必要前提。对企业会计信息质量的评鉴模式可以分为商业化评鉴模式和非商业化评鉴模式两种。他对两种模式存在的理由以及各自的利弊作了精辟的分析。

3. 是历史成本,还是公允价值

著名会计学家葛家澍教授提出的难题最令人费解,会计计量是采用历史成本、还是公允价值?它既是一个会计理论问题,又是当今会计实践者最希望找到答案的现实问题。

让我们回顾一下 2006 年,这一年我国财政部公布了新的会计准则。新准则的特点之一就是在会计计量方面,中国引入了公允价值计量模式。这标志着在市场经济的推动下,中国的会计走出了非常关键的一步。财政部会计司刘玉廷司长对此作了高度概括:"公允价值和历史成本是会计中最重要的计量属性,公允价值是当前的,历史成本是过去的。国际财务报告准则要求广泛应用公允价值,以充分体现会计信息相关的质量要求。"从国际上各国公允价值应用的历史看,公允价值的应用并非是件新鲜事,或者说是会计计量模式的伟大创举。且不说公允价值的应用最早究竟出现在欧洲还是在美洲,我们所知道的事实是,在英国、荷兰和美国等一些国家,公允价值的应用也有或上或下的历史,至少说对其应用的争议至今还是存在的。我国提出公允价值有范围的应用,想必是会计国际趋同潮流的涌动,中国会计因此也是有史以来得到了国际社会最大的关注。

2007 年,我国上市公司全面实施新准则,其中规定有些资产,如金融资产、投资性房地产等,可以应用公允价值计量和列报。但是,当我们还没有来得及品尝公允价值计量所带来的硕果时,事隔一年,美国的金融危机爆发了。在追究金融危机产生的原因时,祸害直指会计关于公允价值计量的问题。此后,美国政府直接采取了干预的政策。当今,这个从大洋彼岸飞来的谜团困惑了中国会计界的学人,资产的计价属性,是选择历史成本?还是公允价值?孰此孰彼难以定论。

在《难题》一书中，对此问题指点迷津的有葛家澍教授，汪祥耀、谢诗芬教授等。

首先，葛家澍教授精辟论述了公允价值的定义和基本特征。认为：从公允价值的基本定义看，尽管我国、美国以及国际会计准则委员会对其表述各有不同，但其实质含义并非存在差别。

其次，葛家澍教授指出了公允价值的特征。与历史成本、重置成本、现值等相比，公允价值是一项新的计量属性。它包含了三个明显的特征：(1)它不是对"过去已发生的交易或事项"(past transactions or events)进行计量，而是对"假想交易"(hypothetical transactions)进行计量；(2)既然是假想交易的现行交易，那么，什么时候应按公允价值进行初始确认和初始计量？(3)公允价值是怎样计量的？

最后，葛教授对公允价值的应用，从理论上进行了总结。他指出，以市场为计量基础，并以活跃的市场价格为最佳估计，是公允价值应用的基本原则，在理论上也是有充分根据的，公允价值是对会计计量属性的一个发展。

葛教授在对上述问题从理论上进行了肯定和印证时，他列举了国际会计准则第39号应用指南。

国际会计准则第39号应用指南指出："A主体(A企业)持有B主体(B企业)15%的股本，这些股票在活跃市场上公开交易，股票当前报价为CU100，日交易量为发行在外股份的0.1%，由于A主体认为，如果成批出售其持有的B主体的股票，这些股票的公允价值将高于市价报价。因此，A主体取得了几项独立的股份，如果将之出售，可得到较高价格的估计。这些估计数表明主体能获得CU105的价格即标价5%的溢价。试问：A主体应使用哪个数字对其持有的股票进行计量才符合公允价值的定义？根据国际会计准则第39号应用指南第71段的规定，活跃市场中的公开报价才是公允价值的最佳估计数。因此，A主体应当使用公开报价(CU100)。A主体不能仅因为独立估计数表明A主体通过成批出售所持有股票可以获得更高(或更低)的价格而背离市场价格。"

讨论到此，既然公允价值定义是完整的，特征也很明确，应用也理应得到了理论上的支持，那么我们还有什么理由可以不大胆应用它呢？是会计的实践对公允价值的应用提出了质疑！

葛家澍教授接着分析说，2008年出现在美国的金融危机使人们对公允价值的应用进行了新的反思。美国国会首先就应对金融危机作出了最快反应。"美国国会通过了《紧急经济稳定法案 2008》(Emergency Economic Stabilization Act of 2008)。该法案的第 132 节提出的"有权中止'调到市价的会计'",其实就是针对公允价值计量的。因为公允价值计量是以市场价格为基础,而市场价格在每个报告期都要调整(所谓新起点计量),也就是从原先的市场价调到当前的市场价。

美国的《紧急经济稳定法案 2008》第 132 节重申了 SEC 的权威性,再次明确 SEC 为了保护投资人的利益,根据 1934 年的证券交易法,可以通过规则(rule)、条例(regulation)或命令(order),暂停(中止)SFAS 157 应用中的问题。同时指出,自证券法生效之日起,SEC 的上述权威性都未受到强制性的约束和限制。因此法案第 133 节要求 SEC 研究 FASB"调到市价的会计"(market-to-market accounting)的准则即 FAS 157。

美国国会为什么对公允价值的应用要作出如此巨大的反应?如果市场不接受公允价值计量,我们该怎么办?

葛家澍教授的回答是这样的。他说,我们不能抛开市场来讨论会计计量问题,市场与会计计量有不可分割的关系。

葛教授列举了美国历史上三次大的市场波动,他认为每一次市场的波动都对会计计量提出了新的考验。

第一次是 1929—1933 年美国经济大萧条。在此期间,美国推行自由经济政策。葛教授说:"自由经济泛滥,会计也无章可循。由于任意估价,当时美国市场充满了假利润、假报表,因而罗斯福总统上台后立即实行新政,通过 1933 年证券法和 1934 年证券法,对资本市场加强监管。"

第二次是 20 世纪 60 年代末 70 年代初,美国出现了高达 11% 以上的通货膨胀。责难历史成本计量之声纷至沓来。著名会计学家 Robert N. Anthony 甚至指责以历史成本为计量基础的财务报表正在"报告无用的数字"(对《幸福》杂志记者的谈话)。葛教授说:"为此,SEC 和 FASB 不得不相继采取对策:先是 SEC 要求若干上市公司披露'重置成本'信息,接着 FASB 于 1978 年制定的第 1 号财务会计概念公告,把财务报表扩大为以财务报表为中心的财务报告,允许表外披露非历史成本数据,然后再以概念公告为依据发布 FAS 33《财务报告与物价变动》,在表内,仍按历史成本计量,而表外,则按'一般购买力变动和现行成本/不变美元'模式补充披露企业的主要资产价值和利润水平,并反映购买力损益(非货币性项目)。这样,历史成本计量才逃过被否定的危机。"

第三次是 2008 年至今,美国出现的金融危机。这次市场的波动带来的考验已不是历史成本,而轮到公允价值了。葛教授说:"当前,由于美国次贷危机引发的金融风暴,如前所述,股票、证券、石油、房地产等原有活跃市场的商品,无不暴跌,且升降不定。特别是一些世界著名的银行如雷曼兄弟投资银行,有的被政府收购,有的申请破产保护。金融市场是全球市场中最敏感的市场,金融市场的危机随即成为世界经济衰退的信号,华尔街已被笼罩在大萧条前兆的气氛中。以市场价格为最佳估计的公允价值计量现在明显地动摇了,甚至失去了可靠的计量基础。基于这一经济形势,人们怎能不反思采用公允价值计量的财务报告信息? 有人甚至要求暂停使用公允价值计量也是可以理解的。"

通读葛教授对美国发生的三次经济危机深刻分析,我们领悟到了葛教授观察问题、解决问题的方法,那就是马克思主义辩证唯物主义和历史唯物主义的哲学思想和方法论:实践是检验真理的唯一标准!

葛家澍教授对公允价值研究归纳出的结论,字字句句值得我们反复咀嚼和思考,它指引我们不断认识公允价值,似同一把打开公允价值谜团的金钥匙。葛教授的四点结论如下:

"第一,公允价值计量属性的运用条件确实需要反思,但也不要匆忙地否定公允价值的作用。

第二,如实反映情况或'反映的真实性'是财务报告信息的基本质量特征,也是财务会计与财务报告的一项本质特征。历史成本之所以能立于不败之地,是由于它可体现财务会计与报告的这一特征。公允价值之所以遭到责难,则是由于它企图突破这一特征,使会计和报告从过去走向现在和未来,于是就要借助于失去人们信赖的估计和预测。

第三,财务会计和财务报表(不是财务报告,不包括表外披露),从它产生的那一天起,就赋予它的基本任务(从而形成它的本质特征),是对一家企业经济资源(资产)、经济资源的主权(负债和所有者权益)及其因过去的交易或事项而引起变动(收入和费用)和变动的结果(盈利或亏损)进行忠实的历史写照。在表外,可以允许甚至应当鼓励做某些估计。因为对某些重要事项进行有根据的预测和估计能够作为财务会计信息的必要和有用的补充,从而增进财务会计与报告的有用性,这就是公允价值计量存在的必要性。但对财务会计来说,估计信息绝不能取代历史的财务信息。人们可以批评财务会计及其信息面向过去的局限性,但不能否定历史(已成为事实的,任何人不能更改的)财务信息具有反馈价值和预测价值的作用。

第四,任何事物都要有创新,有发展,这是世界和任何事物不断前进的规律。

但创新和发展不能丢掉事物的本质特征。例如,我们国家将长期实行改革开放的伟大国策,这一国策自始至终贯穿于创新。但创新绝不能否定我国的社会主义制度。所以,会计可以在必要时运用有科学根据的估计,而作为以企业财务会计与报告为主导内容的历史的财务信息是不能被否定而变成估计的财务信息的。"

汪祥耀教授也认为,公允价值计量是一个公认的世界性财务报告难题,认识公允价值的"定义"和其"计量级次"是该难题的症结所在。研究美国财务会计准则委员会公布的 SFAS 157 的"脱手价计量目标"和"公允价值级次"理论,对解决公允价值计量难题具有一定的理论和现实意义。

谢诗芬教授论述了现值和公允价值的基本概念。并指出:"我国《企业会计准则——基本准则》重新正确地选择了公允价值大方向并提出了公允价值概念,为我国会计的国际趋同创造了重要的前提,但基本准则没有深入阐释公允价值复杂、深刻的内涵(指公允价值定义)和丰富的外延(指公允价值与其他会计计量属性之间的关系),许多具体会计准则都运用了公允价值,但有关公允价值计量和披露的规定及其阐述分散于各项具体会计准则及其应用指南中,不详尽、不统一。究其原因:一是由于近年来我国对公允价值的研究和运用不多,认识有限;二是由于我国《企业会计准则 2006》的体系主要是参照国际会计准则理事会(IASB)2005 年以前的国际财务报告准则(IFRSs)的体系构建的,缺乏一个单独的公允价值计量准则及其应用指南。"

4. 商业报告语言如何扩展

会计在企业界被喻为是商业语言。1494 年,意大利数学家卢卡·帕乔利(Luca Pacioli)的复式簿记法,奠定了现代会计的起源。在经历了 500 多年风风雨雨的今天,我们还在沿用这种古老的簿记制度和报告方式。有人曾发问,这样的簿记制度还要用多久?资产负债表的历史数据是否会影响会计信息使用者的经济决策?更曾有人异想天开地试图设计一套三式簿记的方法和财务报告体系。或许我们再投入更多些、思考更多些会使这种梦想成为现实,也或许今天的 XBRL 系统的出现和应用,将会荡涤和颠覆昨天的、包括今天的整个会计记录和报告系统。

张天西教授是我国研究 XBRL 方面的专家,在《难题》一书中他描写道:"可扩展企业报告语言 XBRL(eXtensible business reporting language)是一个开放式的不局限于特定操作平台的国际标准,通过它可以实现财务和商业报告数据及时、准确、高效和经济地存储、处理和交流(Bergeron,2003)。"

国际上对 XBRL 的研发大约从 1998 年开始,至今经历了 20 多个年头,虽然时间不长,但是发展速度惊人。

2003 年,我国上海证券交易所开始筹建"上市公司信息披露电子化标准"工作小组。2010 年 3 月,财政部公布了"关于征求《积极推进可扩展商业报告语言(XBRL)应用的暂行规定(征求意见稿)》意见的通知"。2011 年 1 月,《财政部关于企业会计准则通用分类标准实施若干事项的通知》正式实施,并规定了报送的单位和时间:"首批实施企业向财政部报送通用分类标准的 XBRL(可扩展商业报告语言),2010 年度财务报告实例文档和扩展分类标准的时间,不早于其年度报告公开披露时间。首批实施的具有证券期货相关业务资格的会计师事务所应当在 2011 年 5 月 1 日(上市公司年度报告公开披露后)至 6 月 30 日之间,按照通用分类标准对其 A 股主板上市公司审计客户编制的 XBRL2010 年度财务报告实例文档和扩展分类标准,通过注册会计师行业管理系统向财政部报备。"

美国的速度似乎更惊人。raas - XBRL 公司首席执行官 Daniel Roberts 在接受记者专访时回答道:"我认为,2011 年不论对于美国还是世界其他各国都将是意义非凡的一年。当然,所有目光都将聚焦在 SEC XBRL 强制性命令执行的第三年上。据 SEC 估计,8 700 家公司将首次报送其 XBRL 格式 10Q 季报和 10K 年报。""从全球范围来看,2012 年,首批执行 SEC 强制性命令的公司将成功实现 XBRL 应用,而 HMRC 命令也将迎来其成功执行的周年纪念。欧洲各国公司报告都将以 XBRL 格式报送(尽管目前它们还被蒙在鼓里)。在亚洲,接受 XBRL 数据的国家的数量也将继续攀升。"有人预测,XBRL 不仅可以被用于工商界,而且可以用于政府部门,它正成为一种极其重要的全球化工具。

张教授在他的论文一开始就指出了 XBRL 研发中存在的两个缺陷:第一是"没有一个现成的概念框架予以指导和规范,导致的问题是建立的信息标准缺乏必要的理论支持";第二是"XBRL 报告的内部组织也缺乏必要的层次和结构,信息之间的关系得不到合理解释"。

张教授在文中强调了在 XBRL 研发中财务信息元素理论的重要性,并且指出了它的发展前景:"利用财务信息元素理论,使我们可以对财务信息的理解从'质'转化为'量',不仅可以理解财务信息的含义,还可以了解财务信息的边界和范围。例如,对于某企业的财务报告,可以利用财务信息元素理论说明该报告包括的财务信息量是多少,并可以进行国内和国外、不同行业和不同企业之间财务信息的量的对比。该理论还可以扩展我们对财务信息特点的认识。"

张教授在论文的最后对会计信息化系统的研究进行了展望,认为 XBRL 分类标准、XBRL 账簿和 XBRL 事项是该课题未来进一步研究的方向。他指出:

"(1) XBRL 分类标准。目前 XBRL 分类标准尚缺乏统一的理论支持,根据各国制定分类标准的实践经验,总结 XBRL 分类标准的框架和理论,包括信息元素命名、粒度、层次和关系等,以及分类标准的构架理论。结合对会计信息质量的要求,构建 XBRL 分类标准的质量评价体系、分类标准扩展理论、分类标准协调理论等都是今后可以研究的方向。

(2) XBRL 账簿。停留在企业报告层次的 XBRL 并未完全发挥 XBRL 的潜力,只有企业账簿系统实现了 XBRL,才能真正有效地整合企业财务信息供应链,真正实现企业信息生产的流程化。目前有关 XBRL 账簿系统研究非常缺乏,随着 XBRL 研究的逐步深入,关于 XBRL 账簿系统的研究必将成为未来 XBRL 研究的重点内容之一。

(3) XBRL 事项。在实现了报告和账簿层面的 XBRL 化后,将 XBRL 推向会计事项或交易层面就是势所必然的了。只有实现了会计事项或交易的 XBRL 化,才可能真正实现会计系统的 XBRL 化。

只有实现了会计事项或交易层面的 XBRL 化,才能将按需报告、语义搜索等 XBRL 的优势充分发挥出来,从而高效地推进会计信息化建设的步伐。"

结束语:下一个难题是什么

《难题》一书共 992 页,在汇编的 108 篇文章中,每行每字留下的是攀登者的足迹。感谢这些在崎岖小路上攀登会计科学高峰的勇士们,他(她)们用敲键盘和爬格子这样简单的方法,去探索会计学的一个又一个"黑洞"。需要说明的是,本文上述的评述只涉及了该书的冰山一角,也只是自己阅读《难题》一书的一点体会。下一个难题是什么? 不妨请读者身临其境亲自去探索和品尝。这些难题包括:

- 有研究资本市场与会计信息披露方面的"股利之谜"、"盈余管理的连锁反思"、"盈余管理程度的估计"、"关联交易研究"、"利益相关者的产权与控制权博弈";
- 有研究会计计量和记录方面的"会计计量模式探析"、"确认自创商誉的正反理由"、"股票薪酬费用化之争";

- 有研究会计报告和披露方面的"会计谜团:'利润至上'还是'现金至尊'"、"企业合并和合并财务报表"、"会计信息披露均衡问题";
- 有研究会计准则国际趋同方面的"我国会计标准建设与国际协调"、"中国会计理论研究的国际化"、"中国会计协调:进展、障碍、对策"、"反倾销会计的理论框架研究展望";
- 有研究绿色会计、碳会计方面的"环境会计报告:具有信息含量吗?""循环经济下的企业战略经营业绩评价";
- 有研究信息技术与会计管理方面问题的"可扩展企业报告语言(XBRL)的研究与应用"、"财会信息系统中原始数据失真问题研究";
- 有研究人力资源会计方面的"智力资本价值驱动分析"、"人力资本的价值计量";
- 有研究上市公司监管问题方面的"上市公司内部控制信息披露监管研究"、"会计管理中的风险控制";
- 有研究会计职业伦理道德方面的"会计职业道德的两个悖论"、"审计独立性"、"电脑信息系统环境下的审计";
- 有研究成本会计和管理会计方面的"中国管理会计研究如何走向世界"、"基于时间竞争的管理会计理论和方法"、"会计目标与管理会计报告系统创新"、"战略成本管理";
- 有研究企业的社会责任方面的"责任会计的几个主要理论问题"、"企业社会责任与财务绩效的相关性研究"、"森林社会效益核算";
- 有研究会计理论和会计思想方面的"会计哲学"问题。

拜读《难题》中每一位会计学大家的作品,我感到难题有时似乎为我们指明了方向,令人兴奋和激动;但有时难题又使我们感到更加扑朔迷离、困惑和惆怅。我不禁想问,21世纪的探索者是否还会提出这样的问题:会计学的昨天,为什么我们的前人称之为"艺术"?会计学的今天,为什么有那么多的人把它诅咒为"魔术"?会计学的明天将是什么?是魔术还是科学?或者仍然是个"黑洞"?

一本令人难忘的书
——《21 世纪 100 个会计学难题》诞生记

徐小霞

2010 年 3 月,《21 世纪 100 个会计学难题》正式与广大读者见面了。本书收集了中国 100 多位会计学专家的文章,他们就百余个会计学难题展开了缜密的论证与探讨,其中有的难题已经破解,有的难题还在继续探索之中。手捧着这部凝聚着中国会计学人智慧结晶的作品,我们感慨万千。

早在 2005 年年底,我到复旦大学会计学系拜访张文贤教授,交谈中,张教授提出了渴望出版一本让我国会计学家围绕会计学难题发表自己独立见解的书。他曾在 1998 年就开始在全国乃至海外作了大量的调查研究,受到了许多专家学者的积极回应。当时,我觉得这一选题非常有价值,如果能出版这本书,将为我国乃至世界会计学界搭起一座学术交流的平台和展示学术成果的窗口,对我国会计事业的发展起到积极的推动作用。回到社里,我立即向社领导作了汇报,得到了领导的支持。2006 年,这一选题通过了上海市新闻出版局的审批,并被列为上海市重点图书和上海"十一五"重点图书出版规划项目。

我们很快就本书的组稿、设计和编辑等问题进行了多次研究。我们认为,这本书是具有很高学术价值和出版价值的,因此,要从各方面把好关。比如,作者的学术地位、学术成果、文章内容等都要体现出本书的学术品位。张文贤教授提出,进入本书的作者必须是教授,或会计学领域的领军人物,而且每篇文章都要配上作者照片和作者简介。然而,真正要将这 100 位作者的文章及有关资料在短时间内集齐,是件多么不容易的事情。这是一项既耗时又耗精力的大工程。因为许多专家教授散落在全国各地甚至海外,他们身兼数职,事务繁忙,要在百忙中抽出时间完成写作确实有很大难度。但是,我们的计划已定,困难再大也要想方设法去克服。于是,我们拟就了一份约稿信,信中写明出书的目的、文章字数、体例格式、交稿时间等内容,并附上常勋教授的文章作为样本,然后通过网络、电话、研讨会、学术杂志等途径将这一信息发布出去。但是,正如我们所预料的那样,文章的收集速度相当缓慢。为此,我们花了3年多时间,结果还是令人遗憾,有许多才华横溢、建树颇丰的会计学家及其作品未能来得及收入本书;但我们不能再等。其间,我们得到了上海立信会计学院领导的关心与帮助,如在学报上辟出专栏,并指派专人协助张文贤教授收集稿件。经过我们的努力,截至2009年6月,我们终于收到了100多篇文章。

尽管我们事先都作了明确约定,规定了文章的基本篇幅和格式,但交来的稿件还是不尽统一。面对这些长短不一的稿件,在我感到抑制不住的兴奋的同时又感到内心的十分不安。这是因为我觉得我能读到这么多由我国顶尖的会计学家撰写的作品是一种幸运,然而我又该如何去编辑好这些稿件,交出一份满意的答卷。我感到有一种无形的压力,连吃饭睡觉也不安稳。好在我与张文贤教授始终保持着联系,经常交流与沟通有关事宜。渐渐地,我理出了思路,而且变得越来越清晰,我的内心也踏实了许多。首先,在张文贤教授的指导下,我们对这100多篇文章进行了梳理、分类,划分出了13个大类。其次,统一了作者照片的尺寸、形状和摆放位置,规定了作者简介及正文的字体、字号、所占页面的空间大小等;并且,在书眉设计这一细节上,我决定将作者的名字放上去,这样能够让读者既可以通过目录检索到作者信息,又可以从书眉上迅速找到有关作者的文章。而对文字及内容的处理,我的原则是,在没有语法逻辑错误的前提下,尽量保持文章的原汁原味,少改多就;对文章中存在的疑点通过各种方式请教作者或咨询有关专家。

如果说出版一本书需要经过多项环节、多步流程、多个部门的密切配合才能完成,那么这本书就是经历了这样的一个过程。在这个过程中,出版社的同仁们齐心协力,给予了大力支持与帮助。如:校对室的老师不厌其烦地对本书进行了仔细审读、校对、计算和调整版面字数;美术编辑为本书的装帧设计动足了脑筋,对封面反复推敲,反复修改;出版科的老师为本书作者照片的制版联系了信誉良好的厂家,并对本书用什么样的纸较合适提出了宝贵的建议;发行科的老师为本书做了许多宣传和征订方面的工作。

如今,本书已经正式出版1年多了,但现在回想起来,好像是刚刚发生的事情,所有的细节都历历在目。我觉得我是一个幸福的人,因为我享受了这本书的整个创作过程。这是我几十年职业生涯中所遇到的一件终生难忘的事情!当

图书评论

然,对于曾经帮助过我的人我心怀感激。本书之所以能成功出版,离不开众人的支持与帮助。在此,我要感谢复旦大学博士生导师、本书的原创者和组织者张文贤教授!感谢百忙中为本书撰写优秀作品的教授们!感谢所有为本书的出版出谋划策、作出重大贡献的同志们、朋友们!

适逢立信会计出版社成立70周年之际,我写此文以表纪念。

中国会计学界的登山之旅
——读《21世纪100个会计学难题》

陈春华

20世纪末,一本《21世纪100个科学难题》启蒙了一位会计学者探索会计学难题的夙愿。10多年来,这位学者奋笔疾书,孜孜以求,夙愿终得以偿,修成正果。一本凝聚了100多位会计学者研究经典的会计界骇世巨作《21世纪100个会计学难题》付梓成书。当年的学者即为复旦大学资深教授张文贤先生,年逾古稀的他,仍不辍耕耘,止于至善;"十年磨一剑"之作,谋中国会计远大之心,跃然纸上。

爱因斯坦说过:"提出一个问题往往比解决一个问题更为重要。"波普尔认为"科学知识的增长永远始于问题和终于问题——愈来愈深化问题,愈来愈能启发新问题的问题"。科学和哲学先驱们的精辟论述足以让我们站在科学和理论的高度理解和认识《21世纪100个会计学难题》出版的意义。

相较于其他科学,会计学是一门古老而年轻的学科。经济的演进催生着会计学的成长与变革,从"刻契记数"的技艺,到支撑经济的信息命脉,从原始的手工记账,到纷繁复杂的资本运作,会计学经历了一个又一个难题,又克服了一个又一个难题,在"发现问题—攻克难题—发现新问题"的科学步伐中前进。进入21世纪,世界风云变幻,经济跌宕起伏,会计研究与实务面临前所未有的挑战。如何应对?如何征服?"提出问题是科学研究的灵魂",是解决难题的先决。《21世纪100个会计学难题》集萃了国内108位会计学者潜心贯注的100个会计学难题,相信这些难题的提出必然为解决当前会计所面临的困境提供有价值的线索,更为会计学的生存与发展大计指明了方向。

先来谈谈这本书豪华的明星阵容与创作团队。主编为前复旦大学管理学院会计学系主任张文贤教授,这位国内首屈一指的人力资源会计与管理专家,以他70多岁的高龄活跃于会计学术前沿的舞台,他用自己对会计事业一生的执著与热爱感召了百位会计学者,十年心血,编撰此书。再来看这本书的撰写团队,几乎汇聚了海内外一线的老、中、青三代共108位会计学者,可谓众星云集,群星荟萃。其中有会计界泰斗级的厦门大学葛家澍教授和常勋教授、江西财经大学裘宗舜教授、上海财经大学徐政旦教授和王松年教授,耄耋之年的他们将其一生所学凝练成一个个会计学难题供后辈传承与参阅。中流砥柱的中青年学者更是不胜枚举(刘永泽、刘志远、吕长江、王立彦、杨雄胜、汤谷良等),他们以其旺盛的研究之力,开拓新的会计难题。(美国)南加州大学林文雄教授,(中国)台湾大学蔡扬宗教授、(中国)香港理工大学陈工孟教授、(中国)澳门大学何顺文教授等会计学者也贡献了他们的研究成果。除了以上会计学术圈的"大腕"们,撰写作者中还有会计实务界与监管界的行家里手,如中国注册会计师协会陈毓圭教授、上海证券交易所周勤业教授、安永大华会计师事务所汤云为教授等,他们的参与使得难题更具实用性与操作性。最后再来看看这本书的出版者——立信会计出版社,这家由潘序伦先生创办的国内唯一以"会计"命名的专业出版社,已经默默为中国的会计事业奉献了70多年,其出版的会计作品哺育与影响了一代又一代的中国会计人。作为该社主打作品《21世纪100个会计学难题》,系上海市重点图书和上海"十一五"重点图书出版规划项目,设计上既体现了难题的科学性,又反映了会计的专业性,制作之精美,不辱这家会计出版社老字号的招牌。总的来说,这本书是国内会计出版史上最强大的作者群队与最精良的制作群队的强强联手。

华丽的外表脱离了夯实的内容便成为虚无飘渺的空中楼阁。令人值得称颂的是,《21世纪100个会计学难题》,其研究内容的包罗万象(几乎囊括了会计研究领域的各个前沿阵地)和学术视角的高瞻远瞩(每位学者对每个难题都有独特的见解和主张)远远超越了其所拥有的会计明星的光环对我们的吸引。全书共13章,起承转合,脉络有致。起于郭道扬教授领衔的"会计思想史",合于谢荣教授压轴的"审计";而"会计基本理论"、"会计准则"、"财务会计"、"会计信息"、"资本市场"、"成本会计与管理会计"、"内部控制"、"公允价值"、"会计创新与会计哲学"、"国际会计"等章节则按序穿插其间,13章几乎涵盖了当前会计研究的所有领域,其详细的分类与精心的安排,足见编者的良苦用心。下面简单地浏览各章节来品味100个难题的奥妙。

研究现实难题离不开历史的佐证,历史是现实的明镜。"会计思想史"作为开篇栏目正体现了其在会计研究中的地位与作用。会计史学界泰斗郭道扬教授以旁征博引的磅礴之势考证了产权会计思想的形成与演进,以及"产权"向"人权"转变对人类可持续发展的意义与影响。郭教授对人类会计思想演进的研究,恢弘大气,有理有据,考证尤详;史实确凿,评价精当。"会计基本理论"栏目探讨的会计难题有:自创商誉的确认(裘宗舜)、会计计量模式与框架(陈小悦)、会计信息的质量特征(朱元午)、中国会计理论研究的国际化(李爽)、会计信息质量的评价(杨世忠)等。"会计准则"的难题有:会计准则的理论分析(刘永泽、林钟高)、股票薪酬费用化(陈超、胡奕明)、衍生金融工具会计(韩传模)、政府会计问题(陆建桥)等。"财务会计"的难题有:企业合并报表(王松年)、会计利润与现金流量(汤谷良)、财务报告评价(周晓苏)等。"会计信息"的难题有:会计信息化与工程(杨周南)、信息披露与透明度评价(程新生)、XBRL研究与应用(张天西)等。"资本市场"的难题有:风险投资机构报告体系(陈工孟)、股利(吕长江)、关联交易问题(原红旗)、公司治理问题(谢志华)、盈余管理(吴联生、陈冬华)、高管更换(朱红军)等。"成本管理会计"的难题有:利润计量战略管理(杨雄胜)、管理报告系统创新(张先治)、智力资本价值驱动(林文雄)、企业战略业绩评价(张蕊)等。"内部控制"的难题有:会计管理中的风险控制(徐政旦)、内部控制信息披露监管(周勤业)、预算绩效评价(张晓岚)等。"公允价值"的难题有:公允价值计量(葛家澍、汪祥耀)、现值和公允价值(谢诗芬)等。"会计创新与会计哲学"的难题有:计量会计学(于玉林)、会计哲学(张以宽)、责任会计(吴水澎)、人力资本价值计量(张文贤)、重置成本会计(汤云为)、反倾销会计(孙铮)、三维会计(徐国君)、资源会计(许家林、冯巧根)、增值税会计(盖地)、政府会计概念框架(陈志斌)、环境会计(王立彦)、物流会计(邵瑞庆)、核心竞争力会计(汤湘希)、林业会计(岳上植)、非营利组织会计(张爱民)等。"国际会计"的难题有:国际转让价格(常勋)、国际会计协调(陈毓圭、周红)、会计趋同化与差异性(曲晓辉)等。"财务管理"的难题有:嵌入社会责任与扩展财务理论(李心合)、财务危机与财务预警(张鸣)、债务期限结构(刘志远)、企业价值评价方法(张纯)等。"审计"的难题有:内部审计质量(蔡春)、信息化审计(蔡信夫)、审计独立性(谢荣)等。

以上仅罗列书中部分难题,看似散布,实则环环相扣,好像珍珠串成五彩缤纷的项链,自成一系。很多学者探讨的难题未能一一列出,并非不精彩、不经典,而是因为再多加"摆谱",似有吹捧之嫌,难免有掩篇篇经典之实。此时,联想起财政部王军副部长最近提倡的"研经品典,启智取道",他所言及的"原创性"、"文化性"、"辐射性"、"深邃性"、"常青性"等经典著作的几项品性,《21世纪100个会计学难题》中所述难题虽未达全部,但皆可慰藉其中几项。无意于精品,但愿成为会计学者与实务工作者书架中的一部珍品,案头习读的常品,启迪未来的诚品,便是对编者最大的鼓舞了。

谨以此书评,感谢张文贤教授和100多位会计学者为中国会计事业所作的贡献!

创建有中国特色会计理论与方法体系的一部力作
——评《会计理论比较研究》

王世定

中国会计学会号召,"建立具有中国特色的会计理论与方法体系"。立信会计出版社 2011 年 2 月出版,由孙芳城教授等完成的著作《会计理论比较研究》就是创建有中国特色会计理论与方法体系的一部力作。全书具有如下几个特点。

一、建立前后一贯的有中国特色的会计理论与方法体系

会计理论必须前后一贯,不能自相矛盾,否则将影响其科学性,甚至难以成立。作者认为,美国会计理论体系的优点是将会计本质、职能、目标等范畴前后一贯;缺点是不够全面,只说明了会计基本职能之一的反映职能,而会计控制基本职能未能体现。我国长期相持的信息系统论和管理活动论,各自突出一种基本职能,不能前后一贯。作者通过对会计基础理论体系的动因、对象、本质(结构)、职能、目标等诸范畴,应用系统的观点、联系的观点进行辩证分析,在深入研究的基础上,提出:有中国特色的会计理论体系应当"两论"结合,会计工作是以处理价值信息为基础的控制系统。

二、会计基本动因与会计职能系统观

作者认为,会计有两种结构、两种基本职能、两种基本会计目标。基本动因

制约会计结构、职能、目标,是"一切矛盾的胚芽"。主张"以基本动因为逻辑起点,以基本职能为研究起点",建立前后一贯的会计基础理论体系。会计产生和发展的基本动因是节约劳动时间规律。会计职能分为基本职能及具体职能,具有系统性,对会计目标具有决定性影响。

三、以会计目标为起点,建立和完善会计准则概念框架

作者认为,会计目标是会计职能的具体化。通过剖析"决策有用观"与"受托责任观",指出"两者不能充分体现会计基本职能","不能全面、准确地指导 CF 建设"。应当通过会计基本职能,建立会计的基本目标,即会计的两大基本目标是"如实提供信息、加强经济管理",分别体现反映和控制两种基本职能。会计目标包括总目标、基本目标和具体目标,构建有中国特色的会计目标理论体系。

会计准则概念框架是财务会计理论中最实用的部分,是用以指导和评价包括会计准则、会计制度等在内的具有应用性的理论体系。会计目标"一身二任",既是会计基础理论体系的研究终点,又是会计准则概念框架的研究起点。作者将会计准则概念框架归纳为"理论模式(FASB)、国际模式(IASB)和法规模式(CASC)"三种模式,通过比较研究方法,认为我国创立的会计准则概念框架法规模式是既符合 CF 发展趋势又适合中国国情的最佳选择。

四、注重会计理论研究方法

会计理论研究方法比起该门科学的原理和所得出的科学结论,在空间上更为广阔,在时间上更为久远。会计理论研究方法是会计理论体系的最高层次,是一种更为本质的会计理论。作者首先对"归纳法、演绎法、历史法、伦理法、比较学法、事项法和价值法、系统法"等规范研究方法进行了比较研究,然后对流行的实证研究方法进行了比较介绍评价,最后对"超越实证:人文诠释研究方法"进行了介绍。诸多具体研究方法对很多人具有启迪作用。

五、内容全面、见解新颖

该书资料十分丰富,包括会计基础理论体系、财务会计理论框架、会计规范

与核算方法体系等,结构自成体系。在会计环境理论、会计职能理论、会计动因理论、会计属性理论、会计基础理论体系起点理论、会计目标理论等论述中,见解新颖。

由孙芳城教授等设计的《会计理论比较研究》著作是上海市2010年重点图书,是该团队十余年的潜心力作,被吴水澎教授赞誉为"一部具有较高价值的学术专著"。

《从商品、产权到行为空间——制度与契约分析的意义、局限及超越》序

陈志武

本书作者李健是一位思想敏锐的青年学者,这几年他一直活跃于各种论坛上,对许多问题都颇有见地,让人启发至深。这是他的第一本学术专著,书中涉及一些非常有趣同时也非常基础的经济学问题,值得仔细阅读、推敲,虽然可能会有些晦涩难懂。

本书逐步分析了商品、权利、义务、权利义务束、财产权利以及作者自己定义的一个概念——"行为空间"。细读相关章节,我们可以清晰地感觉到,作者有很大的雄心,试图寻找一组普适的经济学分析工具,以便对人的一切行为活动进行有效的经济学分析。比如,在作者看来,经济人不仅会考虑显形资源,而且会考虑各种隐形资源,这包括隐形契约和非正规契约,这些经济资源甚至始终不被任何显形制度所覆盖、界定和碰触,但在它们的拥有主体那里,它们以主体的效用满足、福利增进有与"商品"、"财产权利"以及"权利义务束"完全类似的影响,并且它们通过主体的偏好函数、选择行为和实际行为(任何自然人主体都受其有限的身心资源以及时间的约束),实际与所有被制度和契约所界定的经济资源相连通,并实际地影响着社会经济系统的动态演进。这些隐形资源跟一般商品不同,更多像习俗、文化等非正式规则所界定的权利。毫无疑问,这是作者要引入"兼容一切"的新概念——"行为空间"的一个重要原因。

本书对效用函数的自变量进行了力图接近真实、全面完整的扩展分析。下面随便摘录几小段,我们可以由此感受到作者那异常的洞察力。

每一个主体都以"自以为可能带来更大效用满足的方式"管理自己所拥有的行为空间组合以及自己所能够管理的行为空间组合,都通过自己所拥有的行为

空间的支持,实施某些行为,以图由此获得更大效用满足。这是人类一切行为的真正原动力。

价格类契约仅仅只是万千类制度(契约)中的一类,暂且不说还有大量非契约类行为——偷盗、抢劫和战争。

广义行为直接决定了主体的效用满足水平。

这些都是值得回味的论述。本书还对主体"自以为是的效用函数或者说偏好函数"和"真实的效用函数"做了辨析性区分;以资产组合管理为视角,将人们除直接的广义消费行为以外的一切行为归纳为投资(储蓄)行为,并进一步将它们归纳为管理——主体对行为空间各个维度的主观概率分布形状进行管理。

上述问题,均涉及制度与契约理论或者说经济学一些最基础的问题,因为制度和契约总是在约定人们的权利或义务,制度和契约的相关主体都最终是实实在在的人,因此,研究这些问题的意义非同寻常。

企业是非常重要的社会组织。在对企业相关问题的分析中,本书对所有权、企业所有权、剩余控制权、企业的本质和定义等问题进行了辨析;对企业、家庭、俱乐部、政府等组织进行了对比性辨析;同时对企业相关契约的相互关系也做了辨析。这些辨析对于我们更清晰地认识相关组织是重要的借鉴,或者说它呈现了一些比较好的辨析线索。本书对制度变迁的形态分类以及制度变迁和制度创新的一般动力学机制进行了较深入的案例性解析。

阅读全书,我能清晰地感受到李健的雄心、所下的工夫以及大胆的探索,虽然任何探索都免不了不同程度的粗糙和不成熟,本书亦然。我非常欣赏李健的这种探索和钻研精神。这本书的意义很大程度在于它提出了一系列非常有意义的问题,这些问题到目前还没有非常成熟的答案,它们非常值得大家做进一步的探索和研究。

乐为此序,并乐向大家推荐。

"财务管理理论与实务系列丛书"总序

王化成

进入 21 世纪,当我国的会计理论与会计实务基本与国际惯例接轨之后,财务管理学科的建设和发展就成为我国财务与会计界广泛关注的问题。近年来,我国财务管理学科的理论研究、人才培养和实践探讨都呈现出一派前所未有的繁荣景象。这表明,我国的财务管理学科已经从会计学科中凸显出来,正以蓬勃的生机向前发展着。

正如本套丛书的总主编在丛书的"前言"中写道:财务管理学科的建设和发展,离不开财务管理著作的编著和出版。财务管理著作的编著和出版是财务管理学科建设和发展的展示器和助推器,它一方面总结前一阶段财务管理学科建设和发展的重要成果;另一方面又推动了财务管理学科向着纵深的方向发展。财务管理著作的编著和出版是一项功在当代、利在千秋的崇高事业。

在当前浩瀚的财务管理书海中,以丛书的形式编著和出版的版本很多,每一个版本的丛书都有其特色和独到之处,都为财务管理学科的建设和发展作出了值得称道的贡献。可以说,"特色和独到之处"是一套财务管理丛书赖以面世的重要前提。

由广西大学商学院财会系主任韦德洪副教授主编、立信会计出版社出版的这套"财务管理理论与实务系列丛书",在立意和构思上具有以下几方面的特色和独到之处:

1. 以"大财务、小会计"的观点作为整套丛书编著的指导思想,探索了丛书编写的新思路

关于财务管理学科与会计学科之间的定位和协调发展问题,财会界已经进行过很多年的讨论,至今仍然没有从根本上解决好谁大谁小的问题。这套丛书

坚持以"大财务、小会计"的观点作为编著的指导思想,除了将传统的"财务会计学"的内容以"财务核算理论与实务"的形式独立成书外,作者将传统的"成本会计学"和"管理会计学"的内容分别融进了其他几本著作中,构建了一个"大财务"的框架,使会计学科缩变成财务管理学科下面的一个分支学科,比较好地解决了传统的"成本会计学"、"管理会计学"和"财务管理学"三者之间在内容上的大量交叉重叠的问题。这是一种有益的尝试,但愿这种尝试能够引起财会界一定程度的关注。

2. 以财务预测、财务决策、财务预算、财务核算、财务控制、财务分析这六个财务管理实务中的重要管理环节作为整套丛书编著的体例,构造了丛书编写的新框架

一套丛书的编著体例,就如同一群建筑的结构布局。巧妙、独特而富有创意的编著体例是一套丛书得以成功的先决条件。在我们能够阅读到的很多版本的财务管理丛书中,有的以财务管理内容的深浅程度作为编著体例,有的以财务管理内容的构成要素作为编著体例,而有的则以财务管理实务中的岗位职务要求作为编著体例,等等。但以财务管理实务中财务预测、财务决策、财务预算、财务核算、财务控制、财务分析这几个重要的管理环节作为编著体例,至少到目前为止还不多见。这又是一种有益的尝试,但愿这种尝试也能够引起财会界一定程度的关注。

3. 以投资管理、融资管理、资产管理、收益管理、纳税管理、成本管理、财务信息管理、财务制度管理、财务体制管理、财务战略管理作为整套丛书编著的内容,界定了丛书编写的新内涵

传统的财务管理,其内容构成主要有"三分论"(投资管理、融资管理、利润分配管理)和"四分论"(投资管理、融资管理、资产管理、利润分配管理)这两种观点,涵盖面比较狭小和抽象,不能很好地解决现实经济活动中诸如怎样构建财务信息系统、怎样构建财务管理体制等很多财务管理问题。这套丛书从现实主义的立场出发,扩展并具体化了财务管理的内容范围,使财务管理所涵盖的内容更加贴近现实经济活动中的财务管理行为。虽然丛书中未能就每一个财务管理内容都展开充分的讨论,但其宽泛而具体的现实主义"大财务"观念毕竟已经在书中显现。这对财务管理学科的建设和发展应该说不无可取之处。

4. 坚持理论与实务并重,兼顾人才培养和实践应用对财务管理学科知识的需求,确定了丛书编写的新原则

一套财务管理丛书,要做到理论与实务并重,既可以作为高等院校财务管理

专业核心课程的教材,又可以作为财务管理实务工作者案头必备的学习工具书,这对任何一个作者(或作者团队)来说都是一件比较困难的事情。这套丛书的作者在解决这个问题上作出了他们自己的努力,但愿广大读者可以从他们的努力中获得裨益。

高等院校财务管理专业核心课程的设置一直是各个高等院校财务管理专业十分关注的问题。据我们所知,财务管理专业核心课程的设置,各个高等院校都不太一致。有的院校设置的财务管理专业核心课程与会计学专业核心课程基本接近,体现不出财务管理专业的学科特色;有的院校设置的财务管理专业核心课程与金融学专业核心课程基本接近,也体现不出财务管理专业的学科特色;而有的院校设置的财务管理专业核心课程虽然在较大程度上体现了财务管理专业的学科特色,但仁者见仁、智者见智,有不少问题尚在讨论之中。这套丛书以"大财务、小会计"的观点来构建的财务管理专业核心课程体系,把财务管理专业的核心课程设置为《财务管理基础》、《财务预测学》、《财务决策学》、《财务预算学》、《财务核算学》、《财务控制学》、《财务分析学》、《高级财务管理专题》共八门课程。这是一种比较新颖独特的设置模式,值得财务管理教育界给予关注并讨论。

随着社会经济的不断发展和人们认知能力的不断提高,财务管理学科的内涵和外延也在不断的发展变化之中。处在某一个特定环境中的任何一个人,对客观世界的认知程度既有其独特的眼光,也有其与生俱来的局限性。作为读者,应该重在欣赏作者独特的眼光;而作为作者,则应该贵在努力缩小自己的局限性。这一点,希望能够和这套丛书的读者、作者共勉。

财务管理专业核心课程建设的一种有益尝试
——评"财务管理理论与实务系列丛书"

盖 地

财务与会计有着密切的联系,财务管理专业与会计专业在课程的设置上也有着许多共同之处。会计是财务管理的重要基础之一,财务管理是会计目标向更高层次理财活动的延伸。财务管理专业核心课程的内容应该涵盖会计专业核心课程的主要内容,但财务管理专业核心课程的设置又不能全部包容,更不能仅仅套用会计专业的核心课程,而应该在涵盖会计专业核心课程主要内容的基础上有所提炼、有所延伸、有所创新,构成一个既涵盖会计专业核心课程的主要内容,又区别于会计专业核心课程的、充分体现财务"管理特色"的核心课程体系。

由广西大学商学院财会系主任韦德洪副教授担任主编、中国人民大学商学院副院长王化成教授作序、立信会计出版社出版的"财务管理理论与实务系列丛书"(具体包括《财务管理基础理论与实务》、《财务预测理论与实务》、《财务决策理论与实务》、《财务预算理论与实务》、《财务核算理论与实务》、《财务控制理论与实务》、《财务分析理论与实务》、《高级财务管理理论与实务》)。在探索财务管理专业核心课程设置方面作出了非常有益,也颇具影响的新尝试。

1. 该套丛书按照财务预测、财务决策、财务预算、财务核算(即会计)、财务控制、财务分析这六大重要管理环节为编著体例,外加一个财务管理基础和一个高级财务管理,构建了由八门课程组成的财务管理专业核心课程体系,这在当前我国财务管理专业核心课程建设领域中确实是独树一帜、新颖别致。

在当前我国财务管理专业核心课程建设领域中,比较有代表性的设置模式主要有两种:一是仿照会计专业核心课程的设置模式,按照财务管理学科知识的深浅程度,分别设置了《初级财务管理》、《中级财务管理》、《高级财务管理》等课程;二是按照财务管理学科知识的构成内容分别设置了《初级财务管理》、《投资管理》、《筹资管理》、《成本管理》、《分配管理》、《高级财务管理》等课程。这两种设置模式在我国财务管理专业的发展过程中发挥了非常重要的作用。相信韦德洪副教授在这套"财务管理理论与实务系列丛书"中所提出的设置模式,一定会成为我国财务管理专业核心课程建设的第三种比较有代表性的设置模式。

2. 该套丛书旗帜鲜明地贯彻了"大财务、小会计"思想,把传统的《财务会计学》融进了《财务核算理论与实务》一书,同时把传统的《成本会计学》和《管理会计学》分别融进了《财务预测理论与实务》、《财务决策理论与实务》、《财务预算理论与实务》、《财务核算理论与实务》、《财务控制理论与实务》等其他几本书中,较好地解决了传统的《成本会计学》、《管理会计学》和《财务管理学》三门课程之间在内容上的大量交叉重叠的问题。这是一种非常有创意的构思和策划,对提升我国财务管理学科的地位和促进我国财务管理学科的建设大有裨益。

3. 该套丛书以投资管理、融资管理、资产管理、收益管理、纳税管理、成本管理、财务信息管理、财务制度管理、财务体制管理、财务战略管理作为编著的主体内容,在传统的财务管理"三分论"(投资管理、融资管理、利润分配管理)和"四分论"(投资管理、融资管理、资产管理、利润分配管理)的基础上,扩展并具体化了财务管理的内容范围,使财务管理学科所涵盖的内容更加贴近了现实经济活动中的财务管理行为。这对财务管理学科的建设和发展,对财务管理专业学生的知识和技能扩展,都将产生积极的意义。

4. 该套丛书坚持理论与实务并重,在全面阐述财务管理理论知识的基础上,安排了大量实务性质的内容,克服了传统教材重理论、轻实务的缺点,对培养学生的实践技能、缩短学生就业之后的适应期都会有重要的帮助,不失为一套值得一读、值得一用的财务管理专业核心课程教材。

本人有幸浏览该套丛书,有上述感悟,愿与大家分享。

人民币直面全球新格局挑战
——评《人民币汇率：现实、理论和政策》

方士华

随着中国对外开放向深度和广度扩展，人民币汇率变动、人民币汇率的市场化改革和人民币国际化等问题日益凸显。2005年7月汇改后，人民币的升值压力和升值预期就一直是人民币汇率变动的主要特征，我国开始实行以市场供求为基础、参考一篮子货币调节、有管理的浮动汇率制度。在我国处于转变经济增长方式、调整经济结构的关键时期，人民币汇率制度和外汇体制改革变得越来越迫切，人民币国际化如何继续稳步推进，特别是面对如何应对"热钱"、出口企业如何应对人民币升值、宏观调控等难题，我们正面临着前所未有的挑战。陆前进博士新著《人民币汇率：现实、理论和政策》便是直面这个挑战的理论探索。

源自美国的次贷危机在2008年9月引爆了国际金融危机，人民币对美元汇率由先前的缓慢升值转向基本稳定，那么，处在今天的后危机时代，人民币汇率形成机制如何改革？陆博士认为，人民币汇率市场化改革应分步推进：一是逐步增加人民币对美元汇率弹性；二是人民币钉住美元汇率逐步转向参考一篮子货币的汇率制度，即参考人民币有效汇率目标，以保证人民币总体币值水平的稳定，尽力发挥有效汇率在汇率管理中的重要作用；三是逐步放开人民币汇率的波动幅度，最终人民币汇率将由市场供给和需求来决定。

针对人民币升值中的一系列问题，陆博士的探讨思路是，设法通过政策搭配，争取在人民币升值条件下实现经济的内外均衡，在这个基础上再来谈出口企业如何应对人民币升值，人民币升值的路径和特征。应该说，这个思路，对解决当前经济形势中的突出矛盾，有一定借鉴意义。陆博士还分析了人民币和几个主要国际货币之间的关系，以及在金融危机冲击下，这些国际货币之间汇率变动的特点。人民币对美元汇率是我国汇率体系中的主导汇率,人民币对非美货币的汇率都是经过人民币对美元汇率和国际金融市场美元对非美货币汇率套算出来的,因此,人民币对美元汇率变动和国际金融市场美元汇率的变动,决定了国内人民币对非美货币的汇率,体现了人民币对非美货币汇率变动的特点。

美国次贷危机导致美元大幅度贬值,国际金融危机时期美国过度扩张的宏观经济政策,也使得美元币值不稳定,因此世人对美元国际储备货币地位提出了质疑。量化宽松政策导致美元贬值,美元贬值导致国际油价、黄金价格大涨;而美元升值又会引起资产价格大跌,美元汇率变动导致全球金融资产大幅度波动,全球经济财富的再分配。目前美日启动新一轮的量化宽松政策向市场注入更多的流动性,同时保持较低的利率水平,以刺激国内消费和投资。美日经济复苏缓慢,需求不旺,由于流动性陷阱和投资陷阱的存在,凯恩斯式的宏观经济刺激政策难以充分发挥作用,货币政策的有效性下降。而发达国家大量注入流动性,如果不能被实体经济吸收,大量游离于经济体之外的闲置货币,不仅影响货币市场,还将影响商品市场、资产市场、外汇市场,引发国际大宗商品价格上涨和新兴市场经济国家货币升值、资产价格泡沫和通货膨胀。

鉴于量化宽松政策会引发多重矛盾和冲突,本书对量化宽松政策的美元贬值溢出效应作了详细分析,由此研讨中国在美投资的安全问题。陆博士认为,外汇储备使用的多元化、外汇储备的动态管理,或许是外汇储备资产保值增值的主要方式。2009年3月,央行行长周小川提出建立"超主权储备货币"的设想,得到巴西和俄罗斯等国的赞同,而现实问题是,要推动人民币的国际化,促进人民币走出去,尽早建立起多元化的国际货币体系。我国正采取多种措施实现人民币走出去战略,如通过货币互换、跨境贸易用人民币结算,以及在香港建立离岸人民币债券市场等途径稳步推进人民币区域化和国际化,其中一些技术上的细节,陆博士都作了较为细致的分析、比较,并提出了颇有价值的参考建议。

(本文发表于《上海证券报》2010年11月20日)

从历史中理解中国的社会结构
——评《私有产权的社会基础——城市企业产权的政治重构(1949—1956)》

陆 铭

作为一个经济学者,近年来,我深深地体会到,经济学界对于中国的历史和社会结构的关注是非常不够的。如果不用社会学和政治学的视角去理解中国社会的产权、权力和政治的结构,就不能准确地把握中国经济和社会的运行机制,就不能看穿基于现代市场体制的经济学理论与中国社会之间的疏离之处,这种疏离既是宏大的,又是细微的,但却常常不为人所重视。

桂勇是复旦大学社会学系的青年学者,拥有经济学博士学位,但一直扎根于社会学的研究。《私有产权的社会基础——城市企业产权的政治重构(1949—1956)》(以下简称《产权》)是桂勇博士倾几年之心力完成的著作,在书中,桂勇博士直指经济学里制度是基于效率原则而被理性设计的命题,他通过考察20世纪50年代中国城市发生的公私合营历史,揭开了这样一幅图景,"是权力因素而非对'效率'问题的考虑在推动着中国20世纪50年代的产权变迁。"这本著作体现了桂勇博士的社会学关怀和经济学积累,以及他大胆运用口述史方法探求历史事实的理论勇气。

正如桂勇博士指出的那样,在经济学里,以诺思为代表的新制度经济学认为制度是基于效率原则被理性设计的,这一思想在经济学里有着深远的影响。20世纪80年代以来,经济学界对此有颇多的反思,关于这些新的思考,我要推荐复旦大学的韦森教授的论文集《制度分析的哲学基础:经济学与哲学》(上海人民出版社2005年)。从韦森教授的一系列论著中,我们不仅可以了解哈耶克的"自发制度生成论",更可以了解经济学如何用博弈论的方法研究制度怎样在人们的博弈过程中"内生"出来。但是,桂勇博士的研究潜台词是,似乎用博弈论的语言也不足以看透中国式的产权变迁史。我的理解是,在博弈论里,博弈需要一个基本的结构,这个结构本身也隐含着一些基本的规则,在给定的博弈结构之下,制度可以理解为博弈的结果。但是,这一理论进路不能回避的一个问题是,在给定的博弈结构里,那些基本的博弈规则是怎么来的?对于这个问题的追问就逼迫我们必须去研究历史。我认为,桂勇博士对于中国在20世纪50年代的产权变迁的理解可以用两句话概括为一个故事:第一,中国革命的成功和新中国的成立,把工人阶级放在了领导阶级的地位,但实际上,"即使是在大力宣扬工人阶级主人翁地位的时代,在政治与社会方面工人始终也没能占据社会的顶层";第二,新中国成立后,中国共产党领导的政府用国家政权通过政治手段完成了国家的重构,在这一过程中,"政治中心力图按自己的理想来重新塑造一个全新的社会",因此,"产权的重构其实是一个'国家的重构'过程","国家既是游戏的参与者,又是游戏规则的制订人"。

在《产权》一书中,桂勇博士用详尽的史料(特别是口述史料)从产权改造的政治背景、国家垄断的形成、自由市场的消亡、企业控制权的争夺、社会心理的重构、公私合营的过程、社会结构的重塑、"新"企业的运作等多个维度重现了历史。其中,特别精彩的是,作者详细地分析了国家政权如何在价格、金融、税收等宏观环境方面对私营企业进行歧视,最终使得私营企业的生存空间越来越小。同时,作者也用大量的史料展现了公私合营前后,资本家在企业的人、事、财、处置、收益等方面权力全面削弱的过程。这些历史表明,在公私合营之前,虽然企业的产权从所有权的性质上来说并没有变为公有,但由于各种相关权力被全面削弱,资本家所拥有的企业产权实际上已经形同虚设。企业生存的宏观环境的恶化,以及企业内部微观层面的资本家权力实际已经被削弱,使得公私合营最终成为资本家的最佳选择,公私合营成了整个国家重构进程中的一步棋。

桂勇博士的著作重在观察和挖掘史料,也给读者留下了丰富的谈资和想象空间。在新中国成立之后的经济史解读中,林毅夫教授等在《中国的奇迹:发展战略与经济改革》一书中试图用赶超型发展战略来解读改革前的计划体制,以及这一体制给中国经济改革留下的诸多"遗产"。而桂勇博士对于这段经济史的解读似乎更加重在权力的结构。如果我没有理解错的话,在桂勇博士的脑海里,是将整个新中国成立后的政治经济重构理解为中国共产党核心领导层的政治理想的实现过程。其中,平等的社会应该是这个政治理想中非常重要的内容,因此,我们看到,公私合营后人们的工资差距缩小了,工人的谈判能力进一步提高了,企业的领导层的教育水平有所下降（更多的普通人成为管理者）。同时，赶超型发展战略也是中国共产党曾经的政治理想的一个部分，因此，桂勇博士所描述的政府借助于计划体制来压低工人工资的事实，就也成了可以置于赶超型发展战略之下来理解的历史。

经济学在半个世纪以前还没有形成对于计划经济体制的系统的批评。而现在，我们已经知道，经济低效率的根本来源之一是组织中的信息不对称，而公有的企业产权的最大困难就是不能给企业的管理者和职工提供努力的激励。虽然哈耶克在1945年发表的论文里就已经指出，市场经济体制的最重要的作用在于它是一种信息处理机制，但是，计划经济的信徒也长期相信人的理性设计可以做到"人定胜天"。事实上，当国家试图通过一整套体制来掌控经济运作的时候，完善的私人产权所要求的一系列权利就变得不可能了。而当国家消除私有产权和自由市场的时候，当企业在国家的计划下被"车间化"的时候，其实，国家已经不知不觉地背负起了一个沉重的处理经济信息的包袱。当年，计划者曾经自负地反问，"既然强调精神、思想作用的动员手段在1949年前如此艰苦的环境下都能帮助革命取得胜利，那它为什么不能成功运用于今天的经济建设这样相对平稳安逸的工作中呢？"历史最终表明，精神的动员并不能从根本上——至少是不能在短期里——改变人性。更为深刻的是，战争与经济建设的本质不同在于，战争的信息必须以中央计划的方式来处理才最为有效，而经济运行的信息却比战争复杂千万倍，其最有效的处理方式就是交给市场。

在社会科学贫乏的年代里，政治的理想造就了一个激情燃烧的岁月。站在半个世纪后的今天看历史，我们不禁要问，当代的中国是不是已经因为有了更多的社会科学知识而不再按政治理想来重构产权了？但愿人们已经明白，产权从根本上来说是一种激励的结构，从来不曾有一个缺乏有效的产权保护的社会能够在不解决激励问题的条件下实现持续的发展。

中国当前需要什么样的宪政经济学
——《宪政经济学：探索市场经济的游戏规则》代序

韦 森

王小卫博士出版新著《宪政经济学：探索市场经济的游戏规则》，盛情约我作序，欣然应承。笔者结识小卫君已经数年，对他的研究思路比较熟悉，尤其是获知他有志于宪政经济学的研究，感到更应该大力支持。

宪政经济学，在英文中为"Constitutional Economics"或"Economic Analysis of Constitutions"。从国际上来看，自 20 世纪 50 年代以来，在 1986 年诺贝尔经济学奖得主布坎南（James M. Buchanan）等经济学家的推动和倡导下，这个研究领域不断取得一些理论进展，且在目前保持着不断深入和发展的势头，越来越技术化。近几年，一些外文宪政经济学的经典著作开始被翻译到中文中来，引起了国内学界的广泛关注。然而，就国内学界所撰写宪政的经济分析方面的专著来说，目前还很少。就笔者管窥所见，如果北京大学法学院的张千帆教授等著的《宪政、法治与经济发展》（北京大学出版社出版 2004 年）被视作为中国学者所撰写的宪政的经济分析方面的专著的话，那么，王小卫博士的这部著作将是第二本。

从理论上梳理宪政与一个国家长期经济增长和社会繁荣的内在关系，其理论的和实践的重要性自不待言。在经历了 20 多年经济改革和高速经济增长的当下中国，研究宪政的经济作用和含蕴，意义更为深远，且已成为中国学术各界当前一项迫切的理论任务。从某种程度上讲，不理清这两者的相互关系，就很难准确把握未来中国社会的走向。进一步的问题是，在经历了 20 多年经济社会改革后，市场机制已在当今中国社会中初步生成，在这样一种社会格局中，若未能确当把握未来中国社会应然走向，就有可能逆历史潮流和世界大势而动，从而错失中华民族在21世纪伟大复兴的历史良机。

之所以有这样一种基本判断,是考虑到,当代中国社会的宪政和法制建设从目前来看还任重道远。综观近现代的法制演变史,就会发现,中国的宪政和法治建设,曾历经了外族入侵的阻断、国内战争的颠覆、政治运动的冲击,以及极"左"意识形态的干扰,可谓是断断续续、一再蹉跎。当然,这样说并不否定这样一个事实:在近现代历史上,中国确曾制定过各种版本的宪法——如1908年清朝的《钦定宪法大纲》、1912年辛亥革命后的《临时约法》、1936年民国的《五五宪草》和1946年的《中华民国宪法》,以及1954、1982年的《中华人民共和国宪法》等。尽管我们不乏宪法,但从法学和政治学的基本理论上来说,并不是有了成文的宪法,一个国家的宪政建设就大功毕成了。

为什么许多学者会得出这样一种判断?只有把这一问题置放到近现代的宪政运动史的长河中来审视,且只有处在中国文化传统、当今中国社会的独特格局以及现代汉语语言的语境中,才能对此有所统悟。

首先,从中国近现代宪政运动的源流来看,现代汉语中的"宪法"和"宪政",均是从均质欧洲语(Standard Average European)中的"Constitution"一词转译而来的。萧功秦教授曾认为,"宪政(Constitution)一词在西方的原意,是对政府权力范围的限制,但是这个译语到了中国,则演变为实现'君民共主,上下相通'的工具"。由于"宪法"和"宪政"均是从英语中的"Constitution"一词翻译而来的,要把"有宪法而无宪政"这一理念直接翻译回到英语中,那些不了解中国社会运作实情的外国学者,就可能不知所云。因此,要把"有宪法无宪政"这一判断翻译得让那些老外明白,我们也似乎只能浅白地把它翻译为"We do have the Constitution but there is not much constitutional democracy"了。

当然,英文的"Constitution",并非没有中文的"宪政"之含意。譬如,尽管在英国有1215年的"大宪章"(Magna Charta)和1689年的《权利法案》等宪法性的法律文件,但英国并没有成文的宪法文本。然而,这并不影响自13世纪初开始到1835—1838年间的宪章运动(Chartist Movement)的数百年的时间里,英国基本上渐进性地形成了较完备的现代宪政制度。基于这一事实,窃以为,像英国学者 Walter Bagehot 于1867年出版的政治学经典著作 *The English Constitution*,其确当的中文翻译应该是《英国宪政》,而不应该被翻译为《英国宪法》。

如果能从中英文相关词语的语意上辨析宪法与宪政的差别,我们也就能大致理解为什么一些学者坚持认为中国有宪法而无宪政这一点了。所谓宪法,是指界定一个国家基本制度架构和安排的法律文本;而汉语语境中的宪政,则是指建立在"活的"宪法（冯象语）基础上的民主政治，即布坎南所言的"Constitutional Democracy"。宪政的较深一层的含蕴是指政府机构的运作和行政行为，是以宪法所界定的权力为界限的。换句话说，宪政是指一个政府的存在和运作是合宪的，因而其权力是有限的，是被民意所限制的。美国著名政论家潘恩（Thomas Paine，1737—1809）对宪政曾有一句名言："宪政不是政府的行为，而是人民建构政府的行为；无宪法的政府，只是无权利的权力。"潘恩还指出："宪法是先于政府的事物，政府只是宪法的造物"；宪法"之于自由，正如语法之于语言"。据此来判断，宪政的根本点在于，在政府权力之上，有一套更高的法律即宪法对政府权力及其行政范围进行规约。因此，可以认为，只有在法治和民主约束之下的有限政府，才构成为宪政。否则，如果政府和任何政党处在宪法之上，宪法本身就会成为一党一派根据自身利益而随意改动的工具，政治家们也随之会把宪法当作贯彻自己意志的手中玩物。在此情况下，即使有宪法，也不会真正有宪政。

　　理解了宪政的实质，我们就会明白，一个社会的宪政与法治，并不是两个分立的社会机制和社会过程，而是互为条件，互为因果，互相依存，且共同构成了一枚硬币的两面。没有建立在活的宪法基础之上的宪政民主，政府官员的行政自由裁量权就会无限膨胀，政府官员的行为和决策就不能被限制在人民群众的有效监督和制衡之下，政府公务员的行为也就很难受到法律制度和规范的约束，他们甚至会反过来把法律规则和司法程序掌控在自己手中，因而他们就会实际上高于法律，或者说外在于法律规则的约束范围之外。在这种情况下，即使立法机关制定再多的法律、法规，法律也不会有自身的权威。从这种意义上来讲，没有宪政，也就不会有真正的法治。无宪政下的法律，将会如清末法律改革家沈家本说的那样："有法而不循法，法虽善，与无法等。"反过来看，如果一个社会还没有达致真正的法治状态，也不可能有宪政。因为，在缺乏实际法治和民主的社会中，即使有宪法，实际情形也会如冯象在"它没宪法"一文中所言的那样："在真实、常态的政法实践中，《宪法》却远非'活'着的国家权力制度的基本文本。"

　　若无宪政，宪政经济学研究的意义又何在？这是一个首先会遇到且无法回避的问题。在一个有宪法而无宪政——或者精确地说，在一个宪政和法治建设才刚刚起步——的社会格局中，若像布坎南那样从社会选择的可能性、公正性以及决策成本的高低来计算一致同意的逻辑基础，就会显得有些超前，甚至可以说有点"奢侈"。这恰如在改革开放前的"计划经济"时代里引进反映市场运作原理的微观和宏观经济学的情形一样。道理说来简单：在一种事物还没有出现之前，就试图从现代经济学的成本收益计算和最优化分析套路来评估其内在结构、优长、弊端和运行成本,那岂不是像在还不知道木星上是否存在空气和水之前,就想用物理、化学甚至环境科学的基本原理来估量木星上环境污染的代价及其治理成本一样?

当然,这样说绝非意在否定在当今中国建构宪政经济学的必要性、可能性和迫切性。恰恰相反,在市场经济初成的当下中国,我们亟须宪政的经济分析。然而,我们当下所需要的,可能还不是像布坎南那样的基于社会选择理论和交易费用范式对"一致同意"和"决策成本"的逻辑计算,而仍然亟须哈耶克(F. A. von Hayek)式的对宪政的构成、必要、必然及其价值意义理论探究,尤其需要对宪政与市场经济实际运作的关系及其对一个国家长期经济增长与社会繁荣的影响和内在关联的理论的、历史的、逻辑的、实证的、甚至计量的经济分析。

在后一个研究"向量"上,张千帆教授和王小卫博士的专著已经开了一个头。作为一个教研制度经济学并密切关注着宪政问题的学人,笔者热切期盼着在这方面有更多的研究成果出现。

是为序。

弘扬立信精神　传承会计文化
——"会计经典丛书"出版谈

黄成艮

任何一个文化系统都有其流芳百世经典。作为源头活水,中国自古流传的《四书》、《五经》等中国人安身立命的典册,向为知识分子所必读,以此构成了整个中华文化的特色。同样,中外会计史上有一些具有开拓意义和里程碑式的著作,这些著作反映了会计发展的某个阶段的最高成就,就其在会计史中的地位和奠基性来看,虽历经岁月,其价值历久而弥新,依然熠熠生辉,构成了会计文化的特色。最近,立信会计出版社制定宏伟规划,编辑出版"会计经典丛书",将搜集整理出版这些中外会计史上有一定学术地位的名家名著,为会计文化建设书写了新的篇章,"会计经典丛书"首批作品现已经出版。

这些会计经典著作出版年代距今最早的已有500多年,尽管期间曾有再版,最近的至今也有20多年了。囿于当时图书市场的发育状况,会计从业的人数以及出版质量和水平等多方面条件,其影响力都很有限,其学习和研究的价值尚未被充分挖掘。加上出版年代已远,很多作品已很难在市面上找到。而现代大多数会计界人士显然会更加关注那些所谓更现实、更前沿的问题。尽管如此,对于会计人文的研究是一个更高、更理想化的目标,而这需要回到通过经典来理解和认识"最基本的问题"上来,即超出技术性的局限而对会计有一种人文的深度思考。我们认为,这些经典会计著作是会计界人士学习、思考的必备之书,其思想将给现代会计人带来新的感悟和启迪——在经典中寻找当下的意义。

清朝思想家龚自珍说过:"出乎史,入乎道,欲知大道必先为史。"历史是漫长的,而现时却只有刹那光景,它只不过是历史与未来之间的一个转换点;未来则迫近于现时,它又以无限时空一直向前延伸。历史、现时和未来原本是一个不可分割的整体,只有将他们作为一个整体观察,方能系统地、全面地、科学地阐明及评价人类社会的各个方面的发生、发展状况及其历史运行规律。因此,会计历史需要我们了解、学习和研究。而重温这些经典著作并不是为了发思古之幽情,而是为了更好地回顾和总结历史经验,把握会计理论和实践发展的脉络,究溯会计思想及实务上的渊源及变迁。学习和研究经典,能使我们正确地认识会计理论的产生与发展,实事求是地总结和认识会计发展历程及取得的成就。

美国会计史学家加里·约翰·普雷维茨认为:"在每个时代的资本市场中,我们可以将注意力集中到对会计职业者及会计作者的贡献上来,借此勾勒会计的作用。"卢卡·帕乔利是世界各国公认的"现代会计之父"。他在1494年发表的《算术、几何、比与比例概要》中的第三篇"计算和记录的详论"(《簿记论》),是最早系统论述复试簿记原理及其运用方法的名著;多年在美国、西班牙、秘鲁从事外交工作,又熟悉商业活动的蔡锡勇,于1905年出版了中国有史以来第一部专门论会计的书——《连环帐谱》,破了中国会计的天荒;后来,留学日本并获商学士学位的谢霖与孟森联合,于1907年出版了《银行簿记学》,这两部书使蔡锡勇、谢霖成为我国会计学术的鼻祖、会计教育的先行者;继蔡锡勇和谢霖之后,徐永祚、潘序伦两位大师又在20世纪30—40年代创立了两套会计体系:前者主张采用改良中式簿记,其主张体现在其所著《改良中式簿记概说》一书,而后者主张采用西方的"新式会计"体现在有潘序伦主编的"立信会计丛书"中。这两种会计体系对我国会计教育事业具有重大现行意义,对会计人才培养具有重大贡献。

"会计经典丛书"聘请了由当今中国会计界的资深专家学者组成的指导委员会和立信会计研究院的编辑委员会负责遴选和编辑指导工作,从作品的历史地位、学术贡献、作者影响等方面进行评估和遴选,重新整理加工,尽量保存其原貌,体现其学术价值、审美感和收藏价值。"会计经典丛书"的遴选主要侧重于作品的历史地位、作品所处的时代背景和作者的影响力,而并不纯粹考虑作品内容在现代历史条件下的实用价值。书中新收编与作品本身相关的诸如图片、作品介绍、人物评价等内容,以提高可读性,体现其史料价值,拓展读者的视野。

第一批出版的有六种,重新出版时,对原版本做了些适当处理。如将《巴其尔勒会计论》一书更名为《簿记论》,按照后来的翻译规范将"卢卡·巴其尔勒"改为"卢卡·帕乔利"。《连环帐谱》和《改良中式簿记概说》其价值主要体现在其奠基性和史料性上,采用影印本以保留其原貌,而在前言部分对其内容作出说明和解释,以帮助读者阅读和理解。《银行簿记学》和《高级商业簿记教科书》原版本疏误之处较多,比如标点错误或缺失,将繁体中文转为简体中文以便读者阅读和理解。我们相信,通过重新整理,将会显著提升这些作品的可读性和研究价值。

几百年来,会计大师和著作辈出,会计思想也是精彩纷呈,能称之为"经典"者见仁见智。尽管我们做了精心细致的安排和遴选,也难以做到尽善尽美,挂一漏万在所难免。有的著作由于著作权等方面的问题尚待解决,一时也难以纳入其中,但我们将会在今后获得版权后陆续整理出版。

出版"会计经典丛书",如能为会计文化的积累和传承作出点滴贡献,能唤起读者对会计文化和历史的更多关注,唤起对会计发展作过杰出贡献的大师们的纪念,能对今后会计教学、研究和实务的开展有所启示,我们的目的也就达到了。

潘序伦会计学术、会计教育思想的完整体现
——《潘序伦文集》编辑手记

方士华

潘序伦先生是我国著名会计学家、会计教育家。作为中国学术界、会计界的一代耆宿,潘序伦的名字与立信会计事业一起载入中国会计发展史册和现代教育史册。文集的出版,对研究潘老的学术思想、学习潘老的学风人品,对丰富中国会计史研究、促进中国会计事业的发展具有十分积极的意义。同时,也是对为中国会计事业竭尽全力、业绩显著、贡献突出的潘序伦先生的深切缅怀和追思。

潘序伦先生的一生,是为发展我国会计事业奋斗的一生。他早年留学美国,先后获得哈佛大学企业管理硕士和哥伦比亚大学经济学博士学位。1924年归国后的潘序伦先生即在国内高校任教,着力引进传授西方先进会计知识与技术,由此开始了长达60个春秋的会计事业。他是我国推广应用新式簿记的先驱,现代会计事业的创始人,最终成为中国现代会计学界的泰斗、大师,被誉为"中国现代会计之父"。

面对20世纪20年代已不适应工商业发展的中式簿记,潘序伦先生决意推进会计革新,1927年创办了"潘序伦(立信)会计师事务所",1928年创建立信会计补习学校。为传播先进的西方会计理论和方法,总结执业经验,推动新式会计,在创办事务所和学校的同时,他组织编译《立信会计丛书》,出版各类会计、审计著作,创办《会计学刊》和《立信会计季刊》。1941年成立立信会计图书用品社。至此,潘序伦先生精力构造的立信会计师事务所、立信各级各类学校、立信会计图书用品社三位一体的立信会计事业格局正式形成。潘序伦先生对中国会计事业作出了巨大贡献的突出表现,在于三位一体的立信会计事业的不断发展

壮大。伴随他60年的会计人生,立信会计师事务所信誉卓著、业务广泛;立信会计各级各类学校先后培养了10多万名会计人才;立信会计图书用品社出版专著、教材200余种,累计印刷800多万册。在潘序伦先生的大力倡议下,1980年立信会计专科学校(现为上海立信会计学院)复校,1980年立信会计师事务所重新组建,1986年立信会计图书用品社(现为立信会计出版社)批准恢复。潘序伦先生创立的立信会计事业在改革开放的进程中获得新的发展。

我国著名会计学家杨纪琬教授对潘序伦先生有过这样的评论:"特别是在治学、讲学和做学问上,有一股顽强的精神,锲而不舍,坚忍不拔,终于攀登了会计学术上的高峰。特别是潘老先生在学习中理论联系实际的学风,是值得赞赏的。"杨教授的这一概括,恰如其分地揭示了潘序伦一生的学术追求及其特征。潘序伦晚年在其回忆录中说过:"如果说我对我国会计学术有所贡献的话,当以编辑出版立信会计丛书为最。"潘序伦是中国现代会计的奠基者,从事会计研究和会计教育60年,集会计实务、教学于一身,学校、出版社、事务所为一体,会计学术、会计教育思想博大精深,形成体系。他在会计学、审计学专业领域造诣颇深、建树颇多,他的学术贡献还体现在财政、金融、税务、经济、管理、教育等诸多方面,是一位学贯中西的会计学家。他一生著述逾千万字,专著(包括译著)30多部,学术论文百余篇,其代表作有《公司理财》、《高级商业簿记教材书》、《会计学》、《股份有限公司会计》、《会计名词汇译》等。他的许多会计学著作成为传世之作,对我国会计学科的建设和发展起到非常重要的推动作用。潘序伦对会计学的研究是全面而独特的,而且对会计学的基本问题的认识随着时代的变迁、实际的变化不断演变和深化,尤其在改革开放之后,他提出"会计人员是经营管理的参谋长"之说,首倡开展"人才会计"研究,等等。

潘序伦先生的会计学术、会计教育思想是立信会计事业的精神财富,是我国会计事业发展的重要记录。出版《潘序伦文集》是对潘序伦一生的学术思想的总结。经过收集整理,《潘序伦文集》收入了60余篇文章,内容涉及我国在引进西方复式记账体系过程中所遇到的问题,会计实务的处理办法、"三位一体"的办学理念、特殊时期的办学经历、中国会计史研究,等等;文集还收入他在1949年后(包括20世纪80年代)对会计人才培养及会计教育发展的重要文章。今天重读潘序伦先生的文章和著作,字里行间能真切感受到一个会计大家的风范和魅力,他那特有的写作风格、鲜明的学术思想和完整的学术体系跃然纸上。在他的著作中,找不到高深莫测的论述,所有的概念、观点理论,都被他深厚的文字功力化为通俗易懂的语言。他给予读者的不仅是知识和学问,同时还有思考和探索。

说到潘序伦对中国会计的贡献,必须提到的是他为会计、为教育的一生中不懈坚持的诚信思想。在开创立信会计事业之初,他就深切感到,要开展会计师业务,首先要取信于社会。他取《论语》中"民无信不立"之意,将"潘序伦会计师事务所"改名为"立信会计师事务所"。他又以"信以立志,信于守身,信以处事,信以待人,毋忘立信,当必有成"作为立信会计各项事业的训条,要求立信会计同仁共勉。他在很多文章中都阐述过会计诚信,他说:"立信,乃会计之本;没有信用,也就没有会计",把信用比作会计工作的生命线。我对潘序伦先生的崇敬即始于他的会计诚信思想。财政部副部长王军同志在很多场合都谈论过诚信和中国会计精神。王军同志指出,经济全球化和社会主义市场经济发展呼唤中国会计精神。中国会计精神应当是诚实守信的品格、客观公正的意识、开放广阔的胸襟和进取创新的追求。其中诚实守信是灵魂,客观公正是根本,开放胸襟是关键,进取创新是动力,四者构成了中国会计独特而丰富的精神内涵。潘序伦为会计、为教育的一生正是中国会计精神的真实写照和生动体现。市场经济要诚信,潘序伦先生倡导的诚信精神,已深深根植于我国广大会计工作者心中,成为忠诚敬业的座右铭。

中国会计需要大师,大师造成中国会计精神。中国会计改革与发展迫切需要学习、研究、传承会计先哲、会计大师们的学术思想。在中国会计发展的历史长河中,涌现出了如潘序伦、杨时展、顾准、杨纪琬、娄尔行等一批大师、大家,他们为中国会计留下宝贵的会计学术文化遗产。高山仰止,景行行止。潘序伦等会计界前辈为后人留下的"会计瑰宝"、他们的为人治学品格是中国会计事业的后来者宝贵的精神财富。我们要像仰望星空一样仰望大师,学习大师的人品、工作态度和治学精神。《潘序伦文集》的出版,对广大会计工作者是一种精神感召,激励我们充分认识面临的机遇与肩负的重任,增强紧迫感和使命感,团结一致,克难攻坚,潜心研究,多作贡献,努力实现我国会计理论和实践研究的大繁荣和大发展,推动我国会计事业走向灿烂辉煌的未来。

(本文发表于《新华书目报》2007 年 7 月 5 日)

《顾准会计文集》编辑札记

黄成艮

顾准1927年7月进入潘序伦会计师事务所当练习生,成为事务所成立之初的6个成员之一,那年他只有12岁,可谓立信元老。收集、整理出版《顾准会计文集》是立信出版人的宿愿,多年前,我们就有此计划,终因故搁浅。今年是顾准先生诞辰95周年,为了纪念这位杰出的思想家、经济学家、会计学家,我们花了近2年的时间投入这项工作,现终于付梓,深感欣慰。

顾准16岁开始从事会计教学工作,18岁第一次撰写的《银行会计》就被多所大学作为教材。他一直被潘序伦先生所倚重,撰写了多部会计学教材,并对一些会计问题进行研究和探索,对中国现代会计有独到的见解和建树。比如,他对于银行会计学的研究,对于借贷理论与收付理论的比较研究,他对于复式记账法的数学解释等。这里以他对借贷记账方法的研究和阐释为例来说明这一点。

对借贷记账法的解释堪称会计的"哥德巴赫猜想"。历来是"雾里看花,水中望月",只知其妙而莫能名之,而顾准却能举重若轻,寥寥数笔即勾画出借贷记账方法的妙处:

"为简化起见,我们先考虑每个账户划分为左右两方,并使它们在记账的'出发点'上的记账方向和经营资金平衡表内的方向一致。"……

(1) 各资产账户,即原列经营资金平衡表左方各项目的账户,增加时记左方;

(2) 各负债和基金账户,即原列经营资金平衡表右方的各项目的账户,增加时记右方。(《顾准会计文集》,第178页)

以往的会计专家虽然有探讨有关将"借贷"改为"左右"的设想,但这是历史上第一次将"左右"符号与账户的左右两边对应起来,并简化为"左增左,右增右"

这种"记账诀窍";并非常清晰地告诉我们"在记账出发点"上的记账方向与资产负债表的方向一致,这是我们可以在记账时遵循"左左右右"的原因所在。——这可谓"通俗版"的借贷记账法。

除了化繁为简的功力外,顾准看问题往往能一针见血,透过现象抓住事物的本质,他在对借贷记账法的评价中说"复式记账法的经验记述性质,使所谓'借贷理论'长期以来带有半神秘的色彩……复式记账法实质上是一种纯粹数学的方法。"(《顾准会计文集》,第374页)……"任何单位的会计,一定时期内全部账户的发生额无非就是矩阵中的诸元素,而矩阵中任何元素又一定是某一行和某一列的交叉……这样看来,复式记账法的'有借必有贷,借贷必相等',不过是矩阵的规则,所谓'借贷',不过是矩阵中的'行'与'列'的另外一种表述用语而已。"(《顾准会计文集》,第372页)

又是惊世大揭秘!用数学方法完美地解释了借贷记账,并据此设计了"棋盘式总账"。——这可谓"专业版"的借贷记账法。

至此,数百年来,一直被津津乐道、争论不休而始终说不清楚的"借贷记账法"在两个极端被阐释得淋漓尽致。我想,这也足以让至今还在探讨借贷记账法的"神秘"规则的人们望尘莫及。当然,这只是顾准会计思想的冰山一角,诸如此类的思想精髓有待于会计界来深入地挖掘。

顾准虽然"志不在此",只把会计作为职业掩护和生活来源,而将主要的精力投入革命,但顾准的政治生涯和学术生涯始终与会计如影随形,相伴而行,他后来从事的经济管理工作和对经济学的研究无不折射与会计的联系。相信文集的出版会有助于对顾准先生全面的评价与研究。

本文集收录了顾准20世纪30年代在《立信会计季刊》、《会计杂志》等期刊上发表的会计论文12篇,20世纪60年代撰写的会计学专著2篇——《会计基础》和《社会主义会计的几个理论问题》。文集基本涵盖了顾准先生除了会计学教材以外公开发表的主要会计学术著作和论文。需要说明的是,顾准先生与潘序伦先生合著的文章如《常用会计名词之改革及其说明》、《政府会计之组织及其种类》并未收录在内;同时,尽管我们尽了最大努力,囿于资料来源,个别论文终未寻获,如《"借"与"贷"》一文,留下些许遗憾。

考虑到文集的文献价值和历史研究价值,在文集的加工过程中,我们除了对排印错误作出纠正,以及体例和格式上做些调整外,尽量保持著作的原貌。文集中会计论文撰写于20世纪30年代和70年代,这两个年代使用很多的习语及出版标准与现在有所不同,主要有:(1)组词方面。有些词语的组合与现在不同,如"名辞"(名词)、"影象"(印象)"智识"(知识)、"声价"(声誉)、"掉换"(调换)、"借(贷)入"[借(贷)记]等词;(2)数字和计量单位的用法。如:"二一三〇〇〇"(213000)等数字、"公里"(千米)、"公斤"(千克)、"公尺"(米)等计量单位;(3)"de"字的用法。"的"、"地"、"得"、"底"没有做严格区分等。以上这些在整理出版的时候均未按照现在的词语和出版规范进行调整,而是遵从原著。这是读者在阅读时需要注意的,我们认为,这不会影响对文章的理解。

《顾准会计文集》的出版得到了葛家澍教授、郭道扬教授的关心、支持和帮助,葛老还欣然提笔为文集作序。本文集的出版还得到了上海立信会计学院以及立信会计研究院、立信会计学术委员会的指导,得到国家图书馆、上海图书馆、上海立信会计学院图书馆的帮助。在此,向所有关心、支持、帮助和参与本文集出版的单位和个人表示衷心的感谢。

《会计准则理论研究》书评(3则)

《会计准则理论研究》书评 1

孟 焰

近 20 年来,我国会计准则研究虽然数量上可观,但一般仅局限于对会计准则具体内容和存在问题的探讨,系统研究会计准则理论体系的著作很少。该书创新地将会计准则理论体系划分为会计准则基础理论、会计准则制定理论、财务会计概念框架、会计准则发展理论和会计准则评价理论。严密的逻辑体系使会计准则理论浑然一体。

该书在理论上提出了许多新的观点。例如,将会计准则的性质界定为一种"成文的会计核算规范",认为会计准则具有规范、协调和经济三大基本功能;提出会计准则的制定应以利益集团为基础,兼顾公共利益,认为会计准则制定的根本目标是保证效率、公平、稳定;规则导向会计准则和原则导向会计准则各有利弊,在某一特定的环境之中应有所偏重,不能一概而论;认为相关性和可靠性在理论上不存在孰先孰后的问题,但在不同的会计环境中却应当有所侧重;认为降低交易费用是会计准则产生和发展的根本动因;从制定模式、理论标准和实施效果三个方面设计了会计准则质量评价指标体系。

该书还理论联系实际,分析了中国会计准则建设的实际情况,提出了相应的对策建议,给人启发,引人深思,提出的建议值得借鉴或参考。

《会计准则理论研究》书评 2

李孝林

　　重庆工商大学罗勇教授等撰写的新著《会计准则理论研究》已由立信会计出版社于 2007 年 5 月出版。读完该书，印象很深，认为该书值得一读。

　　近 20 年来，我国会计准则研究虽然数量上十分可观，一般仅局限于对会计准则具体内容和存在问题的探讨，对会计准则理论体系的研究很少，存在研究范围狭窄、理论深度欠缺、系统性不够等问题。本书创新地将会计准则理论体系划分为会计准则基础理论、会计准则制定理论、财务会计概念框架、会计准则发展理论和会计准则评价理论。在会计准则基础理论方面，探讨了会计准则的性质与功能、会计准则的结构及其层次、会计准则的需求与供给，以及会计准则与相关法规的关系等问题；在会计准则制定理论方面，探讨了会计准则的制定目标、会计准则的制定导向、会计准则制定的影响因素及制定原则、会计准则的制定权及制定机构、会计准则制定方法和程序等问题；在财务会计概念框架方面，从会计目标出发构建财务会计概念的基本框架，并分别探讨了会计目标、会计假设、会计信息质量特征、会计要素及其确认、计量、记录和报告等具体问题；在会计准则发展理论方面，探讨了会计准则产生和发展的动因、会计准则的发展趋势等问题；在会计准则评价理论方面，探讨了高质量会计准则的特征、会计准则的质量评价方法、内容，首次构建了会计准则的质量评价指标体系。本书严密的逻辑体系使会计准则理论浑然一体。

　　本书在理论上提出了一些新的观点。择其主要列举如下：将会计准则的性质界定为一种"成文的会计核算规范"，认为会计准则具有规范、协调和经济三大基本功能；提出会计准则的制定应以利益集团为基础，兼顾公共利益，认为会计准则制定的根本目标是保证效率、公平、稳定，直接目标即会计准则主要为谁服务，与会计目标具有一致性；会计准则制定的价值取向应在用户（会计信息的使用者）和送户（会计信息的提供者）之间有所侧重，但以不过度损伤另一方的利益为前提；规则导向会计准则和原则导向会计准则各有利弊，在某一特定的环境之中应有所偏重，不能一概而论；会计准则的制定应全面考虑技术因素、环境因素、经济后果和成本效益；以会计目标为逻辑起点构建了财务会计概念框架；将会计信息质量特征分为限制条件、首要特征、次要特征和例外要求四个层次，认为相关性和可靠性在理论上不存在孰先孰后的问题,但在不同的会计环境中却应当有所侧重;认为降低交易费用是会计准则产生和发展的根本动因,应从内因(规范会计核算)和外因("两权"分离导致"两户"分离)两个方面分析会计准则产生和发展的直接动因;从制定模式、理论标准和实施效果三个方面设计了会计准则质量评价指标体系。本书还在会计要素的定义、会计确认和计量、会计准则发展趋势等方面提出了一些新的观点。

  本书理论联系实际,分析了中国会计准则建设的实际情况。在最后一章专门探讨了中国会计准则存在的主要问题,分析了其产生原因,提出了相应的对策建议。问题分析有理有据,给人启发,引人深思,提出的某些建议值得参考。

  从引文注释来看,本书参阅了大量文献,都在注释中一一说明。同时,该书的格式规范,差错率较低,说明作者在治学上是严谨的。但如作者所言,"会计准则理论博大精深",因此我希望本书作者及会计界同仁继续关注会计准则理论研究,共同为中国会计事业而努力。

(该书评以《系统研究会计准则理论体系的新著》为题
发表在《会计之友》2008 年第 7 期)

《会计准则理论研究》书评 3

李定清

  《会计准则理论研究》(立信会计出版社 2007 年 5 月出版)是罗勇教授在多年从事会计准则研究基础上的一个成果汇集,并在许多方面又提出了一些新的思想和观点。

  《会计准则理论研究》将会计准则理论系统划分为会计准则基础理论、会计准则制定理论、财务会计概念框架、会计准则发展理论和会计准则评价理论,将目前纷烦繁杂的会计准则理论问题进行了系统梳理。这是一个很大的创新,对于推动我国会计准则研究无疑具有重要价值。

  《会计准则理论研究》还在某些具体会计准则理论问题上提出了许多新的观点,例如将会计准则的本质界定为"核算规范",从内因和外因两个方面分析会计准则的动因,初步设计了会计准则的质量评价指标体系,如此等等。同时,该书还结合中国会计准则的实际情况,分析了我国会计准则建设中存在的问题,论证深入,言之有理,对于完善我国会计准则具有重要的现实意义和借鉴价值。

另外,从该书的参考文献和研究内容等多方面来看,作者参阅了大量相关资料,既全面地反映了国内外相关研究成果,又不乏创新之处。

丁元霖主编教材书评(3 则)

《商品流通企业会计》书评 1

张一鸣

由丁元霖先生主编的《商品流通企业会计》一书全面系统地阐述了商品流通会计的意义、职能和任务;商品流通企业的会计要素和会计科目;商品流通核算概述;数量进价金额核算、进价金额核算、售价金额核算和数量售价金额核算;货币资金和其他流动资产的核算;固定资产、无形资产、长期待摊费用和对外投资的核算;负债和所有者权益的核算;期间费用、其他业务、税金和利润的核算;财务报表的编制和分析以及债务重组的核算等内容。

该书内容新颖、重点突出、详略得当;注重基本理论及理论联系实际,注重基本技能和基本方法的训练,特别需要指出的有四点:一是对商品流通的核算,突破了一般按照批发、零售两类企业进行阐述的习惯模式,而是采用了数量进价金额核算,进行金额核算、售价金额核算和数量售价金额核算进行阐述,有利于学生融会贯通;二是该书的财务报告,从资产负债表起至所有者权益变动表止整个报表体系各项数据前后连贯性强,特别是现金流量表,还列出了各个数据的演算过程,有利于学生理解;三是有与教材配套的习题与解答(内附测试题),便于学生自学;四是该书随着会计改革的进程和税法的修改而不断地修订,目前已出了第九版,该书确实是便于教师教学和学生学习的好教材。该书曾被评为 2008 年度全行业优秀畅销品种。

由丁元霖先生主编的《外贸会计》一书,全面系统地阐述了外贸会计的意义、职能、对象和特点,外贸企业的会计基础、会计要素和会计科目,货币资金和国内结算、外币业务和国际贸易结算的核算,出口贸易业务和进口贸易业务的核算,应收及预付款项、存货的核算,固定资产、无形资产、长期待摊费用和对外投资的核算,负债和有所有者权益的核算,期间费用、税金、利润和利润分配的核算,财务报表的编制和分析,前期差错及其更正和债务重组的核算等内容。

该书内容新颖、重点突出,详略得当,注重基本理论及理论联系实际,注重基本技能和基本方法的训练,例子殷实,有利于学生融会贯通。特别需要指出的有两点:一是该书的财务报告,从资产负债表起至所有者权益变动表止,整个报表体系各项数据前后连贯性强,特别是现金流量表,还列出了各个数据的演算过程,有利于学生理解;二是有与教材配套的习题和习题解答(内附测试题),便于学生自学;三是该书随着会计改革的进程和技法的修改而不断地修订,目前已出了第三版。据悉该书曾荣获华东地区大学出版社第八届优秀教材学术专著一等奖。

《银行会计》书评2

励 丹

由丁元霖主编的《银行会计》一书全面系统地阐述了银行会计的意义、职能、对象和特点,银行会计工作的组织,银行会计的基础知识,存款业务、贷款和票据贴现业务的核算,支付结算业务和现金出纳业务的核算,联行往来和金融机构往来业务的核算,外汇业务的核算,中央银行业务的核算,固定资产、无形资产、长期待摊费用和对外投资的核算,中央银行业务的核算,固定资产、无形资产、长期待摊费用和对外投资的核算,所有者权益的核算,收入、成本、费用和利润的核算,会计决算与前期差错及其更正,以及财务报告的编制和分析等内容。

该书重点突出、详略得当、结构合理,理论联系实际,实例内容丰富,该书最特出的有两点:一是该书的财务报告从资产负债表起至所有者权益变动表止整个报表体系各项数据前后连贯性强,特别是现金流量表还列出了各个数据的演算过程,有利于学生理解;二是有与教材配套的习题和习题解答(内附测试题),便于学生自学;三是该书随着会计改革的进程和税法的修改而多次予以修订,目前已出了第三版。

"最新财会系列教材"书评3

黄道蕴

由丁元霖主编的最新财会系列教材共有《会计学基础》、《财务会计》、《成本会计》、《财务管理》、《管理会计》和《税务会计》六本。

该套丛书的特点是:理论联系实际,深入浅出,遵循循序渐进的原则,合理安排各门学科的教学内容,详略得当;教材之间既衔接紧密,又保持相对独立;各本教材的连贯性好,系统性强;并有与教材配套的习题与习题解答(内附有测试题),便于学生自学;还能根据会计改革的进程和税法的修改,对教材进行修订,及时更新内容,如《财务会计》一书已出了第八版,《会计学基础》已出了第三版,《成本会计》和《财务管理》也出了第二版。

该套丛书是便于教师教学和学生学习的好教材。据悉该套丛书中的《财务会计》曾荣获华东地区大学出版社第七届优秀教材、学述专著二等奖;《管理会计》一书荣获华东地区大学出版社第八届优秀教材、学述专著一等奖。

立信会计出版社获奖图书一览表
(1995—2010)

图书奖(1995—2010年)

序号	书　　名	作者	获奖名称	责任编辑	获奖时间
1	潘序伦文集	潘序伦	第三届中华优秀出版物(图书)奖提名奖	方士华	2010年
2	中国经济运行风险研究报告2008	唐海燕	上海图书奖(2007.11—2009.10)提名奖	方　辉	2010年
3	会计从业资格考试应试辅导及考点预测会计基础	编委会	中国书刊发行业协会2010年度全行业优秀畅销品种	赵志梅（策划：赵新民、蔡伟莉）	2010年
4	基础会计实训（第三版）	段文平	中国书刊发行业协会2010年度全行业优秀畅销品种	蔡伟莉	2010年
5	金融会计（第三版）	李海波、刘学华	中国书刊发行业协会2010年度全行业优秀畅销品种	王微宇	2010年
6	税法（第五版）	毛晓军	中国书刊发行业协会2010年度全行业优秀畅销品种	余榕（策划：蔡伟莉）	2010年
7	证券从业资格考试应试辅导及考点预测证券市场基础知识	编委会	中国书刊发行业协会2009年度全行业优秀畅销品种	林　琳	2009年

(续表)

序号	书　名	作者	获奖名称	责任编辑	获奖时间
8	新编会计学原理——基础会计(第14版)	李海波	中国书刊发行业协会2009年度全行业优秀畅销品种	洪梅春	2009年
9	会计学原理	邵瑞庆	中国大学出版社图书奖首届优秀教材奖一等奖	洪梅春	2009年
10	《中华人民共和国企业所得税法实施条例》释义与实用指南及案例精解	瞿继光	中国大学出版社图书奖第九届优秀畅销书奖二等奖	方士华、赵新民（策划：蔡伟莉）	2009年
11	世界贸易组织概论	赵　峰	中国大学出版社图书奖首届优秀学术著作奖二等奖	方士华	2009年
12	潘序伦文集	潘序伦	华东地区大学出版社第八届优秀教材学术专著一等奖	方士华	2009年
13	财务会计	银样军	华东地区大学出版社第八届优秀教材学术专著一等奖	陈　旻	2009年
14	管理会计	丁元霖	华东地区大学出版社第八届优秀教材学术专著一等奖	蔡莉萍	2009年
15	会计学原理	邵瑞庆	华东地区大学出版社第八届优秀教材学术专著一等奖	洪梅春	2009年
16	客户信用分析技巧	陈玉菁	华东地区大学出版社第八届优秀教材学术专著二等奖	戎其玉	2009年
17	会计学	黄昌勇	华东地区大学出版社第八届优秀教材学术专著二等奖	蔡莉萍	2009年
18	会计学	黄　明	华东地区大学出版社第八届优秀教材学术专著二等奖	陈　旻	2009年

(续表)

序号	书　名	作者	获奖名称	责任编辑	获奖时间
19	财务管理学	刘谷金	华东地区大学出版社第八届优秀教材学术专著二等奖	张巧玲	2009年
20	中国企业会计准则流程图解	刘仲文	华东地区大学出版社第八届优秀教材学术专著二等奖	张立年	2009年
21	企业筹资实务	楼土明	华东地区大学出版社第八届优秀教材学术专著二等奖	陈　旻	2009年
22	企业会计准则与所得税法的差异及纳税调整	罗　勇	华东地区大学出版社第八届优秀教材学术专著二等奖	余　榕	2009年
23	会计准则理论研究	罗　勇	华东地区大学出版社第八届优秀教材学术专著二等奖	余　榕	2009年
24	会计学原理——基础会计学	彭　浪	华东地区大学出版社第八届优秀教材学术专著二等奖	林　琳	2009年
25	税收筹划	宋　霞	华东地区大学出版社第八届优秀教材学术专著二等奖	赵新民	2009年
26	中国经济运行风险研究报告2008	唐海燕	华东地区大学出版社第八届优秀教材学术专著一等奖	方　辉	2009年
27	宪政经济学——探索市场经济的游戏规则	王小卫	华东地区大学出版社第八届优秀教材学术专著二等奖	方士华	2009年
28	房地产开发企业会计	徐文丽	华东地区大学出版社第八届优秀教材学术专著二等奖	洪梅春	2009年
29	金融学	徐信艳	华东地区大学出版社第八届优秀教材学术专著二等奖	徐小霞	2009年

(续表)

序号	书名	作者	获奖名称	责任编辑	获奖时间
30	初级会计学模拟实验教程	杨火青	华东地区大学出版社第八届优秀教材学术专著二等奖	余榕	2009年
31	中级财务会计学	张维宾	华东地区大学出版社第八届优秀教材学术专著二等奖	洪梅春	2009年
32	世界贸易组织概论	赵峰	华东地区大学出版社第八届优秀教材学术专著二等奖	方士华	2009年
33	会计准则理论研究	罗勇	上海图书奖二等奖	余榕	2008年
34	会计专业英语(第四版)	常勋	第八届全国高校出版社优秀畅销书一等奖	张立年	2008年
35	新编会计学原理——基础会计(第13版)	李海波	第八届全国高校出版社优秀畅销书一等奖	洪梅春	2008年
36	客户信用分析技巧	陈玉菁	第八届全国高校出版社优秀畅销书二等奖	戎其玉	2008年
37	会计学原理(第二版)	邵瑞庆	第八届全国高校出版社优秀畅销书二等奖	洪梅春	2008年
38	商品流通企业会计(第八版)	丁元霖	中国书刊发行业协会2008年度全行业优秀畅销品种	蔡莉萍	2008年
39	会计学原理(第二版)	邵瑞庆	中国书刊发行业协会2008年度全行业优秀畅销品种	洪梅春	2008年
40	施工企业会计(第五版)	俞文青	中国书刊发行业协会2008年度全行业优秀畅销品种	赵志梅	2008年
41	最新企业会计准则讲解与运用	编委会	中国书刊发行业协会2007年度全行业优秀畅销品种	春草(策划：蔡伟莉)	2007年
42	企业会计准则——应用指南	编委会	中国书刊发行业协会2007年度全行业优秀畅销品种	洪梅春(策划：蔡伟莉)	2007年

《会计准则理论研究》书评 2

李孝林

重庆工商大学罗勇教授等撰写的新著《会计准则理论研究》已由立信会计出版社于 2007 年 5 月出版。读完该书,印象很深,认为该书值得一读。

近 20 年来,我国会计准则研究虽然数量上十分可观,一般仅局限于对会计准则具体内容和存在问题的探讨,对会计准则理论体系的研究很少,存在研究范围狭窄、理论深度欠缺、系统性不够等问题。本书创新地将会计准则理论体系划分为会计准则基础理论、会计准则制定理论、财务会计概念框架、会计准则发展理论和会计准则评价理论。在会计准则基础理论方面,探讨了会计准则的性质与功能、会计准则的结构及其层次、会计准则的需求与供给,以及会计准则与相关法规的关系等问题;在会计准则制定理论方面,探讨了会计准则的制定目标、会计准则的制定导向、会计准则制定的影响因素及制定原则、会计准则的制定权及制定机构、会计准则制定方法和程序等问题;在财务会计概念框架方面,从会计目标出发构建财务会计概念的基本框架,并分别探讨了会计目标、会计假设、会计信息质量特征、会计要素及其确认、计量、记录和报告等具体问题;在会计准则发展理论方面,探讨了会计准则产生和发展的动因、会计准则的发展趋势等问题;在会计准则评价理论方面,探讨了高质量会计准则的特征、会计准则的质量评价方法、内容,首次构建了会计准则的质量评价指标体系。本书严密的逻辑体系使会计准则理论浑然一体。

本书在理论上提出了一些新的观点。择其主要列举如下:将会计准则的性质界定为一种"成文的会计核算规范",认为会计准则具有规范、协调和经济三大基本功能;提出会计准则的制定应以利益集团为基础,兼顾公共利益,认为会计准则制定的根本目标是保证效率、公平、稳定,直接目标即会计准则主要为谁服务,与会计目标具有一致性;会计准则制定的价值取向应在用户(会计信息的使用者)和送户(会计信息的提供者)之间有所侧重,但以不过度损伤另一方的利益为前提;规则导向会计准则和原则导向会计准则各有利弊,在某一特定的环境之中应有所偏重,不能一概而论;会计准则的制定应全面考虑技术因素、环境因素、经济后果和成本效益;以会计目标为逻辑起点构建了财务会计概念框架;将会计信息质量特征分为限制条件、首要特征、次要特征和例外要求四个层次,认为相关性和可靠性在理论上不存在孰先孰后的问题,但在不同的会计环境中却应当有所侧重;认为降低交易费用是会计准则产生和发展的根本动因,应从内因(规范会计核算)和外因("两权"分离导致"两户"分离)两个方面分析会计准则产生和发展的直接动因;从制定模式、理论标准和实施效果三个方面设计了会计准则质量评价指标体系。本书还在会计要素的定义、会计确认和计量、会计准则发展趋势等方面提出了一些新的观点。

本书理论联系实际,分析了中国会计准则建设的实际情况。在最后一章专门探讨了中国会计准则存在的主要问题,分析了其产生原因,提出了相应的对策建议。问题分析有理有据,给人启发,引人深思,提出的某些建议值得参考。

从引文注释来看,本书参阅了大量文献,都在注释中一一说明。同时,该书的格式规范,差错率较低,说明作者在治学上是严谨的。但如作者所言,"会计准则理论博大精深",因此我希望本书作者及会计界同仁继续关注会计准则理论研究,共同为中国会计事业而努力。

(该书评以《系统研究会计准则理论体系的新著》为题
发表在《会计之友》2008 年第 7 期)

《会计准则理论研究》书评 3

李定清

《会计准则理论研究》(立信会计出版社 2007 年 5 月出版)是罗勇教授在多年从事会计准则研究基础上的一个成果汇集,并在许多方面又提出了一些新的思想和观点。

《会计准则理论研究》将会计准则理论系统划分为会计准则基础理论、会计准则制定理论、财务会计概念框架、会计准则发展理论和会计准则评价理论,将目前纷烦繁杂的会计准则理论问题进行了系统梳理。这是一个很大的创新,对于推动我国会计准则研究无疑具有重要价值。

《会计准则理论研究》还在某些具体会计准则理论问题上提出了许多新的观点,例如将会计准则的本质界定为"核算规范",从内因和外因两个方面分析会计准则的动因,初步设计了会计准则的质量评价指标体系,如此等等。同时,该书还结合中国会计准则的实际情况,分析了我国会计准则建设中存在的问题,论证深入,言之有理,对于完善我国会计准则具有重要的现实意义和借鉴价值。

另外,从该书的参考文献和研究内容等多方面来看,作者参阅了大量相关资料,既全面地反映了国内外相关研究成果,又不乏创新之处。

丁元霖主编教材书评(3则)

《商品流通企业会计》书评1

张一鸣

由丁元霖先生主编的《商品流通企业会计》一书全面系统地阐述了商品流通会计的意义、职能和任务；商品流通企业的会计要素和会计科目；商品流通核算概述；数量进价金额核算、进价金额核算、售价金额核算和数量售价金额核算；货币资金和其他流动资产的核算；固定资产、无形资产、长期待摊费用和对外投资的核算；负债和所有者权益的核算；期间费用、其他业务、税金和利润的核算；财务报表的编制和分析以及债务重组的核算等内容。

该书内容新颖、重点突出、详略得当；注重基本理论及理论联系实际，注重基本技能和基本方法的训练，特别需要指出的有四点：一是对商品流通的核算，突破了一般按照批发、零售两类企业进行阐述的习惯模式，而是采用了数量进价金额核算，进行金额核算、售价金额核算和数量售价金额核算进行阐述，有利于学生融会贯通；二是该书的财务报告，从资产负债表起至所有者权益变动表止整个报表体系各项数据前后连贯性强，特别是现金流量表，还列出了各个数据的演算过程，有利于学生理解；三是有与教材配套的习题与解答（内附测试题），便于学生自学；四是该书随着会计改革的进程和税法的修改而不断地修订，目前已出了第九版，该书确实是便于教师教学和学生学习的好教材。该书曾被评为2008年度全行业优秀畅销品种。

由丁元霖先生主编的《外贸会计》一书，全面系统地阐述了外贸会计的意义、职能、对象和特点,外贸企业的会计基础、会计要素和会计科目,货币资金和国内结算、外币业务和国际贸易结算的核算,出口贸易业务和进口贸易业务的核算,应收及预付款项、存货的核算,固定资产、无形资产、长期待摊费用和对外投资的核算,负债和有所有者权益的核算,期间费用、税金、利润和利润分配的核算,财务报表的编制和分析,前期差错及其更正和债务重组的核算等内容。

该书内容新颖、重点突出,详略得当,注重基本理论及理论联系实际,注重基本技能和基本方法的训练,例子殷实,有利于学生融会贯通。特别需要指出的有两点:一是该书的财务报告,从资产负债表起至所有者权益变动表止,整个报表体系各项数据前后连贯性强,特别是现金流量表,还列出了各个数据的演算过程,有利于学生理解;二是有与教材配套的习题和习题解答(内附测试题),便于学生自学;三是该书随着会计改革的进程和技法的修改而不断地修订,目前已出了第三版。据悉该书曾荣获华东地区大学出版社第八届优秀教材学术专著一等奖。

《银行会计》书评2

励 丹

由丁元霖主编的《银行会计》一书全面系统地阐述了银行会计的意义、职能、对象和特点,银行会计工作的组织,银行会计的基础知识,存款业务、贷款和票据贴现业务的核算,支付结算业务和现金出纳业务的核算,联行往来和金融机构往来业务的核算,外汇业务的核算,中央银行业务的核算,固定资产、无形资产、长期待摊费用和对外投资的核算,中央银行业务的核算,固定资产、无形资产、长期待摊费用和对外投资的核算,所有者权益的核算,收入、成本、费用和利润的核算,会计决算与前期差错及其更正,以及财务报告的编制和分析等内容。

该书重点突出、详略得当、结构合理,理论联系实际,实例内容丰富,该书最特出的有两点:一是该书的财务报告从资产负债表起至所有者权益变动表止整个报表体系各项数据前后连贯性强,特别是现金流量表还列出了各个数据的演算过程,有利于学生理解;二是有与教材配套的习题和习题解答(内附测试题),便于学生自学;三是该书随着会计改革的进程和税法的修改而多次予以修订,目前已出了第三版。

"最新财会系列教材"书评3

黄道蕴

由丁元霖主编的最新财会系列教材共有《会计学基础》、《财务会计》、《成本会计》、《财务管理》、《管理会计》和《税务会计》六本。

该套丛书的特点是：理论联系实际，深入浅出，遵循循序渐进的原则，合理安排各门学科的教学内容，详略得当；教材之间既衔接紧密，又保持相对独立；各本教材的连贯性好，系统性强；并有与教材配套的习题与习题解答（内附有测试题），便于学生自学；还能根据会计改革的进程和税法的修改，对教材进行修订，及时更新内容，如《财务会计》一书已出了第八版，《会计学基础》已出了第三版，《成本会计》和《财务管理》也出了第二版。

该套丛书是便于教师教学和学生学习的好教材。据悉该套丛书中的《财务会计》曾荣获华东地区大学出版社第七届优秀教材、学述专著二等奖；《管理会计》一书荣获华东地区大学出版社第八届优秀教材、学述专著一等奖。

立信会计出版社获奖图书一览表
(1995—2010)

图书奖(1995—2010 年)

序号	书　名	作者	获奖名称	责任编辑	获奖时间
1	潘序伦文集	潘序伦	第三届中华优秀出版物(图书)奖提名奖	方士华	2010 年
2	中国经济运行风险研究报告 2008	唐海燕	上海图书奖(2007.11—2009.10)提名奖	方　辉	2010 年
3	会计从业资格考试应试辅导及考点预测会计基础	编委会	中国书刊发行业协会 2010 年度全行业优秀畅销品种	赵志梅（策划：赵新民、蔡伟莉）	2010 年
4	基础会计实训(第三版)	段文平	中国书刊发行业协会 2010 年度全行业优秀畅销品种	蔡伟莉	2010 年
5	金融会计(第三版)	李海波、刘学华	中国书刊发行业协会 2010 年度全行业优秀畅销品种	王微宇	2010 年
6	税法(第五版)	毛晓军	中国书刊发行业协会 2010 年度全行业优秀畅销品种	余榕（策划：蔡伟莉）	2010 年
7	证券从业资格考试应试辅导及考点预测证券市场基础知识	编委会	中国书刊发行业协会 2009 年度全行业优秀畅销品种	林　琳	2009 年

（续表）

序号	书名	作者	获奖名称	责任编辑	获奖时间
8	新编会计学原理——基础会计(第14版)	李海波	中国书刊发行业协会2009年度全行业优秀畅销品种	洪梅春	2009年
9	会计学原理	邵瑞庆	中国大学出版社图书奖首届优秀教材奖一等奖	洪梅春	2009年
10	《中华人民共和国企业所得税法实施条例》释义与实用指南及案例精解	瞿继光	中国大学出版社图书奖第九届优秀畅销书奖二等奖	方士华、赵新民（策划：蔡伟莉）	2009年
11	世界贸易组织概论	赵峰	中国大学出版社图书奖首届优秀学术著作奖二等奖	方士华	2009年
12	潘序伦文集	潘序伦	华东地区大学出版社第八届优秀教材学术专著一等奖	方士华	2009年
13	财务会计	银样军	华东地区大学出版社第八届优秀教材学术专著一等奖	陈旻	2009年
14	管理会计	丁元霖	华东地区大学出版社第八届优秀教材学术专著一等奖	蔡莉萍	2009年
15	会计学原理	邵瑞庆	华东地区大学出版社第八届优秀教材学术专著一等奖	洪梅春	2009年
16	客户信用分析技巧	陈玉菁	华东地区大学出版社第八届优秀教材学术专著二等奖	戎其玉	2009年
17	会计学	黄昌勇	华东地区大学出版社第八届优秀教材学术专著二等奖	蔡莉萍	2009年
18	会计学	黄明	华东地区大学出版社第八届优秀教材学术专著二等奖	陈旻	2009年

(续表)

序号	书　名	作者	获奖名称	责任编辑	获奖时间
19	财务管理学	刘谷金	华东地区大学出版社第八届优秀教材学术专著二等奖	张巧玲	2009年
20	中国企业会计准则流程图解	刘仲文	华东地区大学出版社第八届优秀教材学术专著二等奖	张立年	2009年
21	企业筹资实务	楼土明	华东地区大学出版社第八届优秀教材学术专著二等奖	陈旻	2009年
22	企业会计准则与所得税法的差异及纳税调整	罗勇	华东地区大学出版社第八届优秀教材学术专著二等奖	余榕	2009年
23	会计准则理论研究	罗勇	华东地区大学出版社第八届优秀教材学术专著二等奖	余榕	2009年
24	会计学原理——基础会计学	彭浪	华东地区大学出版社第八届优秀教材学术专著二等奖	林琳	2009年
25	税收筹划	宋霞	华东地区大学出版社第八届优秀教材学术专著二等奖	赵新民	2009年
26	中国经济运行风险研究报告2008	唐海燕	华东地区大学出版社第八届优秀教材学术专著一等奖	方辉	2009年
27	宪政经济学——探索市场经济的游戏规则	王小卫	华东地区大学出版社第八届优秀教材学术专著二等奖	方士华	2009年
28	房地产开发企业会计	徐文丽	华东地区大学出版社第八届优秀教材学术专著二等奖	洪梅春	2009年
29	金融学	徐信艳	华东地区大学出版社第八届优秀教材学术专著二等奖	徐小霞	2009年

（续表）

序号	书　名	作者	获奖名称	责任编辑	获奖时间
30	初级会计学模拟实验教程	杨火青	华东地区大学出版社第八届优秀教材学术专著二等奖	余　榕	2009年
31	中级财务会计学	张维宾	华东地区大学出版社第八届优秀教材学术专著二等奖	洪梅春	2009年
32	世界贸易组织概论	赵　峰	华东地区大学出版社第八届优秀教材学术专著二等奖	方士华	2009年
33	会计准则理论研究	罗　勇	上海图书奖二等奖	余　榕	2008年
34	会计专业英语（第四版）	常　勋	第八届全国高校出版社优秀畅销书一等奖	张立年	2008年
35	新编会计学原理——基础会计（第13版）	李海波	第八届全国高校出版社优秀畅销书一等奖	洪梅春	2008年
36	客户信用分析技巧	陈玉菁	第八届全国高校出版社优秀畅销书二等奖	戎其玉	2008年
37	会计学原理（第二版）	邵瑞庆	第八届全国高校出版社优秀畅销书二等奖	洪梅春	2008年
38	商品流通企业会计（第八版）	丁元霖	中国书刊发行业协会2008年度全行业优秀畅销品种	蔡莉萍	2008年
39	会计学原理（第二版）	邵瑞庆	中国书刊发行业协会2008年度全行业优秀畅销品种	洪梅春	2008年
40	施工企业会计（第五版）	俞文青	中国书刊发行业协会2008年度全行业优秀畅销品种	赵志梅	2008年
41	最新企业会计准则讲解与运用	编委会	中国书刊发行业协会2007年度全行业优秀畅销品种	春草（策划：蔡伟莉）	2007年
42	企业会计准则——应用指南	编委会	中国书刊发行业协会2007年度全行业优秀畅销品种	洪梅春（策划：蔡伟莉）	2007年

(续表)

序号	书　名	作者	获奖名称	责任编辑	获奖时间
43	基础会计实训	段文平	中国书刊发行业协会2007年度全行业优秀畅销品种	方　辉	2007年
44	新编会计学原理——基础会计(第13版)	李海波	中国书刊发行业协会2007年度全行业优秀畅销品种	洪梅春	2007年
45	资产评估	鲍　杰	华东地区大学出版社第七届优秀教材学术专著二等奖	张谷镛	2006年
46	最新企业会计准则讲解与运用	编委会	中国书刊发行业协会2006年度全行业优秀畅销品种	春草(策划：蔡伟莉)	2006年
47	新编预算会计(第五版)	李海波	中国书刊发行业协会2006年度全行业优秀畅销品种	洪梅春	2006年
48	财务管理(第六版)	李海波	中国书刊发行业协会2006年度全行业优秀畅销品种	洪梅春	2006年
49	新编财务会计(第四版)	李海波	中国书刊发行业协会2006年度全行业优秀畅销品种	徐小霞	2006年
50	房地产开发企业会计	徐文丽	中国书刊发行业协会2006年度全行业优秀畅销品种	洪梅春	2006年
51	国际贸易——原理·政策·实务(第三版)	陈　宪	华东地区大学出版社第七届优秀教材学术专著一等奖	王美鸿	2006年
52	小企业会计实务	陈玉菁	2006年度全国优秀畅销书一等奖	戎其玉	2006年
53	新编行政事业单位会计	刘学华	2006年度全国优秀畅销书二等奖	吴尚云	2006年
54	外贸会计	丁元霖	2007年度全国优秀畅销书一等奖	蔡莉萍	2006年

（续表）

序号	书　名	作者	获　奖　名　称	责任编辑	获奖时间
55	财务会计(第六版)	丁元霖	华东地区大学出版社第七届优秀教材学术专著二等奖	蔡莉萍	2006年
56	管理经济学(简明版)	干春晖	华东地区大学出版社第七届优秀教材学术专著二等奖	徐小霞	2006年
57	新编税法	刘学华	华东地区大学出版社第七届优秀教材学术专著一等奖	吴尚云	2006年
58	保险学	施建祥	华东地区大学出版社第七届优秀教材学术专著二等奖	洪梅春	2006年
59	保险公司会计	陶存文	华东地区大学出版社第七届优秀教材学术专著二等奖	张立年	2006年
60	基础会计学教程(第二版)	薛跃	华东地区大学出版社第七届优秀教材学术专著二等奖	戎其玉	2006年
61	新编会计学原理——基础会计	李海波	2004年度全国优秀畅销书(社科类)	洪梅春	2004年
62	新编管理会计	李海波、刘学华	华东地区大学出版社第六届优秀教材学术专著一等奖	洪梅春	2004年
63	新编税务会计	李海波、刘学华	华东地区大学出版社第六届优秀教材学术专著二等奖	洪梅春	2004年
64	新编财务会计	李海波、刘学华	2004年度全国优秀畅销书(社科类)	徐小霞	2004年
65	中国对外贸易概论	唐海燕	华东地区大学出版社第六届优秀教材学术专著二等奖	徐小霞	2004年
66	国际贸易学	唐海燕	华东地区大学出版社第六届优秀教材学术专著二等奖	徐小霞	2004年

立信会计出版社获奖图书一览表(1995—2010)

(续表)

序号	书　　名	作者	获　奖　名　称	责任编辑	获奖时间
67	英国会计准则研究与比较	汪祥耀	华东地区大学出版社第六届优秀教材学术专著二等奖	张立年	2004年
68	财务会计	张维宾	2003年度上海市优秀教材评审一等奖	张谷镛	2004年
69	市场营销学	朱成钢	2004年度全国优秀畅销书(社科类)	洪梅春	2004年
70	国际服务贸易——原理·政策·产业	陈宪	2003年图交会最受欢迎新书	王美鸿	2003年
71	财务会计三大难题	常勋	全国优秀畅销书提名奖	洪梅春	2000年
72	会计基础与记账技术	李海波	全国优秀畅销书提名奖	陈旻	2000年
73	新编财务会计	李海波	全国优秀畅销书提名奖	徐小霞	2000年
74	新编会计学原理——基础会计(修订本)	李海波	2002年度全国优秀畅销书(文教类)第五名	洪梅春	2002年12月
75	市场营销学(第三版)	朱成钢	2002年度全国优秀畅销书(社科类)	洪梅春	2002年12月
76	新编预算会计(第三版)	李海波	2002年全国普通高等学校优秀教材二等奖	洪梅春	2002年10月
77	会计专业英语(第三版)	常勋	第五届全国高校出版社优秀畅销书一等奖	张立年	2002年9月
78	新编预算会计(第三版)	李海波	第五届全国高校出版社优秀畅销书一等奖	洪梅春	2002年9月
79	英汉—汉英会计审计词典	程超凡	上海市优秀图书(1999.11—2001.10)评选二等奖	樊仲达	2002年3月
80	会计学导论(第二版)	葛家澍	上海市优秀图书(1999.11—2001.10)评选二等奖	张立年	2002年3月
81	会计专业英语(第三版)	常勋	华东地区大学出版社第五届优秀教材学术专著二等奖	张立年	2001年12月

273

（续表）

序号	书　　名	作者	获奖名称	责任编辑	获奖时间
82	国际金融学	冯文伟	华东地区大学出版社第五届优秀教材学术专著二等奖	徐小霞	2001年12月
83	会计学导论（第二版）	葛家澍	华东地区大学出版社第五届优秀教材学术专著二等奖	张立年	2001年12月
84	金融会计——银行会计	李海波	华东地区大学出版社第五届优秀教材学术专著一等奖	徐雪芬	2001年12月
85	新编预算会计（第三版）	李海波	2001年度全国优秀畅销书	洪梅春	2001年12月
86	财政与金融（新编）	李海波	2001年度全国优秀畅销书	洪梅春	2001年12月
87	新编会计学原理——基础会计（修订本）	李海波	2001年度全国优秀畅销书	洪梅春	2001年12月
88	新编高等会计学	林钟高	安徽省第五届社会科学优秀成果著作三等奖	张立年	2001年12月
89	新编企业管理（第三版）	穆庆贵	2001年度全国优秀畅销书	张谷镛	2001年12月
90	常用经济应用文写作教程	盛明华	2001年度全国优秀畅销书	王美鸿	2001年12月
91	国企改制与财务会计——来自国际的经验和借鉴	孙铮	华东地区大学出版社第五届优秀教材学术专著二等奖	朱百鸣	2001年12月
92	高级市场营销学	张文贤	华东地区大学出版社第五届优秀教材学术专著二等奖	吴尚云	2001年12月
93	人力资源会计制度设计	张文贤	华东地区大学出版社第五届优秀教材学术专著一等奖	吴尚云	2001年12月
94	新编企业管理	穆庆贵	第十三批全国优秀畅销书	张谷镛	2000年12月
95	新编成本会计	宋胜菊	第十三批全国优秀畅销书	赵宏裔	2000年12月

(续表)

序号	书　名	作者	获奖名称	责任编辑	获奖时间
96	市场营销学(第三版)	朱成钢	第十三批全国优秀畅销书	洪梅春	2000年12月
97	新编会计学原理——基础会计(修订本)	李海波	第三届全国高校出版社优秀双效书奖	赵宏裔	1998年11月
98	新编银行会计(增补本)	王允平	第三届全国高校出版社优秀双效书奖	张立年	1998年11月
99	中国近代利用外资思想	曹均伟	华东地区大学出版社第三届优秀教材学术专著二等奖	姜恺悌	1997年6月
100	现代企业制度论	石磊	华东地区大学出版社第三届优秀教材学术专著二等奖	张谷镛	1997年6月
101	高等会计学	王文彬	华东地区大学出版社第三届优秀教材学术专著二等奖	张立年	1997年6月
102	企业中级会计	王占升	华东地区大学出版社第三届优秀教材学术专著二等奖	赵宏裔	1997年6月
103	珠算科技知识	竞赛组委会	第三届全国优秀科普作品三等奖	朱肖鼎	1996年4月
104	新编工业企业管理(新版本)	穆庆贵	全国高校出版社畅销书优秀奖	张谷镛	1996年
105	西方经济学说史	胡寄窗	全国高校优秀学术著作奖	张立年	1995年
106	管理会计研究	李天民	全国高校优秀学术著作奖	张立年	1995年

封面设计奖(2004—2010年)

序号	书　名	获奖名称	获奖时间
1	中国后奇迹时代的经济学	第七届中国大学书籍装帧艺术金奖	2008年
2	经理人财务必修10堂课	第七届中国大学书籍装帧艺术铜奖	2008年
3	商务沟通	第六届中国大学装帧艺术金奖	2006年
4	会计学	第五届中国大学装帧艺术封面设计银奖	2004年

集体荣誉奖(2004—2010 年)

序号	获　　奖　　项　　目	获奖时间
1	2003—2004,2005—2006,2007—2008,2009—2010 连续四个评选年度被上海立信会计学院评为文明单位	
2	组织推进上海市属高校执行企业会计制度工作先进单位	2009 年
3	上海市新闻出版行业"女编辑的美丽时尚魅力"展优胜奖	2008 年
4	上海市新闻出版行业文明单位	2010 年

立信会计出版社历任社领导情况(1986—2011)

姓 名	担任职务	任 职 时 间
孙庆元	社长	1986年12月至1988年11月
陈顺沐	副社长	1986年12月至1988年11月
余锡源	副社长	1986年12月至1987年11月
欧阳仲华	总编辑	1987年3月至1993年2月
张立年	副总编辑	1987年3月至1988年12月
詹文锦	总支书记	1988年11月至1991年8月
马钟榆	社长	1988年12月至1990年12月
詹文锦	副社长	1989年9月至1991年8月
詹文锦	社长、总支书记	1991年9月至1996年10月
朱祖萱	总编辑	1993年2月至1995年2月
王美鸿	副社长	1993年5月至1996年9月
陈惠丽	副社长	1992年11月至1996年9月
孙时平	副社长	1995年2月至1996年9月
曹均伟	副总编辑	1995年2月至1996年9月

（续表）

姓　名	担任职务	任　职　时　间
陈惠丽	社长	1996年10月至2002年4月
孙时平	常务副社长	1996年10月至1998年12月
孙时平	总编辑	1999年1月至2002年12月
曹均伟	常务副总编辑	1996年10月至1998年12月
王美鸿	副社长	1996年10月至2002年12月
沈敖大	副社长	1996年10月至1997年8月
沈敖大	副总编辑	1997年9月至2002年3月
徐雪芬	副社长	1999年9月至2002年12月
孙时平	总支书记、常务副社长、总编辑	2002年12月至2005年12月
黄汉江	社长	2002年12月至2005年12月
王美鸿	副社长	2002年12月至2005年12月
徐雪芬	副社长	2002年12月至2005年12月
孙时平	社长、总编辑	2006年1月至2009年12月
窦瀚修	总支书记、副社长	2006年1月至2009年12月
戎其玉	副社长	2006年1月至2009年12月
陆盛强	副总编辑	2006年10月至2009年12月
窦瀚修	社长	2009年12月—
邬敏懿	总支书记、副社长	2009年12月—
陆盛强	总编辑	2009年12月—
戎其玉	副总编辑	2009年12月—
徐雪芬	副社长	2009年12月—

立信会计出版社史略

一、立信图书用品社成立前的编译出版业务(1928—1940)

1928年,由潘序伦创办的立信补习学校开办后,由于国内会计读物非常缺乏,而外文书籍由于语言障碍和制度惯例等方面的差异,也很难被直接用作教材,于是,潘序伦就开始组织立信补习学校的同仁结合实务编写讲义,在补习学校试讲,在经过修订完善后,委托商务印书馆出版发行。

1931—1932年,随着立信补习学校的扩大,师生们在会计师事务所和会计教学中的成果需要交流探讨,立信同学会以顾准为主编,出版《会计季刊》。1933—1934年,《会计季刊》由立信会计师事务所接办,改称《立信会计季刊》,刊登会计论著,约请专家编写各业会计制度,为工商各业采用新式会计制度创造条件。

1933年后,潘序伦在立信会计师事务所设立编辑科,开始有计划地进行"立信会计丛书"的编辑工作,截至1936年年底,编辑出版了《初级商业簿记教科书》、《高级商业簿记教科书》、《会计学》(4册)、《银行会计》、《审计学》等书,翻译《劳氏成本会计》、《陀氏成本会计》等计20多种。在顾准的具体安排下,编辑出版了《会计名词汇译》以解决我国会计名词不统一,译名无标准的问题,对中外会计学术交流以及会计专业词汇的标准化起了重要作用。出版了反应改良中式簿记和引进西式簿记争论的《改良中式簿记之讨论》一书,堪称是我国会计技术发展史上的一篇实录。到1940年为止,由潘序伦主编的"立信会计丛书"共有57部。这套丛书由于写作严谨、内容翔实、文笔流畅,深受各界欢迎,经委托商务印书馆作为大学丛书出版发行后,更见畅销。

二、立信会计图书用品社的成立及在重庆的经营(1941—1945)

1937年,抗日战争全面爆发,商务印书馆迁到了香港,内地用书就发生了困难,而当时由于东南各省的工商企业纷纷前往西南,带动西南地区经济的发展,需要大量财经管理人才,迫切需要会计教材,重庆立信会计补习学校为应急需,只得刻蜡纸油印,教材供应无法解决。潘序伦与商务印书馆订约,租用簿记、会计教材纸型数种,联系当地印刷厂,印制新书,并委托立信重庆会计师事务所代为发行。后由于重庆纸张供应不足,质量低劣,会计师事务所无法继续承担发行工作。

在这种情况下,潘序伦与立信同仁协商,并得迁渝的生活书店总经理徐伯昕的支持,筹备另设出版机构,由生活书店和立信各出资3万元创设立信会计书社,并组成董事会,推选潘序伦为社长主持社务,徐伯昕任总经理(立信会计书社成立不久,徐伯昕离渝去香港,生活书店委派诸度凝任经理主持业务),立信职员蒋春牧担任副经理。潘序伦亲自设计和题写了篆体"立信"的圆形图案,向国民政府商标局申请为图书和会计账册的注册商标。社址最初设在重庆林森路16号立信会计师事务所内,不久迁到陕西路民生实业公司大楼,尚不到1个月,这座大楼遭日机炸毁,仍迁回原址办公。

1941年,为了适应高中商科及职业学校教材的需要,潘序伦自任主编,编辑出版了一套立信会计教科书,计有:《商业簿记》、《初级会计学》、《会计学》、《成本会计》、《银行会计》、《政府会计》和《审计学》等7种。抗战期间,各地大专院校和自修会计的学生,大多采用立信出版的教科书;中专学校则几乎都采用"立信会计丛书"做教材。不久,潘序伦又主持编印了一套内容包括财政、金融、保险、贸易、统计、计算技术、企业管理等的"立信财经丛书"。

同年,鉴于当时各单位需用西式账表,就根据日常业务的实际情况,设计印制了各种账册、表单,供各单位选购,深受各界欢迎。这时,立信会计书社也就改名为"立信会计图书用品社"。1941年冬,为应外埠各地的需要,立信会计图书用品社在桂林设立了分社,并先后在成都、贵阳、昆明、西安等城市设立了特约经销处。到1943年春,书籍账表销售数量大增,于是,用品社自设印刷厂,印刷厂配有对开印刷机、四开印刷机、圆盘印刷机和排字浇版等设备,雇佣工人20余人。

前商务印书馆代为发行的"立信会计丛书"共40多种,也经商务印书馆同意,将全部版权收回,并于1943—1944年间,前后收集专著20余种,销售范围遍及内地各省,业务蒸蒸日上。重庆此时电力供应十分紧张,经常停电造成机器不能运转,停电时印刷厂只能雇佣人工摇动印刷机,生产缓慢致使印刷跟不上市场需求,只好再委托其他两三家印刷厂帮助印刷以应急需。但由于各方迫切需要,图书用品业务拓展很快,开业一年后增资2次,并先后在市区七星岗设立门市部,在邹容路设立印刷厂,在广安设立造纸厂。1944年秋,在林森路中大街上一块被日机轰炸炸毁的废墟上,自建了一间半式的三层楼门面房1栋,专供发行所之用,并设总管理处于重庆小什字药王庙街25号的三层立信大楼。至此,立信会计出版业务初具规模。1944年,日寇发起湘桂会战,桂林分社全部财产遭毁,损失甚重,西南一带业务也几乎陷于停顿。

立信会计图书用品社的图书出版经营,满足了抗日战争时期大后方经济发展对图书和人才培养的需要,同时为自身办学提供了教材供应和经济上的保障,为立信图书用品社未来的发展奠定了基础。

三、回迁上海后至公私合营前的立信会计出版(1945—1956)

1945年8月,抗日战争胜利,此时上海和其他沿海地区会计书籍非常缺乏,与抗战时期情况相同,为了适应这种情况,潘序伦回到上海,筹设立信会计图书用品社总社,在河南中路339号(近九江路口)租用了一座五开间三层楼的沿街市房为立信会计图书用品社总社社址。原在重庆的立信会计图书用品社改为重庆分社,负责西南和西北地区的业务。由于业务日益发展,原立信方面需要投入的资金日益增多,而原生活书店又因拟与读书、新知两书店共组三联书店。于是,约在1947年底以前,生活书店作价让出了它的股份,退出立信。

1949年春,潘序伦创办立信编译所,并任社长。1950年9月27日,学校董事会决定,成立"立信会计丛书"编辑委员会,潘序伦、李鸿寿分任正副主任,顾洵、陈文麟为委员。立信会计图书用品社依然为编辑出版、印刷、发行的经营单位。1945—1956年立信会计图书用品社人事情况为:聘请顾谘博(先)王逢辛(后)为社长,蒋春牧为总经理,顾今为副经理。编辑部主任为潘保墀,编辑有欧阳仲华、钱雪门、邹斯济、马坚白等人。门市部主任为金哲安,印刷厂厂长为谢东山。

此时，潘序伦为适应新中国成立后需要大量会计人员的形势，新编了一本《基本会计学》；并将原编的四本会计学改编为《会计学教程》（上下两册）、另有《国营企业会计概要》、《苏联会计述要》等多种畅销书；其他约稿和自投的以财经类书稿较多。以1951年为例，全年出版图书110种，其中初版50种、再版60种，总印数达122万余册，创历史新高。1951年3月1日，国家主管商标的机构重新核准立信会计图书用品社股份有限公司沿用的"立信"圆形图案为注册商标，继续在立信会计图书用品社的书籍和账册上使用。

立信会计图书用品社加强编辑力量，成立了编辑部等部门，进一步加强内部管理。同时为了扩展业务，先后在南京、广州、天津、北京等大城市增设分社，并在全国其他大城市设立特约经销处，在港澳南洋各地销售"立信会计丛书"。后来由于交通中断，图书等无法向海外供应，1949年后由蔡经济在香港成立立信会计图书公司，从事会计图书出版业务。

在发行销售方面，立信会计图书用品社的经营业务活动逐渐纳入国家计划的轨道。1951年8月，参加了中国科技图书联合发行所的联营；1953年3月，与中国图书发行公司建立了总经销关系；1954年1月，立信会计图书用品社出版的图书转入新华书店总经销。印行的立信会计账册先后有同行业的联合版本及中百批发站的定购包销等。

1956年2月，在对资本主义工商业的社会主义改造中，立信会计图书用品社的编辑出版部分并入新知识出版社；账表部分的印刷厂，经过公私合营成为中心厂，以后裁并改组与老合营厂公信账簿印刷厂、公私合营寰信会计用品中心厂合并，定名为公私合营公信会计账簿印刷厂。

立信会计图书用品社在合营前账面的股本总额为18万元，另有公积金26万余元。经过合营清产核资的财产净值为56万元，其中出版部分划入新知识出版社的财产为28万余元，账表部分的印刷厂等划入公私合营公信会计账簿印刷厂的财产27万余元。

合营前，各地分社（办事处）为收缩业务，先后相继撤销，除可以就地安排者外，其余人员都调来上海总社工作。只有重庆分社例外，一直到1956年10月在当地接受社会主义改造，并入重庆印刷五厂。

立信会计图书用品社自1941年6月在重庆创办至1956年2月结束，经营了15年，共出版"立信会计丛书"和"立信财经丛书"等图书195种。这些丛书，成为我国当时最完整的成套财会丛书，对提高我国会计学术水平，促进会计教育事业的发展和普及现代会计知识作出了积极贡献。同时，立信会计图书用品社印刷、发行立信会计账册报表近百种,具有设计科学、格式完备、印刷精良的特点。"立信"账册报表成为全国知名的品牌,行销数十年久盛而不衰。

四、公私合营后至复社前的立信出版(1956—1986)

1956年2月,在社会主义改造和全行业公私合营高潮中,在上海市出版局的领导下,设立了一个新知识出版社,把上海的几家民办出版社都归并到该出版社。立信会计图书用品社编辑部的人员,包括社长王逢辛,分到新知识出版社,成立第四编辑室。由王逢辛、潘保墀担任第四编辑室正副主任,原立信会计图书用品社编辑部人员也分到该室,门市部的人员分到新华书店;印刷厂则与其他几家民办印刷厂并入原已公私合营的公信会计账簿印刷厂。这时,立信会计图书用品社的名称虽已不再存在,但过去出版的会计教材和参考读物,不少品种仍再版重印。

1957年整风运动后,新知识出版社改组为上海教育出版社。这样,原立信编辑部人员组成的新知识出版社第四编辑室,经上海市出版局批准从新知识出版社划出,成立上海财政经济出版社。这时,原编辑室正副主任王逢辛、潘保墀已调往宁夏支内,另由出版局调入的张和谋、路修担任社长和总编辑,社址设在南京西路的乐义饭店(今华山饭店)四楼。1958年5月间,上海市出版局为了精简机构、加强领导,在保留上海财政经济出版社社名的情况下,人员全部并入上海人民出版社。编辑人员对口调入经济编辑室的为欧阳仲华、钱雪门两人。

从1956年到1966年"文革"开始前这一段时期,原立信编辑部的成员继续从事会计和财经读物的编辑,厦门大学会计系的葛家澍、余绪缨等教授,上海财经大学会计系统计系的龚清浩、娄尔行、徐政旦、贾宏宇等教授编写的专著和教材,如:《会计学原理》、《基础会计学》、《工业会计》、《工业企业经济活动分析》等教材,以及编辑部组织编写的工具书,如《会计词典》、《统计词典》、《英汉会计词汇》、《英汉统计词汇》、《会计手册》等。

中共十一届三中全会后,全国的工作重点转移到社会主义现代化建设上来。在出版方面,企业管理、包括会计方面的书籍,社会上显得十分需要。潘序伦时届耄耋之年,复出后,仍积极参与会计界的社会活动。在他倡议和资助之下,全国第一个会计学会——上海市会计学会于1979年成立。接着,他以一生关心会计教育之心,积极行动起来,首先,向上海市财政领导部门和出版部门提请恢复立信会计专科学校和立信会计图书用品社。并于 1980 年春,组织一些立信老同仁,包括蒋春牧、应诗瑜、施仁夫、唐文瑞、黄子仁、章普安、陈乃宽、王澹如、欧阳仲华、钱雪门等,每周一天,借古北路大百科全书出版社、知识出版社社址的办公室讨论恢复"立信会计丛书"的编写出版工作。这期间编就和重印的书暂用知识出版社的社名出版。

1956 年,立信会计图书用品社在公私合营后,由蔡经济等人创办的香港立信会计专科学校的教材无法获得供应,在这种情况下,蔡经济组织教师自编教材在香港出版,主要有:《簿记》、《会计学》、《银行会计》、《政府会计》、《审计学》、《成本会计》等书。这些书名前冠以"立信会计"4 个字。在办学期间,为增加学生课外知识,又编印了《立信会计月刊》杂志,免费供学生阅读,社会各界也时有函索,甚受好评。月刊供出版了 19 年,共 228 期。

五、复社及复社后的立信会计图书出版(1981 以后)

1. 立信会计图书用品社的恢复

1980 年,立信会计专科学校复办。学校于 1981 年 2 月恢复设立立信会计编译所。潘序伦任编译所主任,王澹如、管锦康任副主任,聘请了立信老同仁及有关专家组成编译委员会,负责编译"立信会计丛书"和"立信财经丛书"。编译所编译的著作,由知识出版社出版。1984 年 4 月,中共上海市财贸工作委员会同意立信会计编译所作为学校的附设机构。

1984 年 12 月,学校向上海市出版局递交了关于恢复立信会计图书用品社的请示。按照国家规定,高校设立出版机构需经国家出版局审批。学校随即又向国家出版局呈送请示。在申报过程中,立信老同仁如李文杰等给予了大力支持和协助。1986 年 9 月,国家出版局发文,批准同意立信会计图书用品社正式恢复,隶属于立信会计专科学校。至此,立信会计编译所相应撤销。

1987 年 1 月,立信会计专科学校副校长孙庆元兼任立信会计图书用品社社长,校长办公室主任陈顺沐改任图书用品社常务副社长,总编辑一职由主管学校的上海市财贸办公室向市委宣传部商调上海人民出版社经济编辑室编审欧阳仲华担任。1987 年底,立信新校舍建成投入使用。学校迁入新校舍,立信会计图书用品社也随之迁入中山西路立信大楼第十三层楼办公。

1992 年,原设在福州路的立信会计图书用品社门市部,改名立信会计用品总公司，迁入中山西路 2230 号新大楼底层营业。1993 年 4 月，国家出版署批准，立信会计图书用品社更名为立信会计出版社。立信会计出版社的社址在中山西路 2230 号的学校内。立信会计出版社独立经营、自负盈亏，其主办单位为上海立信会计学院，主管单位为上海市教育委员会。

2. 1986—1996 年的图书出版

1986 年之前，立信会计编译所编辑书籍 39 种。潘序伦策划出版的"立信会计丛书"、"立信财经丛书"多年来一直畅销不衰，并形成立信图书严谨、朴实、求新、操作性强的品牌特色。复社后的 1986—1996 年，共出版初版书籍 419 种，初版印数为 8 978 800 册。

其中，1987 年出版的《三式记账法的结构和原理》获国家教委学术专著优秀奖，1987 年出版的《统计发展史》、1990 年出版的《中外合资经营企业会计》分别获该年度上海市优秀图书二等奖，《西方经济学说史》（作者：胡寄窗）、《管理会计研究》（作者：李天民）于 1995 年分别被评为全国高校优秀学术著作奖，《新编工业企业管理（新版本）》（作者：穆庆贵）于 1996 年评为全国高校出版社畅销书优秀奖，《珠算科学技术知识》于 1996 年被评为全国优秀科普作品三等奖等。

立信会计用品总公司设计、印刷的会计账表凭证数百种，行销全国各省市，还经营销售其他会计、文教用品上千种。

3. 1997 年以后的图书出版

1997 年以后，立信会计出版社进入了快速发展阶段。出版社坚持以服务于会计财经专业教育，培养会计人才为己任，出版物以大学财经类教材为主，出书范围以会计类为核心，包括会计、财务管理、审计、统计、经济学、税收、金融、保险、财政、投资、管理、贸易、市场营销、法律、旅游会展、证券、会计类工具书等。读者对象主要是财经院校的学生以及财经类从业人员等。编辑出版的"立信财务管理丛书"、"立信金融丛书"、"现代企业管理丛书"、"现代经营管理系列"、"新编经济学教程系列"、"最新财会系列丛书"、"国际经济与贸易教程系列"、教育部推荐教材等教材荟萃众多科研、教学的成果，得到市场的一致认可。

1997—2005 年共出版教材 2 000 余种，其中有的图书获得了国家新闻出版总署、上海市新闻出版局、大学出版社出版工作者协会等机构颁发的各种奖项 73 种。

除了出版大学教材以外，出版社还以繁荣学术园地，推动会计理论发展作为出版特色和办社宗旨，出版了很多学术价值较高的学术类作品，如"经济新论文丛"、"经济学者文库"、"会计学者文库"、"财务与会计前沿文丛"、"中国社会经济制度变迁前沿研究丛书"等学术类著作。1997—2010年共出版学术和普及类读物300余种,获得了政府和行业颁发的各种奖项十几项。

2006—2010年的"十一五"期间,立信会计出版社共出版图书2 600余种,其中新出图书1 000余种,重印、再版图书1 600余种;年重印率保持在60%以上,远高于全国平均水平。出版了"会计经典丛书"、《潘序伦文集》、《葛家澍会计文集》、《顾准会计文集》、《21世纪100个会计学难题》"立信会计学术专著"、"立信会计论坛"等一批社会效益显著的精品图书。近70种图书先后在新闻出版总署、上海市新闻出版局、中国版协、中国大学版协等组织的各类图书评比中获奖。其中,《潘序伦文集》获第三届中华优秀出版物奖(图书奖)提名奖,这是立信会计出版社首次获国家级的奖励,也是会计学科领域唯一的获奖图书;《会计准则理论研究》、《中国经济运行风险研究报告2008》等获上海市优秀图书奖;有18种图书被评为"中国书刊发行业协会年度全行业优秀畅销品种";有13种图书获中国大学版协奖励;"中国社会经济制度变迁前沿研究丛书"列入国家"十一五"重点出版规划。十多种教材入选国家级精品教材,有的被列为教育部重点推荐教材,有几十种教材被各省(市)教育管理部门评为省(市)级精品课程教材;多种图书被列入《农家书屋重点出版物推荐目录》。

2009年,立信会计出版社完成了转企改制,更名为"立信会计出版社有限公司",成为独立经营、自负盈亏、自我约束、自我发展的公司制法人。出版社进行了企业化的体制和机制改革,完善了公司治理结构。编辑部门也进行了专业化分工,由原来的一个综合编辑室分为高等教育、职业教育、大众读物、学术精品与版权贸易、数字出版5个编辑室,明确了各个岗位的职责和目标任务。采用了新的薪酬激励制度,成立了选题论证委员会,改进出版了流程。立信会计出版事业又翻开了新的一页。

图书在版编目（CIP）数据

心忆　心语　心迹：立信会计出版社70周年社庆论文集/立信会计出版社编．—上海：立信会计出版社，2011.5
ISBN 978-7-5429-2915-0

Ⅰ．①心… Ⅱ．①立… Ⅲ．①出版工作-文集 Ⅳ．①G23-53

中国版本图书馆 CIP 数据核字(2011)第 093083 号

责任编辑　方士华　黄成艮　洪梅春
封面设计　周崇文

心忆　心语　心迹——立信会计出版社70周年社庆论文集

出版发行	立信会计出版社	
地　　址	上海市中山西路2230号	邮政编码　200235
电　　话	(021)64411389	传　　真　(021)64411325
网　　址	www.lixinaph.com	E-mail　lxaph@sh163.net
网上书店	www.shlx.net	Tel：(021)64411071
经　　销	各地新华书店	
印　　刷	上海申松立信印刷有限责任公司	
开　　本	787毫米×1092毫米　　　1/16	
印　　张	18.75	插　页　7
字　　数	319千字	
版　　次	2011年5月第1版	
印　　次	2011年5月第1次	
印　　数	1-1 000	
书　　号	ISBN 978-7-5429-2915-0/G	
定　　价	38.00元	

如有印订差错，请与本社联系调换